高职高专"十二五"规划教材

现代企业管理

Modern Enterprise Managem

申纲领　王永志　主编

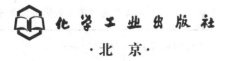化学工业出版社
·北京·

本书是适应高职高专教学改革的需要而编写的。本书包含了认识企业与创建企业、企业管理原理、企业市场营销、项目可行性研究与决策、新产品开发与价值工程、企业生产管理、质量保证体系与设备管理、企业财务管理等内容。书中还罗列了该专业所需的附件表格。本书特别强调应用企业真实案例及其分析，注重教学过程，使学生广泛参与、多思考、多动手，通过设计安排特定环节与活动，培养学生的合作意识、团队意识、创业意识及管理才能。

本书适合于高职高专经济管理等相关专业师生使用，也适用于相关的从业人员和大众读者阅读参考。

图书在版编目（CIP）数据

现代企业管理/申纲领，王永志主编. —北京：
化学工业出版社，2012.3（2024.1重印）
高职高专"十二五"规划教材
ISBN 978-7-122-13467-7

Ⅰ. 现…　Ⅱ. ①申…②王…　Ⅲ. 企业管理-高等
职业教育-教材　Ⅳ. F270

中国版本图书馆 CIP 数据核字（2012）第 022649 号

责任编辑：李彦玲　　　　　　　　　　　　文字编辑：贺婷婷
责任校对：蒋　宇　　　　　　　　　　　　装帧设计：史利平

出版发行：化学工业出版社（北京市东城区青年湖南街 13 号　邮政编码 100011）
印　　装：北京科印技术咨询服务有限公司数码印刷分部
787mm×1092mm　1/16　印张 15¼　字数 399 千字　2024 年 1 月北京第 1 版第 6 次印刷

购书咨询：010-64518888　　　　　　　　　售后服务：010-64518899
网　　址：http://www.cip.com.cn
凡购买本书，如有缺损质量问题，本社销售中心负责调换。

定　　价：39.80 元

前 言

本书系统而简要地阐述了现代企业管理的基本知识，全面分析和总结了我国企业发展的现状，并吸收了国内外先进的企业管理理念、管理技术和管理思想，尽可能详尽地阐述企业业务中的基础理论、组织和管理的技术与操作规程。教材的设计，紧紧围绕高职高专培养岗位第一线所需要的高技能专门人才的目标，坚持改革、创新的精神，按照先进、精简、适用的原则选择教材内容，兼顾"知识点"、"技能点"和"能力点"，设置了引导案例、案例分析、相关链接、实训题等栏目，体现了高等职业教育的应用性、技术性与实用性特色。

全书从企业管理的实际案例入手，引出各章的重要概念、基本原理和运作程序，并从理论上和实践环节上进行详细的阐述，使读者能准确了解所学的知识。既注重了理论的系统性和规范性，又突出了实用性和灵活性，在内容上既体现了企业管理战略的国际化，又体现了策略的本土化。编者本着全面客观的原则，尽可能翔实客观地将目前企业管理学科的不同观点展示出来，以便于教学和自学使用。由于企业管理是一门发展迅速、新成果层出不穷的学科，因此，在教材的编写过程中，尽量从学生学习的角度出发，深入浅出，循序渐进，使学习内容逐步深化。

本书的特点主要体现在以下几方面。

1. 本书根据高等职业教育人才培养目标，从职业岗位分析入手，以掌握实践技能为目的，以必需、够用、适用为原则，确定课程内容。

2. 突出案例和实训环节，可操作性强。在编写体例上突出了"互动性"和"应用性"，突出重点、难点，解析透彻，深入浅出，提高运用所学的知识分析问题解决问题的能力。

3. 本书从实际出发，坚持理论联系实际，使教材具有鲜明的新颖性和实用性。

由于企业管理是一门发展迅速、新成果层出不穷的学科，因此，在教材的编写过程中，尽量从学生学习的角度出发，深入浅出，循序渐进，使学习内容逐步深化。

本书由申纲领、王永志任主编，其中，申纲领编写了第五、六、十、十一、十二章，王永志编写了第一、二、三章，陶庆玲编写了第七、八章，中林编写了第四、九章，陈新华参加了部分章节的编写和资料收集。在教材的编写过程中参考并引用了一些国内外的相关文献和企业管理方面的教材内容，采用了大量国内外有关研究成果，在此，对涉及的专家、学者表示衷心的感谢！

由于作者水平有限，教材中可能存在不妥乃至错误之处，恳请同行及广大读者批评指正。

编 者
2012 年 2 月

目　录

第八章　新产品开发与价值工程　　　　　　　　　　136

第九章　企业生产运作管理　　　　　　　　　　　153

第十二章　企业财务管理　　　　　　　　　　　　　　　205

第一章 现代企业管理概述

上海宝钢的采购管理

宝钢是新中国成立以来引进技术最多、装备水平最高的现代化超大型钢铁企业。目前，生产产量已超过设计水平，产品质量已达到国际先进水平，利税连年翻番。宝钢在物资管理方面，借鉴国外先进的采购与供应管理思想和经验，突破了我国大型钢铁企业物资管理的模式，全面推行物资集中一贯管理，形成了具有宝钢特色的采购与供应管理方式。

宝钢的物资部在管理中做到：统一编制需用计划和采购供应计划，统一采购。由各专业采购部门对分管物资的供应承担最终责任；统一仓储，实行专业总库一级仓储体制；统一配送，完全实行送料到现场；统一物资的现场管理，并与使用单位合作，实行现场物资的动态管理；统一回收，包括余料退库与废旧物资的回收利用。与此相对应，连续推出一系列关键性的改革措施。

1. 坚持送料到现场

宝钢取消了二级厂、部到物资管理部门去领料的制度，改由原物资部负责定点、定量、定时、定人送料到现场。供需双方协议，在全公司范围内设 605 个送料点；根据用户的计划需用量，填发送料单，凭单送料；根据用户使用物资时间送料；固定专人快、准、好地完成送料。

2. 供应站制定计划

申请用料计划完全由物资部派驻的各地区供应站根据用户需要编制，突破了由用户做申请计划，层层审批核发的老框框。

3. 一级仓储体制

物资都取消了本部 9 个地区供应站管理的中间仓库（总面积达 9734 平方米），实行专业总库直接面向现场的一级仓储体制，即由专业总库直接送料到现场，从而大大缩短和简化了物流流程。由于取消地区中间库，当年就节约库存资金占用额 780 万元，节约利息支出 166 万元，撤销重复岗位 51 个，减员 112 人。

4. 实行现场物资动态管理

做到各类机器旁无多余备料，现场余料回收不超过两天，消除了账外物资，一举压缩流动资金 1300 万元。与此同时，物资部门同各二级厂、部签订现场物资管理协议书，建立起双方共同参与的现场物资管理网络，聘请厂、部第一线的作业人员为网络的协调人员。物资部门设物资现场管理员，对生产现场使用的各种材料，划定区域、挂牌、限定两天的用量。宝钢因此有效地实现了物资的动态跟踪管理，即计划跟踪、管理跟踪、信息跟踪、协调跟踪、服务跟踪，做到既确保供应又促进增产降耗和生产现场整洁文明，至此，宝钢在各类物资的计划编制、采购、仓储、配送以及现场使用和回收等物资管理的主要环节上，以一竿子插到底的方式，真正实现了集中的、一贯到底的全过程管理。

（资料来源：http://www.jiaoyanshi.com/?viewnews-1390.html 经作者整理）

【案例分析】

1. 宝钢突破了我国大型钢铁企业物资管理的模式，全面推行物资集中一贯管理，形成了具有宝钢特色的采购与供应管理方式。

2. 宝钢在物资管理方面，借鉴国外先进的采购与供应管理思想和经验，结合企业自身的情况，摸索出了一条适合企业发展的采购之路。

第一节　学习企业管理的重要性和必要性

一、学习企业管理的重要性

管理学作为一门系统地研究人类管理活动的普遍规律、基本原理和一般方法的科学，得到了越来越深入的发展和人们的普遍重视。由于管理领域的不同，因而人们研究管理的侧重点也各不相同，在此基础上形成了许许多多专门的管理学科，如国民经济管理、企业管理、工商行政管理、农业管理、旅游管理、医院管理、军队管理等。

管理活动作为人类最重要的一项活动，广泛地存在于现实的社会生活之中，大至国家、军队，小至企业、医院、学校等，凡是一个由两人以上组成的、有一定活动目的的集体就离不开管理，管理是一切有组织的活动中必不可少的组成部分。因此，在社会生活中，特别是在组织的活动中，有必要了解什么是管理，为什么要进行管理，怎么样才能有效地进行管理活动。

管理的重要性，是人们在实践中逐渐认识、不断加深的。经济发达国家，通过实践证实了管理在现代社会中的重要作用，并提出了许多重要观点。例如，日本把技术现代化和管理现代化称为经济发展的两个车轮；提出要发展经济，没有技术不行，但如果管理跟不上，那么再先进的技术也发挥不了作用；还提出发展经济七分靠管理，三分靠技术等。美国把科学现代化、技术现代化和管理现代化，称为现代文明的三大支柱。这些观点，都充分说明了管理在现代社会中的作用和在发展经济中的重要性。

现代企业管理是一门科学。实现企业管理的现代化、科学化和规范化，必须要了解和掌握现代企业管理的基本理论、基本原理和基本知识。

二、学习企业管理的必要性

1. 成为受企业欢迎的复合型人才，更好地适应将来在企业的工作

企业需要的是既懂得技术，又会管理的复合型人才。通过学习企业管理的基本知识，掌握管理的方法和技能，树立正确的管理理念，学会从经济的角度、市场营销的角度考虑技术问题，只有这样，才能全面、系统地考虑问题，才能减少失误，提高企业的经济效益。同时，使自己成为受企业欢迎的复合型人才，增加就业的资本。

2. 大学生职业生涯规划的需要

"不想当将军的士兵，不是好士兵。"一个人应该树立远大的理想，为社会、为国家、为人类作出更大的贡献。这就要不断学习、提高自己、发展自己，干更重要的工作，特别是高级管理工作。通过本书的学习，将为进一步学习管理科学知识、增长管理才干，打好基础。

3. 作为被管理者，可更好地理解管理意图，以增强自身对企业（组织）的主动适应性，从而为自己营造更好的事业发展空间

走上社会后，大部分的同学都会在企业工作并成为被管理对象，接受各种各样的管理措施，有针对人的，包括约束性的和激励性的；也有针对工作和事件的，包括一些工作方法、策略乃至于战略思想。通过对企业管理的学习，能较好地理解其中的原理、思维方式，从而主动配合管理，调整心态和行为，对工作目的、方法、问题和矛盾的判断分析更敏锐、准确，增强与领导、工作伙伴的沟通能力和合作的默契，出色地完成工作任务，进一步为自己营造更宽广的事业发展空间。

4. 提高人们理性分析、处理事物的能力

企业管理千头万绪，从哪里入手，如何对一件复杂且有较大难度的事进行策划，对外如何处理与环境的关系，对内如何处理部门关系、人际关系、项目与项目之间的关系、短期与长远的关系，怎样看待工作中的矛盾和人际冲突，以怎样的思路、方法协调各方矛盾，如何做计划。这些在企业管理中要学习的内容事实上在个人的日常生活工作中也经常会碰到。对于怎样理性地、稳妥地、有条不紊地分析和对待个人工作生活中遇到的复杂事件、矛盾，如何协调自己与他人的关系，如何看待自己的理想和目标，怎样实现自己的理想和目标，本书中的相关内容为人们提供了很好的方法和思维模式。

5. 有助于人格的提升和完善

企业管理作为管理学的一个主要分支，原本就包含了心理学、社会学、哲学、伦理学等相关学科知识。当然这些学科的系统化的思想理论体系不可能包含在一本教材或一门企业管理课程中，但这些思想理念却渗透在整个企业管理过程和内容体系中。尤其是 20 世纪 80 年代企业文化开始兴盛，以人为本的思想成为企业管理的基本指导思想，通过对企业文化、人力资源管理、行为科学、企业的社会责任等内容的学习，能更好地了解自己和提升自己，懂得如何尊重自己、尊重他人，承担社会责任，以充分开启人性中真善美的一面，有效培养自己的情商，这不仅对今后适应社会、干好工作、搞好人际关系有益，而且还能实实在在地提高思想道德水准，提升人生境界，提高生活品质，这方面的意义也是十分重大的。

第二节　企业的概念和特征

一、企业的概念

企业是指在市场经济条件下，以盈利为目的，直接组合和运用生产要素，从事商品生产、流通或服务等经营活动，为满足社会需要依法进行自主经营、自负盈亏、自我约束、自我发展的法人实体和市场竞争主体。主要包含以下四个方面的含义。

1. 企业是经济实体

企业不同于政府部门、事业单位，它必须追求经济利益，获取盈利。盈利是企业创造附加价值的重要组成部分，也是社会对企业所生产的产品和服务能否满足社会需要的认可和报酬。

2. 企业必须自主经营和自负盈亏

企业能够根据市场的需要，独立自主地使用和支配其所用的人力、物力和财力，并能够对其经济结果独立地享有相应的权益并承担相应的责任。企业自主经营必须自负盈亏，用自负盈亏来制约自主经营。

3. 企业必须承担社会责任

企业要满足社会的需要，不仅指满足消费者的需要，也应该包括出资者、银行、职工、供货者、交易对象、政府、地区以及一切与之相关的社会团体的需要。同时，企业还应为社会提供就业机会，防止环境污染，维持生态平衡，节约资源能源等。

4. 企业必须具有法人资格

法人是指具有一定的组织结构和独立财产，能以自己的名义进行民事活动，享有民事权利和承担民事义务，依照法定程序成立的组织。

法人应具备的条件：必须正式在国家有关部门注册备案，完成登记手续；应有专门的名称、固定的工作地点和组织章程；具有一定的组织结构和独立财产，实行独立核算；能独立对外开展一些活动。

二、企业的特征

1. 企业是从事商品（或劳务）生产经营活动的基本经济组织

这表明了企业所从事的活动具有商品性，是为卖而买、为交换而生产、为社会消费而生产经营并以盈利为目的的基本经济组织，这是企业的职业特征。

2. 企业是自主经营、自负盈亏的经济实体

这表明了企业在社会经济活动中的责权利关系；也是判断经济组织是否真正具备企业形态的重要标志。即企业自主经营必须自负盈亏，用自负盈亏来制约自主经营，这是企业的行为特征。

3. 企业是具有法人资格的经济实体

这表明了企业是依法成立、具有民事权利能力和民事行为能力、独立享有民事权利和承担民事义务的组织，它必须拥有自己能够独立支配和管理的财产，这是企业的人格特征。

4. 企业是一个自主经营系统

在市场经济体制下，企业是独立的商品生产者和经营者，因此必须使企业成为开放的经营系统，创造完善的市场环境和秩序。让企业自主经营、自由进出市场（自由化和市场化）、公平竞争、追求可持续发展的长期效益。这就要求我们减少对企业的干预，特别是行政干涉。

从经济角度看，企业是从事商品生产和经营活动的盈利性的经营实体。企业有别于行政机关和事业单位，后者是靠财政拨款的，不是盈利单位；而企业只有在生产经营过程中获得利润，才能生存和发展。实现利润最大化是企业管理首先要解决的问题。

从系统论观点看，企业自身是一个系统，按照自身的规律有序地运行，同时它还是社会大系统中的子系统，企业的供、产、销不仅仅是经济问题，同时还受政治、法律、道德、心理、社会等因素的制约和影响。企业直接向社会提供商品或劳务，满足社会的需要，同时对社会发展、政治进步、文化繁荣产生重大影响，发挥重要作用。企业的目标不仅是追求利润，还要承担一定的社会责任。今天世界出现了一种崭新的企业新概念，即企业已不再被看做只是为拥有者创造利润和财富的工具，它还必须对整个社会的政治、经济发展负责。

企业是一个独立的法人。具有法人资格的相对独立的企业，至少应具备以下三个条件：一是必须在工商行政管理部门登记注册（验资、名称、场所、组织和经营范围等）；二是独立核算，在银行设立账户，独立行使财产支配权；三是独立自主地进行生产经营活动并严格按照法律规定行使权力和履行义务。

第三节　企业的分类和企业与事业、行政单位的区别

一、企业的分类

（一）按资产所属分类

我国企业可分为国有企业、集体企业、私人企业、股份制企业和外商投资企业等。

1. 国有企业

它是由国家各部委和各省市自治区各级政府出资兴办的，其生产资料归全体人民所有，也

叫全民所有制企业。国有企业按企业隶属关系的不同，可分为中央各部委直属国有企业和各省市自治区及其以下各级政府所属的地方国有企业。

2. 集体企业

其生产资料归一定范围内的劳动者集体所有。它包括城镇集体企业和农村集体企业。其主要特征是：第一，企业的生产资料属于部分群众所有，其他单位或个人不得无偿占有；第二，企业的人员组成坚持自愿结合的原则，经济上实行自负盈亏的原则；第三，企业实行民主管理，干部由民主选举产生。

3. 私营企业

私营企业是指资产属于私人所有，雇工在八人以上的企业。它可分为独资企业、合伙企业和有限责任公司三类。

（1）私营独资企业　是指由一个人投资经营的私营企业，这种企业投资者对企业债务负无限责任。

（2）私营合伙企业　是指由两人以上按照协议投资，共同经营、共负盈亏的私营企业，合伙人对企业债务负连带无限责任。

（3）私营有限责任公司　是指投资者以其出资额对公司负责，公司以其全部资产对公司债务承担责任的私营企业。

4. 股份制企业（详细叙述见后）

5. 外商投资企业（三资企业）

它包括中外合资企业、中外合作企业和外资企业三类。这三类企业，我们通常称其为"三资企业"。

（1）中外合资企业　是指境外投资者（包括境外公司、企业、其他经济组织或个人），依照中国法律、经中国政府批准、在中国境内，同一个或几个中国的公司、企业或其他经济组织，按照平等互利的原则，由合资双方共同投资、共同经营、共负盈亏、共担风险的有限责任企业。它是一种股权式责任有限公司，它由投资各方商定并在合同中严格明确各方出资比例。合资者可以用货币出资，也可以用建筑物、厂房、机器设备或其他物料、工业产权（包括商标、专利等）、专有技术、场地使用权等折价作为投资。

（2）中外合作企业　是指境外投资者同中国的公司、企业或其他经济组织，依照中国法律、经中国政府批准、在中国境内，由双方通过合作经营企业合同约定各自的权利义务的企业。它是一种契约式经营，投资不折股份，合作各方以各自的法人身份共同签署合作经营合同，在合同中约定投资或合作条件、收益或产品的分配、风险和亏损的分担、经营管理的方式、合作企业终止时财产的归属及各方权利与义务。合作各方可以用资金、技术、设备，也可以用原材料、劳务等出资方式进行合作。

（3）外资企业　是指依照中国法律、经中国政府批准、设在中国境内，全部资本均由境外投资者投资的企业。但不包括外国公司、企业和其他经济组织在中国境内的分支机构。

除此之外，还有各种经济成分的联合经营企业。

（二）按经营方向分类

企业可分为工业企业、商业企业、服务企业、交通运输企业、邮电通讯企业、金融企业、建筑安装企业、房地产企业和农业企业等。

1. 工业企业

它通常是以机器或机器体系作为劳动手段，采掘自然物质资源和对工业品及农产品原料进行加工的企业。它可分为冶金企业、电力企业、燃料企业、化学企业、机械企业、建筑材料企业、食品企业、纺织缝纫企业及皮革企业、造纸及文教用品企业和其他企业等。

2. 商业企业

它是指专门从事商品交换活动的企业。它可分为综合性流通企业（包括百货商店、超级商场、连锁商店等）、专业商店等。

3. 服务企业

包括生产性服务企业和生活性服务企业。服务的内容有信息咨询、技术服务、生活服务、游览观赏服务等。

4. 交通运输企业

它是指利用运输工具专门从事运输生产或直接为运输生产服务的企业，以各种运输工具（如汽车、火车、轮船、飞机、管道等）实现货物或旅客位置的移动。它可分为公路运输、铁路运输、水路运输、航空运输、管道运输等企业。

5. 邮电通讯企业

它是指通过邮政和电信，传递信息、办理通信业务的企业。它可分为邮政和电信两大类。

（1）邮政业务　是利用运输工具实现原件转移的生产（报刊、邮汇、包裹等）。

（2）电信业务　它属于一种信息复制性生产，它利用声、光、电变换传输原理，将信息内容用复制的方式实现传输。主要有电话、电报、传真、数据通信（如电子邮件等）。

6. 金融企业

它是指专门经营货币和信用业务的企业。它所经营的各种金融业务范围包括：吸收存款；发放贷款；发行有价证券；从事保险、投资、信托业务；发行信用流通工具；办理货币支付、转账结算、国内外汇兑；经营黄金、白银、外汇交易；提供咨询服务及其他金融服务等。金融企业包括：商业银行、信用合作社、信托投资公司、证券公司、保险公司、财务公司和租赁公司等。

7. 建筑安装企业

它是指从事土木建筑和设备安装工程施工的企业，通常包括建筑公司、工程公司、建设公司等。

8. 房地产企业

它是指从事房地产综合开发、经营或中介服务等活动的企业。它可分为房地产开发企业、房地产经租企业、物业管理企业以及房地产中介服务机构。

9. 农业企业

现代农业企业是指从事农、林、牧、渔、采集等生产经营活动的企业。它们主要以动植物和微生物作为劳动对象，以土地为基本生产资料，利用机械化、现代化的生产工具，通过人工培育和饲养动、植物，获取满足人们需要的产品。农业企业通常包括：种植企业、林业企业、畜牧企业、渔业企业和采集企业等。

（三）按企业规模分类

可以将企业分为大型企业、中型企业和小型企业。

1. 大型企业

员工在 2000 人以上；销售额在 3 亿元人民币以上；资产总额在 4 亿元人民币以上。

2. 中型企业

员工在 300～2000 人；销售额在 3000 万～3 亿元人民币；资产总额 4000 万～4 亿元人民币。

3. 小型企业

员工在 300 人以下；销售额在 3000 万元人民币以下；资产总额 4000 万元人民币以下。

（四）按照各生产要素所占比例分类

可以将企业分为劳动密集型企业、技术密集型企业和知识密集型企业三类。

1. 劳动密集型企业

是指技术装备程度较低、用人较多、产品成本中活劳动消耗所占比例较大的企业。

2. 技术密集型企业又称资金密集型企业，是指所需投资多、技术装备程度高、用人较少的企业。

3. 知识密集型企业

是指综合运用先进的、现代化的科学技术成就的企业。企业中集中了较多中、高级技术人才，多数是属于需要花费较多的科研时间和产品开发费用，能生产高精尖产品的企业。

（五）按企业社会化的组织形式分类

可将企业分为单厂企业、多元企业、经济联合体和企业集团等。

1. 单一企业

单一企业是指由一个工厂或一个商店组成一个独立的经济组织。

2. 多元企业

多元企业是指由两个或两个以上的工厂或商店组成的企业。它是按照专业化、联合化及经济合埋的原则，由若干个分散的工厂或商店所组成的经济法人组织。多元企业的主要形式有如下几种。

（1）专业公司 由同类产品或相同工艺技术的厂店组成。如电力工业公司、标准件公司、电子元件公司、铸造公司等。

（2）联合公司 由工艺过程前后衔接的不同工厂组成。如钢铁联合公司、纺织印染联合公司等。

（3）联合企业 是以综合利用为基础的，把若干具有密切联系的同一工业部门或不同工业部门的产品集合在一个企业范围内进行生产的一种组织形式。

（4）总厂 总厂由整机装配厂和零部件生产厂组成。

（5）连锁企业 是指使用同一个店号、同一个商标、同一个企业识别标志，并以同一种经营模式进行经营管理，无论它是否为同一个法律主体，均可称为连锁企业。

3. 经济联合体

经济联合体是指松散的相对稳定的经济联合组织。其特点是：参加联合的各方不改变各自的领导体制与隶属关系；本着自愿、互利、效益的原则，在生产、科研、技术、设备、劳动力、物资及销售等方面彼此联合；联合体各方实行独立核算、自负盈亏，按照等价有偿的原则，在各成员之间进行产品配套、物资协作以及技术转让等生产经营活动；联合体各方的联合内容与项目一律用合同的形式固定下来。

经济联合体的主要形式有：生产要素的联合；工艺的联合；工业和商业、工业和外贸的联合；农工商的联合；生产、科研、销售的联合；跨地区联合；跨行业的联合等。

4. 企业集团

企业集团是指由若干独立企业，通过一定的经济纽带联结在一起的多层次、多功能、大跨度的大型企业联合体。所谓多层次，是指企业集团中，一般具有核心层、紧密层、半紧密层和松散层等多层次的组织结构；所谓多功能，是指企业集团具有科研、生产、经营、信息、服务等若干功能；所谓大跨度，是指跨地区、跨行业、跨部门、跨所有制，甚至跨国别，也可以是以上几个方面同时具备的大跨度。理解企业集团概念要注意以下两点。

（1）企业集团与一般的企业联合不同 企业集团虽然也是一种企业联合体，但它是一种高级形式的联合体。企业集团是具有核心层的紧密型企业联合组织。而一般的企业联合体，往往只是松散联合或半紧密联合，没有核心层的联合组织。企业集团的联合是长期的、全面的，联系的纽带是牢固的。参加企业集团的企业在涉及生产经营业务的各个方面，要长期合作，一般是以资本联合为纽带，各成员之间相互持股、参股、控股，构成了一个利益共同体。

（2）企业集团与集团公司既有联系又有区别　首先，集团公司不是企业集团，集团公司是独立的经济法人，是企业集团中重要的核心层企业。只有当集团公司联系着紧密层、半紧密层和松散层时，才构成了企业集团的概念。其次，企业集团不是法人组织，而加入集团的核心层、紧密层、半紧密层和松散层的各类企业本身都是法人企业，企业集团是法人之间的联合，而并非法人组织。

二、企业与事业、行政单位的区别

在我国，与经济活动有关的单位，大致可分为三种类型：第一类是企业，它有独立的资金，实行独立核算，以自己从事生产经营等各项经济活动的收入来抵偿自己的支出，并向国家上缴利税；第二类是事业单位，如科学研究机构、勘察设计机构等，它的经费是由国家财政中的事业费开支的；第三类是行政单位，比如各级政府中的经济管理机构，它的经费是由国家财政中的行政管理费开支的。

1. 企业与事业的区别

首先，企业具有盈利性，而事业单位是非盈利性的。其次，企业是独立核算，自主经营、自负盈亏的经济实体；而事业单位大多不具备自负盈亏的能力，在经济上是不能独立的。最后，货币在企业称为资金，而在事业单位称为经费。

2. 企业与行政单位的区别

企业是经济组织，而行政单位是非经济组织，具有行政管理的职能。

第四节　现代企业制度

一、现代企业制度的含义

企业制度是关于企业组织、运营、管理等系列活动的行为规范与模式。现代企业制度，是与传统企业相区别的一种企业管理模式与运行机制。它是社会化大生产和市场经济相结合的产物，也是发展社会主义市场经济条件下企业的基本制度。企业制度是由经济体制决定的，有什么样的经济体制，就有与之相适应的企业制度。

目前，我国的现代企业制度是以企业法人制度为基础，以有限责任制度为保证，以公司制度为主体，以产权清晰、权责明确、政企分开、管理科学为条件的新型企业制度。

现代企业制度的关键在于"制度"。现代企业制度的第一层含义是"发展社会主义市场经济条件下企业的基本制度"。这就是说建立市场经济体制必须建立现代企业制度，而建立现代企业制度是建立市场经济体制的基本成分，消费者、企业、国家是市场经济体制的三大基本要素。企业要建立现代企业制度，一是要处理好企业与消费者的关系，因为消费者构成市场的核心。在社会主义市场经济条件下，每个企业都必须以法人身份进入市场，根据消费者的需求与偏好组织生产经营活动，直接参与市场竞争；二是要处理好企业和国家的关系，现代企业制度要求必须明确企业和国家的权力与责任，并通过法律形式加以保障和实施。

现代企业制度的第二层含义是以公司制度为主体。建立现代企业制度的实质就是建立现代公司制度。公司制度是现代企业制度的典型形式，它能有效地将分散的个人资本集中成股份资本，能保证企业财产的所有权与经营权的真正分离，能符合社会化大生产的要求，它创造了最高的现代生产力。

二、现代企业制度的特征

现代企业制度的基本特征可概括为产权清晰、权责明确、政企分开、管理科学。

1. 产权清晰

产权清晰是指产权关系与责任清晰。完整意义上的产权关系是多层次的，它表明企业财产的最终归属，由谁实际占有、谁来使用、谁享受收益、归谁处分等财产权中的一系列的权利关系。在现代企业制度中，产权利益与责任是分离的，而且是清晰的。出资人对投入企业的资产拥有的是出资人所有权，而企业则拥有与之相对应的法人财产权。产权关系明晰化，所有权和法人财产权的界定，既有利于保证出资者资产的保值增值，又赋予企业独立的法人地位，使其成为享有民事权利、承担民事责任的法人实体。

2. 权责明确

权责明确主要表现在以下两个方面。

一是指出资人与企业之间的权力和责任划分。出资人作为投资主体在企业中行使出资人权利，并以出资额为限对企业的债务承担有限责任；企业拥有出资人投资及借贷形成的法人财产，对其享有占有、使用、依法处分的权力，同时负有对出资人投资形成的法人财产保值、增值的责任。

二是指企业内部各级管理机构包括权力机构、决策机构、执行机构和监督机构权力与责任的界定。现代企业制度要求企业建立科学的法人治理结构，并对各级管理机构的权力与责任做了明确的界定，这样在企业内部就形成了纵向分权、相互制约的管理机制。

3. 政企分开

政企分开是指实现政府和企业职责分开、职能到位。按照现代企业制度的要求，政府的行政管理职能与国有资产管理职能必须分开。把资源配置职能转移给市场，把经济活动的社会服务性与监督性职能交给中介组织，把属于企业经营自主权的职能归还给企业。政府依法管理企业；企业依法自主经营，不受政府部门直接干预。政府只能采用经济手段或法律手段来宏观调控企业的生产经营活动。

4. 管理科学

管理科学是指现代企业制度要求企业建立一套科学完整的组织管理制度。一方面，通过规范化的组织制度，使企业的权力机构、决策机构、执行机构和监督机构之间职责分明，相互制约；另一方面，通过建立科学的内部管理制度，包括人、财、物、供、产、销以及安全、质量等各项要素的科学管理制度，调节所有者、经营者和职工之间的关系，形成激励和约束相结合的经营机制。

三、我国现代企业制度的形式

公司制是现代企业制度的一种有效组织形式，它主要包括如下三种。

（一）有限责任公司

1. 有限责任公司的含义

有限责任公司是指股东人数在 50 人以下，股东以其出资额为限对公司承担责任，公司以其全部资产对公司的债务承担有限责任的企业法人。有限责任公司简称"有限公司"。

2. 有限责任公司的特点

① 股东人数有严格的上限数量限制。我国《公司法》规定，有限责任公司由 50 个以下的股东出资设立。

② 公司全部资产不分为等额股份，也不发行股票。我国《公司法》规定，有限责任公司

成立后，应当向股东签发出资证明书。

③ 公司股份转让有严格限制。我国《公司法》规定，有限责任公司的股东之间可以相互转让其全部或部分股权。股东向股东以外的人转让股权，应当经其他股东过半数同意。其他股东半数以上不同意转让的，不同意的股东应当购买该转让的股权；不购买的，视为同意转让。经股东同意转让的股权，在同等条件下，其他股东有优先购买权。

④ 有限责任公司只有发起设立，没有募集设立。在组织与经营上具有封闭性即设立程序和经营状况不向社会公开。

3. 有限责任公司的设立条件

根据我国《公司法》的规定，设立有限责任公司，应当具备以下条件。

① 股东符合法定人数。法定人数是指法定资格和所限人数双重含义。法定资格是指国家法律、法规规定的可以作为股东的资格。法定人数是《公司法》规定的设立有限责任公司的股东人数。我国《公司法》对有限责任公司的股东人数设有最高人数限制，限定为 50 人以下，没有最低人数限制。这里值得一提的是，由于新《公司法》允许设立一人有限责任公司，因此，关于有限责任公司股东人数的下限应为一名股东，这名股东可以是一名自然人股东，也可以是一名法人股东，一名股东设立的有限责任公司为一人有限责任公司。

② 股东出资达到法定资本的最低限额。公司必须有充足的资金才能正常运营。股东没有出资，公司就不可能设立。股东出资总额必须达到法定资本的最低限额。我国《公司法》规定，有限责任公司注册资本的最低限额为人民币 3 万元，公司全体股东的首次出资额不得低于注册资本的 20％，也不得低于法定的注册资本最低限额。股东可以用货币出资，也可以用实物、知识产权、土地使用权等可以用货币估价并可以依法转让的非货币财产作价出资；对作为出资的非货币财产应当评估作价，核实财产，不得高估或低估作价。全体股东的货币出资金额不得低于有限责任公司注册资本的 30％。

③ 股东共同制定公司章程。公司章程是指规范公司的组织与行为，规定公司与股东之间、股东与股东之间权利义务关系的公司必备的法律文件。公司章程是公司最重要的法律文件，它是公司内行为的基本准则。制定有限责任公司章程，是设立公司的重要环节，公司章程由全体出资者在自愿协商的基础上制定，经全体出资者同意，股东应当在公司章程上签名、盖章。

④ 有公司名称、建立符合有限责任公司要求的组织机构。公司名称是本公司与其他公司、企业相区别的文字符号。设立有限责任公司，除了其名称应符合企业法人名称的一般性规定外，还必须在公司名称中标明"有限责任公司"或"有限公司"。建立符合有限责任公司要求的组织机构，是指有限责任公司组织机构的组成、产生、职权等符合《公司法》规定的要求。公司的组织机构一般是指股东会、董事会、监事会、经理。股东人数较少或规模较小的有限责任公司，可以设股东会、执行董事、1～2 名监事、经理。

⑤ 有公司住所。公司住所是指法律上确认的公司的主要经营场所。我国《公司法》规定，公司以其主要办事机构所在地为住所。所谓主要办事机构所在地，是指决定和处理公司事务的机构所在地，也是管辖全部组织的中枢机构。经登记主管机关登记的公司的住所只能有一个。公司的住所应当在其登记主管机关管辖区内。

4. 有限责任公司的设立登记应提供的资料

① 公司法定代表人签署的《公司设立登记申请书》。

② 董事会签署的《指定代表或者共同委托代理人的证明》（由全体董事签字）及指定代表或委托代理人的身份证复印件（本人签字）；应标明具体委托事项、被委托人的权限、委托期限。

③ 公司章程（由全体发起人加盖公章或全体董事签字）。

④ 发起人的主体资格证明或自然人身份证明。发起人是自然人的，提交身份证复印件；发起人为企业的，提交营业执照副本复印件；发起人为事业法人的，提交事业法人登记证书复印件；发起人为社团法人的，提交社团法人登记证复印件；发起人是民办非企业单位的，提交民办非企业单位登记证书复印件。

⑤ 依法设立的验资机构出具的验资证明。

⑥《企业名称预先核准通知书》。

⑦ 股东首次出资是非货币财产的，提交已办理财产权转移手续的证明文件。

⑧ 董事、监事和经理的任职文件及身份证明复印件。

⑨ 法定代表人任职文件及身份证明复印件。

⑩ 住所使用证明。自有房产提交产权证复印件；租赁房屋提交租赁协议复印件以及出租方的房产证复印件；未取得房产证的，提交房地产管理部门的证明或购房合同及房屋销售许可证复印件；出租方为宾馆、饭店的，提交宾馆、饭店营业执照复印件。

⑪ 公司申请登记的经营范围中有法律、行政法规和国务院规定必须在登记前报经批准的项目，提交有关的批准文件、许可证书复印件或许可证明。

以上各项未注明提交复印件的，应当提交原件。提交复印件的，应当注明"与原件一致"并由发起人加盖公章。

根据我国《公司法》和《公司登记管理条例》的规定，设立有限责任公司的同时设立分公司的，应当自决定做出之日起 30 日内向分公司所在地的公司登记机关申请登记；法律、行政法规或国务院规定必须报经有关部门批准的，应当自批准之日起 30 日内向公司登记机关申请登记。分公司的公司登记机关准予登记的，发给《营业执照》。公司应当自分公司登记之日起 30 日内，持分公司的《营业执照》到公司登记机关办理备案。

5. 一人有限责任公司

一人有限责任公司，是指只有一个自然人股东或一个法人股东的有限责任公司。它除了具有一般有限责任公司的基本特点外，还有其自身特点。

① 一个自然人只能投资设立一个一人有限责任公司。该一人有限责任公司不能投资设立新的一人有限责任公司。

② 公司不设股东会。股东所作决定应当采用书面形式，并由股东签名后置备于公司。

③ 公司应当在每一会计年度终了时编制财务会计报告，并经会计师事务所审计。

④ 公司的股东不能证明公司财产独立于股东自己的财产的，应当对公司债务承担连带责任。

（二）股份有限公司

1. 股份有限公司的含义

它是指两个以上股东共同投资设立的，全部资本分为等额股份，股东以其所持股份为限对公司承担责任；公司以其全部资产对公司债务承担有限责任的企业法人。股份有限公司简称"股份公司"。

2. 股份有限公司的特点

① 发起人符合法定人数。我国《公司法》规定，设立股份有限公司，应当有两人以上 200 人以下的发起人，其中须有半数以上的发起人在中国境内有住所。

② 公司总资本划分为若干等额股份，股份持有者就是股东，股东以其所持股份为限对公司承担责任。

③ 公司经批准可向社会公开发行股票。股票是一种有价证券，可以交易转让。股东不能要求退股，但可以通过自由买卖股票而随时出让股份。

④ 公司必须向公众公开披露财务状况。由于股份有限公司的股票是向社会公开发行的，为了便于股东及时了解和监督公司的经营状况和财务成果，公司必须定期向社会公开经注册会计师审查验证的财务会计报告。

3. 股份有限公司的设立条件

① 发起人符合法定人数。发起人的资格是指发起人依法取得的创立股份有限公司的资格。股份有限公司的发起人可以是自然人，也可以是法人。我国《公司法》规定，设立股份有限公司，应当有两人以上 200 人以下的发起人，其中须有半数以上的发起人在中国境内有住所。

② 发起人认购和募集的股本达到法定资本最低限额。股份有限公司须具备基本的责任能力，为保护债权人的利益，设立股份有限公司必须要达到法定资本额。我国《公司法》规定，股份有限公司注册资本的最低限额为人民币 500 万元。法律、行政法规对股份有限公司注册资本的最低限额有较高规定的，从其规定。股东可以用货币出资，也可以用实物、知识产权、土地使用权等可以用货币估价并可以依法转让的非货币财产作价出资；对作为出资的非货币财产应当评估作价，核实财产，不得高估或低估作价。

③ 股份发行、筹办事项符合法律规定。股份发行、筹办事项符合法律规定，是设立股份有限公司所必须遵循的原则。股份发行是指股份有限公司在设立时为了筹集公司资本，出售和募集股份的法律行为。这里讲的股份发行是设立发行，是指在设立公司的过程中，为了组建股份有限公司，筹集组建公司所需资本而发行股份的行为。设立发行分为发起设立发行和募集设立发行两种。发起设立发行是指由公司发起人认购公司应发行的全部股份；募集设立发行是指发起人认购公司应发行股份的一部分，其余部分向社会公开募集。

股份有限公司的资本划分为股份，每股的金额相等。公司的股份采用股票的形式。股份的发行实行公开、公平、公正的原则，且必须同股同权、同股同利。同次发行的股份、每股的发行条件、发行价格应当相同。

以发起设立方式设立股份有限公司的，发起人应当书面认定公司章程规定其认购的股份；一次缴纳的，应即缴纳全部出资；分期缴纳的，应即缴纳首期出资。以非货币财产出资的，应当依法办理其财产权的转移手续。

以募集方式设立股份有限公司的，发起人认购的股份不得少于公司股份总数的 35%，其余部分应当向社会公开募集。发起人向社会公开募集股份时，必须依法经国务院证券管理部门批准，并公告招股说明书，制作认股书，由依法设立的证券公司承销，签订承销协议。同银行签订代收股款协议，由银行代收和保存股款，向认股人出具收款单据。招股说明书应载明下列事项：发起人认购的股份数；每股的票面金额和发行价格；无记名股票的发行总数：募集资金的用途；认股人的权利、义务；本次募股的起止期限及逾期未募足时认股人可以撤回所认股份的说明。

④ 发起人制定公司章程，采用募集方式设立的应经创立大会通过。股份有限公司的公司章程，是股份有限公司重要的文件，它不仅是设立公司的基础，也是公司及其股东的行为准则。因此，公司章程虽然由发起人制定，但以募集设立方式设立股份有限公司的，必须召开由发起人、认股人组成的创立大会，并经创立大会决议通过。

⑤ 有公司名称，建立符合股份有限公司要求的组织机构。名称是股份有限公司作为法人必须具备的条件。公司名称必须符合企业名称登记管理的有关规定，股份有限公司的名称还应标明"股份有限公司"字样。股份有限公司必须有一定的组织机构，对公司实行内部管理和对外代表公司。股份有限公司的组织机构是由股东大会、董事会、监事会和经理所组成。股东大会是最高权力机构；董事会是执行公司股东大会决议的执行机构；监事会是公司的监督机构，依法对董事、经理和公司的活动实行监督；经理由董事会聘任，主持公司的日常生产经营管理

工作，组织实施董事会决议。

⑥ 有公司住所。公司住所是指法律上确认的公司的主要经营场所。我国《公司法》规定，公司以其主要办事机构所在地为住所。

4. 股份有限公司的设立登记应提供的资料

① 公司法定代表人签署的《公司设立登记申请书》。

② 董事会签署的《指定代表或者共同委托代理人的证明》（由全体董事签字）及指定代表或委托代理人的身份证复印件（本人签字）；应标明具体委托事项、被委托人的权限、委托期限。

③ 公司章程（由全体发起人加盖公章或全体董事签字）。

④ 发起人的主体资格证明或自然人身份证明。发起人为企业的，提交营业执照副本复印件；发起人为事业法人的，提交事业法人登记证书复印件；发起人为社团法人的，提交社团法人登记证复印件；发起人是民办非企业单位的，提交民办非企业单位登记证书复印件；发起人是自然人的，提交身份证复印件。

⑤ 依法设立的验资机构出具的验资证明。

⑥《企业名称预先核准通知书》。

⑦ 股东首次出资是非货币财产的，提交已办理财产权转移手续的证明文件。

⑧ 法定代表人任职文件及身份证明复印件；董事、监事和经理的任职文件及身份证明复印件。依据《公司法》和公司章程的规定和程序，提交股东大会决议（募集设立的提交创立大会的会议记录）、董事会决议或其他相关材料。股东大会决议（创立大会会议记录）由发起人加盖公章或由会议主持人和出席会议的董事签字；董事会决议由董事签字。

⑨ 住所使用证明。自有房产提交产权证复印件；租赁房屋提交租赁协议复印件以及出租方的房产证复印件；未取得房产证的，提交房地产管理部门的证明或购房合同及房屋销售许可证复印件；出租方为宾馆、饭店的，提交宾馆、饭店营业执照复印件。

⑩ 募集设立的股份有限公司公开发行股票的还应提交国务院证券监督管理机构的核准文件。

⑪ 公司申请登记的经营范围中有法律、行政法规和国务院决定规定必须在登记前报经批准的项目，提交有关的批准文件、许可证书复印件或许可证明；法律、行政法规和国务院决定规定设立股份有限公司必须报经批准的，提交有关的批准文件或许可证书复印件。

以上各项未注明提交复印件的，应当提交原件。提交复印件的，应当注明"与原件一致"并由发起人加盖公章。

新《公司法》除了对有限责任公司和股份有限公司做了详细规定外，还对国有独资公司和一人有限责任公司做了特别规定。

（三）国有独资公司

1. 国有独资公司的含义

国有独资公司是指国家单独出资、由国务院或地方人民政府授权本级人民政府国有资产监督管理机构履行出资人职责的有限责任公司。

2. 国有独资公司的特点

它除了具有一般有限责任公司的基本特点外，还具有以下三个特点。

① 产权主体单一。国有独资公司的产权主体是国家授权的管理机构，即国有资产监督管理机构。

② 国有独资公司不设股东会，由国有资产监督管理机构行使股东会职权。国有资产监督管理机构可以授权公司董事会行使股东会的部分职权，决定公司的重大事项，但公司的合并、

分立、解散、增加或减少注册资本和发行公司债券，必须由国有资产监督管理机构决定；其中，重要的国有独资公司合并、分立、解散、申请破产的，应当由国有资产监督管理机构审核后，报本级人民政府批准。

③ 董事会成员由国有资产监督管理机构委派；但是，董事会成员中的职工代表由公司职工代表大会选举产生。国有独资公司的董事长、副董事长、董事、高级管理人员，未经国有资产监督管理机构同意，不得在其他有限责任公司、股份有限公司或其他经济组织兼职。

四、现代企业制度的法人治理结构

法人治理结构是公司制的核心。它规定了所有者、经营者和监督者之间通过公司权力机构（股东大会）、经营决策与执行机构（董事会、经理）、监督机构（监事会）而形成权责明确、相互制衡的关系，并以法律形式予以制度化的统一机制。建立科学的法人治理结构，目的是形成公司内部三个机构之间权力的合理分配，使其权责明确，相互协调，相互制衡，保证公司交易安全、运行平稳、健康，使股东利益及利益相关者（董事、经理、监事、员工、债权人等）共同利益得到合法保护。

现代企业的法人治理结构一般由股东会（股东大会）、董事会、监事会和经理组成。

（一）股东会（股东大会）

股东会（股东大会）是公司的最高权力机构，由全体股东组成。它拥有以下权力。

① 决定公司的经营方针和投资计划。

② 选举和更换非由职工代表担任的董事、监事，决定有关董事、监事的报酬事项。

③ 审议批准董事会的报告。

④ 审议批准监事会或监事的报告。

⑤ 审议批准公司的年度财务预算方案、决算方案。

⑥ 审议批准公司的利润分配方案和弥补亏损方案。

⑦ 对公司增加或减少注册资本做出决议。

⑧ 对发行公司债券做出决议。

⑨ 对公司合并、分立、解散、清算或变更公司形式做出决议。

⑩ 修改公司章程。

⑪ 公司章程规定的其他职权。

股东会（股东大会）虽然是公司的最高权力机构，但它对外不能代表公司，对内不能从事具体的业务和管理。

（二）董事会

董事会是公司的经营决策机构，其成员由股东代表和其他方面的代表所组成。董事长由董事会选举产生，为公司法定代表人。董事会拥有以下权力。

① 召集股东会会议，并向股东会报告工作。

② 执行股东会的决议。

③ 决定公司的经营计划和投资方案。

④ 制订公司的年度财务预算方案和决算方案。

⑤ 制订公司的利润分配方案和弥补亏损方案。

⑥ 制订公司增加或减少注册资本以及发行公司债券的方案。

⑦ 制订公司合并、分立、解散或变更公司形式的方案。

⑧ 决定公司内部管理机构的设置。

⑨ 决定聘任或者解聘公司经理及其报酬事项，并根据经理的提名决定聘任或解聘公司副经理、财务负责人及其报酬事项。

⑩ 制定公司的基本管理制度。

⑪ 公司章程规定的其他职权。

董事会实行集体决策，采取一人一票原则，对所议事项的决定要做成会议记录，出席会议的董事应当在会议记录上签名并承担责任。

（三）监事会

监事会是检查监督公司财产和董事会业务执行情况的常设机构，与董事会并立，向股东会（股东大会）负责并报告工作，但不能参与公司的业务决策和管理。监事可以列席董事会会议，并对董事会决议事项提出质询或建议。监事会由股东代表和适当比例的公司职工代表组成，其中职工代表的比例不得低于1/3，具体比例由公司章程规定。为了保证监督的独立性，董事、高级管理人员不得兼任监事。监事会拥有以下权力。

① 检查公司财务。

② 对董事、高级管理人员执行公司职务的行为进行监督，对违反法律、行政法规、公司章程或股东会决议的董事、高级管理人员提出罢免的建议。

③ 当董事、高级管理人员的行为损害公司的利益时，要求董事、高级管理人员予以纠正。

④ 提议召开临时股东会会议，在董事会不履行本法规定的召集和主持股东会会议职责时召集和主持股东会会议。

⑤ 向股东会会议提出提案。

⑥ 依照《公司法》第一百五十二条的规定，对董事、高级管理人员提起诉讼。

⑦ 公司章程规定的其他职权。

（四）总经理

总经理是公司日常生产经营管理工作的最高主管，主持整个公司的生产经营管理工作。经理由董事会决定聘任或解聘。总经理依照公司章程和董事会的授权范围行使职权，列席董事会会议，对董事会负责。总经理拥有如下权力。

① 主持公司的生产经营管理工作，组织实施董事会决议。

② 组织实施公司年度经营计划和投资方案。

③ 拟定公司内部管理机构设置方案。

④ 拟定公司的基本管理制度。

⑤ 制定公司的具体规章。

⑥ 提请聘任或解聘公司副经理、财务负责人。

⑦ 决定聘任或解聘除应由董事会决定聘任或者解聘以外的负责管理人员。

⑧ 董事会授予的其他职权。

本 章 小 结

本章介绍了企业的含义；我国企业的类型；现代企业制度的含义、特征；我国现代企业制度的主要形式和法人治理结构。通过这些，我们认识了现代企业。

习 题

一、简答题

1. 什么叫企业？

2. 法人应具备哪些条件？

3. 企业有哪些特征？

4. 什么叫中外合资企业？

5. 现代企业制度的基本特征是什么？

6. 企业按经营方向分，可分为哪几类？

7. 设立有限责任公司，应当具备哪些条件？

二、案例分析题

北汽福田车辆股份有限公司改制纪实

北汽福田车辆股份有限公司（简称福田公司）是按照现代企业制度组建而成的。公司成立之初，总资产为 3 亿元，净资产只有 1.4 亿元。

福田公司是一家跨地区、跨行业、跨所有制的国有控股上市公司，到 2010 年已有资产达 80 亿元，员工 3 万余人，是一个以北京为管理中心，在京、津、鲁、冀、湘、鄂、辽、粤 8 个省市区拥有 16 个整车和零部件事业部，研发分支机构分布在日本、德国和我国台湾等地的企业集团，成为中国商用车规模最大、品种最齐全的汽车生产制造企业，其轻型卡车连续 8 年处于同行业第一的地位。

福田公司的快速发展引起了各级政府、经济界和理论界的广泛关注，被誉为"福田之路"。北汽福田公司的发展道路对全国汽车行业乃至机械行业都有重大启示。

（1）以资本为纽带，促进企业高速发展。福田公司的发展，是从整合社会资源、盘活存量资产、优化资源配置方面开始创业之旅的。追踪福田公司的发展历程，可以明显地看出，在产品经营的基础上，资本经营对企业发展的强大推动作用。1998 年 5 月 11 日，经中国证监会批准，福田公司发行社会公众股 5000 万股，并于 6 月 2 日上市交易，成为上市公司；1999—2000 年，又通过资产重组组建了福田发动机公司，并完成了福田公司的配股工作。福田公司通过低成本扩张，高效率发展，已经成为全国最大的轻型卡车和四轮农用车生产企业，最大的收获机械生产企业和全国知名的化学建材及建材机械生产企业。

（2）现代企业机制是企业发展的动力。任何事物的发展，都是外因和内因共同作用的结果。在企业的各种生产要素中，人是最具有能动性·的因素。通过百家法人造福田，在获得充足的生产资源的同时，还实现了投资主体的多元化，建立了现代企业制度，建立了良好的经营理念、运作机制、内部管理方式。福田公司能够从更大范围内遴选和优化经营者队伍，发现和使用所需要的人才，建立灵活高效的经营机制，从而有效运用所获取的社会资源，追求内部高效有序运转，创造良好的经济效益，优良的"种子"决定了福田公司生命旺盛的形态。

思考：1. 推进建立现代企业制度进程的关键因素是什么？

2. 企业可持续发展的动力是什么？

三、实训题

1. 实训项目：访问企业

2. 实训目的：通过访问企业使学生了解不同类型的企业具备不同的特征。

3. 实训内容：（1）要求学生了解企业的组织机构；（2）要求学生了解企业的经营范围。

4. 实训组织：把一个班学生分成四组：第一组学生访问工业企业；第二组学生访问商业企业；第三组学生访问技术服务类企业；第四组学生访问生活服务类企业。

5. 实训考核：（1）要求每个学生写出访问报告或小结。（2）每组选一名学生进行全班交流。

第二章　创建企业

日本索尼公司的管理

索尼集团公司是日本一家跨国经营和生产电子产品的厂商，在全球拥有 75 家工厂和 200 多个销售网点。据专家估计，仅仅电子产品方面，索尼集团公司每年的全球集装箱货运量已经超过 16 万 TEU（集装箱单位），是世界上规模比较大的发货商之一。

1. 提高企业核心竞争力是关键

随着经济全球化的发展趋势，通过节约物资消耗和提高劳动生产率来降低生产成本的传统焦点已经转向非生产领域，特别是生产领域内，索尼集团公司也不例外。用两句话概括：一是落实成交条件，扩大生产成本节约范围；二是通过认真谈判把计划中的集装箱货运量配送给选中的承运服务提供人。

在合作中，如果索尼提供的箱量需求低于许诺，索尼向承运人赔款；如果箱量需求超过许诺，索尼不要求承运人提供回扣。在实际合作中，索尼集团公司把许诺箱量和一旦低于实际托运量就赔款的合同条款应用于对美国的贸易航线中，迄今在对美航线中这个合同条款用得比较普遍，而在非对美贸易航线中，其他托运人通常不愿意向承运人承诺集装箱的年总托运量。在合同中，索尼只要求承运人提供半年至一年的运价成本。索尼集团公司这样做的目的无非是为了加强与艰苦奋斗、拼搏不止的承运人的合作和联系，建立和提高质量上乘、价位低廉的物流链服务网络。

作为日本中央企业的索尼集团总公司高层认识到，核心竞争力的载体是企业整体，而绝不是集团下面某一个"重中之重"的子公司通过"奇迹"能够实现的。因为建设核心竞争力的投资风险和时间跨度远远超过了多少仍具有地方色彩和自身严重局限的子公司的能力范围，因此必须从企业集团整体利益的战略高度考虑和充分把握投资方向，理顺经营理念和主动掌握市场需求，运筹帷幄，集中一切力量把企业集团核心竞争建设的指挥主动权掌握在集团高层官员手中。

2. 充分发挥全球供应链作用

索尼集团公司在国际市场上长久立于不败之地的奥秘是："竭尽全力，接近客户，要想客户之所想，急客户之所急，凡是客户想到的，索尼争取先想到，凡是客户还没有想到的，索尼必须抢先想到"。索尼集团公司的物流理念是：必须从战略高度去审视和经营物流，每时每刻都不能忽视物流，满足客户及市场需要是物流的灵魂，索尼集团公司下属各家公司必须紧紧跟随市场潮流。

索尼集团公司物流在涉及采购、生产和销售等项目时，一般是在不同地区与承运人商谈不同的物流项目。为了进一步降低物流成本，索尼集团公司常常根据实际需要，办理集装箱货物多国拼箱。

3. 企业服务的三大要求

（1）竭尽全力缩短从产品出厂到客户手中的过程和时间，特别是要缩短跨国转运，多式联运和不同类型运输方式之间货物逗留时间，必须做到"零逗留时间、零距离、零附加费用、零风险"物流服务。

（2）大力加强索尼集团公司和物流供应链服务方之间的合作关系，始终保持电子数字信息交换联系的畅通。

（3）当前最紧迫任务是在东欧地区和中国地区迅速建立索尼物流的基础设施。索尼集团物流公司总经理三岛先生认为："如果企业服务质量低劣，任何严重问题都可能产生。"索尼公司有如此优势，相信明天会更好。

（资料来源：http：//info. scrvice. he360. com，经作者整理）

【案例分析】

本案例描述了日本索尼集团公司的管理状况。索尼集团公司的管理运作具体包括：每年举行一次与承运人的全球物流洽谈会，通过认真谈判把计划中的集装箱货运量配送给选中的承运服务提供人；同时与日本的商船三井、日本邮船、川崎船务等实力雄厚的船运集团结成联盟，始终保持业务上独立自主，索尼集团公司非常重视电子信息管理技术（ELCT），使用比较先进的通用电子信息服务（CEIS）软件，与日本和世界各地的国际集装箱运输公司建立密切的电子数据交换联系（EDIL）。索尼集团公司把自己全球分支机构的服务联合起来，发挥全球性索尼管理网络功能。

第一节　企业创建的方式

一、个体企业

1. 含义

个体企业是由业主个人出资兴办，由业主自己直接经营的企业。经营成果和风险全部由个人承担，在法律上是自然人企业，不是法人企业，是最古老和最简单的企业形式。在资本主义国家这种企业数量庞大，占到企业总数的大多数，但在整个经济中并不占据支配地位。如个体农业、个体服务业、自由职业者（注册医师、注册会计师、注册律师、职业投资者等）。

2. 特征

① 个体企业是由一个自然人投资设立的企业。

② 个体企业的投资人对企业的债务承担无限责任。

③ 个体企业的内部机构设置简单，经营管理方式灵活。

④ 个体企业是非法人企业，无独立承担民事责任的能力。

3. 优点

① 个体企业设立程序简单。

② 个体企业的规模较小，灵活多样，效力较高。

③ 个体企业易于保守业务秘密。

④ 个体企业的竞争性和进取性较强。

4. 缺点

① 在经营管理知识和能力上，个体企业存在着局限。

② 企业经营规模有限。

③ 个体企业的风险大、安全感弱。

④ 个体企业的存在期限有限。

二、独立自创家族式企业

(一)家族企业的优点

1. 企业利益与家族紧密联系

在家族企业中，企业利益与家族企业紧密联系，有利于家族企业凝聚家族成员关系的力量，彼此忠诚，以家族整体利益为重，特别是在创业初期，能够有效地整合有限的资金资源，加速资本的原始积累，调动家族成员的积极性。家族成员在企业面临困难和危机时，与非家族成员相比，具有更大的牺牲精神。

2. 灵活机动

在经营管理上，家族化的方式更具有灵活机动性。家族企业的创始人往往具备丰富的阅历与敏锐的洞察力，他们的决策经常基于个人的经验和直觉，决策速度快。同时家族企业组织结构简单，规范化程度低，因此沟通的障碍少，决策的可接受程度高。

3. 注重长期发展

家族企业更关注生存，因此更注重长期发展，更具有战略眼光。

4. 注重质量

同样为了生存和竞争的需要，家族企业在为消费者提供产品和服务时，更关注质量，也更尽心尽职。

(二)家族企业的缺点

1. 往往会将一些平庸的家族成员带入企业

家族化经营一般建立在根深蒂固的家族观念基础之上，使得引进优秀人才比较困难，需要人才时往往从家族内部挑选，容易使平庸的成员进入管理层，反过来又影响非家族成员的工作积极性，进而影响到企业的进一步发展壮大。

2. 家族成员角色难以分清

一方面，企业内部要求下属听从上级指挥；另一方面，家族成员又是董事长、总经理的亲戚，是兄弟、姐妹，甚至是舅舅、阿姨、父母等，大家都是平辈或长辈，可以与公司领导平起平坐，这样，家族成员必然陷入一种角色冲突之中，不能正确处理好工作，这对于企业的管理和发展是极其不利的。

3. 所有权和经营权相结合

所有权和经营权紧密结合，是家族企业的一大特点。这在创业时期对企业发展有推动作用。但随着企业的发展，所有权和经营权的分离是不可避免的。而采取家族化经营时，家族成员的经营理念往往难以走出家族利益的圈套，拒绝非家族成员进入企业高层，阻碍选能用贤，所有权和经营权都掌握在家族成员的手中，这样的结果往往是形成一个由家族成员为核心的狭隘团体，企业也必然缺少活力，缺乏进一步发展的动力。

4. 家族经营使外来能人难以重用

家族企业在其发展初期形成了核心成员由家族内人员组成的体系，随着企业的不断发展、壮大，这些家族成员的权力与地位得到不断的加强和提高，而且这些家族成员对企业的忠诚度也是最高的，经过长久的发展，企业对这些人形成一定的依赖性，这也反过来造成对外来人员的不信任感，使那些有才干的外来人员很难在企业中得到重用。

三、合伙制企业

1. 含义

合伙制企业是由两个或两个以上的个人联合经营的企业，合伙人分享企业所得，并对营业亏损共同承担责任。合伙人按照协议共同出资、经营、分享利润并承担风险和责任（负连带无限清偿责任）。

2. 特征

① 由两个以上的自然人联合组成。

② 以合伙协议为联合的法律基础。

③ 企业内部关系属于合伙关系。

④ 合伙人对合伙企业债务承担无限连带责任。

3. 优点

① 设立的手续简单，费用较少。

② 扩大了资金来源，提高了企业信用能力和盈利能力。

③ 税收负担较轻。

④ 有更大的自由和灵活性。

4. 缺点

① 合伙企业的资金来源和资信能力有限。

② 投资风险较大。

③ 因为每一位合伙人都可以参加管理，所以不利于合伙企业管理的集中和统一，不利于实行科学化管理。

④ 合伙企业的存续时间不稳定。

四、股份合作制企业

1. 含义

股份合作制企业是本企业和合作经济实体内的劳动者平等持股（只限于企业内部人员持股，外部人员不能入股）、合作经营，以股本和劳动共同分红为特征的企业。它既不同于合伙制企业，也不同于股份制公司。我国城乡许多小型工商企业实行股份合作制，它们在理顺产权关系和推动生产发展方面发挥了积极的作用。

2. 特征

① 股份合作制企业是独立的企业法人。

② 股份合作制企业的股东主要是本企业的职工。

③ 股份合作制企业依法设立董事会、监事会、经理等现代企业的管理机构，企业职工通过职工股东大会形式实行民主管理。

④ 股份合作制体现了劳动合作和资本合作的有机结合。

⑤ 股份合作制企业兼顾盈利性和企业职工间的互助性。

⑥ 在劳动分配方式上，股份合作制企业实行按资分配和按劳分配相结合。

五、公司制企业

公司制企业也称公司，从严格的法律角度来说，是指依法设立并以盈利为目的具有法人资格的经济组织。

公司制即现代企业制度，是现代企业中最重要、较普遍的一种企业类型。它是随着生产力的发展而产生的，是现代企业制度的典型形式。1841 年 10 月 5 日，美国西部铁路上发生了一次列车撞车事故，死伤多人，遭到了舆论的谴责，指责老板无能力管理企业。在舆论的压力下，企业进行了改组，首先建立了各级责任制，选拔精通铁路技术的人员、专家来担任领导，而原来的领导退居二线，只拿股票，按期领取股息，实行了第一次企业的所有权和经营管理权的分离。出现了第一代由全部拿薪水的管理人员通过一个正式的管理机构来管理现代化的企业，这就是公司制的产生。公司制企业有三个方面的特点：首先公司制企业可以发行股票募集资本，从而扩大生产经营规模；其次，股东和公司都只以出资为限承担公司的债务和责任，从而降低了经营风险；再次，公司的所有权和经营权分离，实行专家管理克服了家族式管理的局限性（民营企业经常存在的一个问题）。

（一）无限责任公司

无限责任公司是指由两个以上的股东所组成，股东对公司的债务承担连带无限清偿责任的公司。所谓连带无限清偿责任是指股东不论出资多少，对公司债权人以全部个人财产承担共同或单独清偿全部债务的责任，是典型的人合公司。这种公司风险巨大。

（二）有限责任公司

有限责任公司是指由两个以上股东共同出资，每个股东以其认缴的出资额对公司行为承担有限责任，公司以其全部资产对其债务承担责任的企业法人。本质上是一种资合公司。它与无限责任公司的区别是只承担有限责任，而不负连带无限清偿责任；它与股份有限公司的区别是并不对外公开发行股票。

1. 有限责任公司成立的条件

① 股东符合法定人数。有限责任公司的股东应为 50 人以下。国家授权出资的机构可以单独设立国有独资的有限责任公司。

② 股东出资达到法定资本最低限度。有限责任公司的注册资本不得少于下列最低限额：一人有限责任公司为 10 万元，其余为 3 万元。

③ 制定公司章程。

④ 有公司名称，建立公司的组织结构。

⑤ 有固定的生产经营场所和必要的生产经营条件。

2. 有限责任公司设立的程序

① 制定公司章程，确定出资的股东。

② 缴纳出资。

③ 确立公司组织结构。

④ 申请公司登记。

国有独资公司是指国家授权投资的机构单独出资设立的有限责任公司。它是一种特殊的有限责任公司，因为它的股东只有一个，即国家授权投资的机构单独开办。除此以外，具备一般有限责任公司的一切特征，并享有有限责任公司应有的权利和义务。

（三）股份有限公司

股份有限公司是根据法律规定的条件成立，公司全部资本分为等额股份，股东以其所持有股份对公司承担责任，公司以其全部资产对公司的债务承担责任的法人企业。

1. 股份有限公司的法律特征

① 股东人数不得少于法律规定的数目。我国《公司法》规定，设立股份有限公司应当有 2 人以上 200 人以下为发起人。

② 注册资本金数量要求较高。我国《公司法》规定，股份有限公司注册资本的最低限额为人民币 500 万元。

③ 资本总额平分为金额相等的股份。

④ 股份可以自由转让，股票可以上市交易，但股东不能抽回资本。

⑤ 公司账目要公开。股份有限公司要定期公布经营报告，让社会了解公司的财务状况和经营状况，便于接受股东的监督。因此，股份有限公司的透明度较高。

2. 股票的种类

（1）按股东的权力划分　股票可分为普通股和优先股。

① 普通股是公司发行的无特别权利的股票。普通股可以享受红利分享权、资产分配权、公司管理权、认股优先权等。普通股是公司资本构成中的基本部分，具有一切股票的基本特点，是最常见的投资形式，又是风险最大的投资形式。

② 优先股是指股份有限公司为吸引希望获得稳定收入，但不能参与公司经营决策的出资者附加某种优惠条件而发行的股份。优先股比普通股具有一定的优先权，即优先领到公司股息，优先分配公司剩余财产。

（2）按股票是否记名划分　股票可分为记名股票和无记名股票。记名股票是指股东姓名记载在股票票面；无记名股票是指股东姓名不记载在股票票面。

（3）按股票的发行对象划分　股票可分为 A 种股票、B 种股票和 H 种股票。

① 我国的公司对境内自然人和法人发行的股票统称为 A 种股票。

② 以人民币表明股票面值，以外币认购和进行交易，专供外国和我国香港、澳门、台湾地区的投资者买卖的股票，统称为 B 种股票。

（注：外国和我国香港、澳门、台湾地区的投资者不得买卖人民币股票，即 A 种股票，非外国和我国香港、澳门、台湾地区的投资者不得买卖 B 种股票。）

③ 我国的公司在香港上市的，股票称为 H 股。

3. 上市条件

我国《公司法》规定，股份有限公司上市必须符合五个条件。

① 股票经国务院证券管理部门批准以向社会公开发行。

② 公司股本总额不少于人民币 5000 万元。

③ 开业时间在三年以上，最近三年连续盈利；原国有企业依法改建而成立的，或者本法实施后新组建成立，其主要发起人为国有大中型企业的，可连续计算。

④ 持有股票面值达人民币 1000 元以上的股东人数不少于 1000 人，向社会公开发行的股份的比例为公司股份总数的 25％以上；公司股本总额超过人民币 4 亿元的，其向社会公开发行的比例为 15％以上。

⑤ 公司在最近三年内无重大违法行为，财务会计报告无虚假记载。

4. 两合公司

它是由负无限责任的股东和负有限责任的股东组成的公司。我国公司法规定的公司只指有限责任公司和股份有限公司两种。

5. 公司的设立、登记、合并、分立和解散（略）

六、特许加盟

创业者加盟别人的企业，成为别人品牌和企业模式的复制经营者。这样创业，创业者不需要自己摸索，只要向特许方或盟主缴纳一笔费用（加盟费、品牌使用费、货款、设备款等），就可以在别人开发企业的基础上开始创业。但如果特许方的模式不完善，则创业失败的风险较高。

1. 特许经营模式的主要优点

① 特许人只以品牌、经营管理经验等投入，便可达到规模经营的目的，不仅能在短期内得到回报，而且能使无形资产迅速提升。

② 受许人由于购买的是已获成功的运营系统，可以省去自己创业不得不经历的一条"学习曲线"，包括选择盈利点、开拓市场等必要的摸索过程，降低了经营风险。

③ 受许人可以拥有自己的公司，掌握自己的收支。受许人的经营启动成本低于其他经营方式，因此可在较短的时间内收回投入并盈利。受许人可以在选址、设计、员工培训、市场等

方面，得到经验丰富的特许人的帮助和支持，使其运营迅速走向良性循环。

④ 特许人与受许人之间不是一种竞争关系，有利于共同扩大市场份额。

综上所述，我们明确认识到，特许经营这一经营模式的实质，是企业运用无形资产进行资本运营，实现低风险资本扩张和规模经营的有效方法和途径。这也是特许经营能得以迅速发展的根本原因所在。

2. 特许经营模式的主要缺陷

① 经营受到严格约束，缺乏自主权。从商店的布置、商品的陈列、经营的商品品种、经营器材、经营方式，甚至营业员的行为、语言、着装都必须跟总部规定的步调一致，分店只有服从总部安排的义务。缺乏自由，就可能使投资者失去应变能力。

② 特许人出现决策错误时，受许人会受到牵连。投资者若加入了特许经营组织，就等于将自己的投资得失，全部与特许经营挂上了钩，是成是败，在很大程度上受总部的影响，尽管加入特许组织可以降低经营风险，但并不意味着完全没有风险，特许经营失败的例子也有很多，这些失败的例子有一个共同的教训，即总部决策失误。

③ 受许人要退出或转让将受到合同限制，困难重重。受许人与特许人签订合同后，在合同期限内，必须照合同办事，不能再有其他选择。如果在这一期间经营不太理想，或因其他原因想中途中止合同，一般总部出于自身利益考虑不会轻易同意，如果受许人坚持要中止合同，就只能通过法律程序来解决。如果受许人想将生意转卖给第三者，或者迁移他地，也必须经过总部的批准，尽管该店土地和建筑物都归受许人所有。即使在契约终止后，如果是从事类似的商业活动，仍然会有若干的限制，因此，受许人一定要经过慎重考虑后才能签合同，否则后患无穷。

七、经销和代理

经销和代理也是企业创建的重要方式。选择某产品的生产厂家，成为其代理商或经销商，做产品的批发及（或）零售业务。一般畅销或好品牌的产品，取得代理商或经销商资格的代价较高，竞争有时也很激烈。不好卖的产品，经销商开拓市场的成本往往较高，失败的风险也较大。

（一）经销

1. 经销商

经销商是指拿钱从企业进货，然后转手卖出去，他们买货不是自己用，对于他们只是转手再销售而已，他们关注的是利差，而不是实际的价格。企业对他们一般不是赊销。经销商是指商人，也就是一个商业单位。

2. 成为优秀经销商的关键

想成为一名赚钱的经销商，关键是要做好以下四个选择。

（1）自我选择　就是要给自己正确定位。首先，弄清楚自己的目标，是想小富即安，还是希望未来能够有一个比较大的发展？不同的目标将影响到你的经营心态和经营策略。其次，弄清楚自己的资源，有什么样的社会关系？有什么样的销售渠道？对哪部分市场比较熟悉？做什么会比较有利于发挥自己的优势？根据自己的资源情况量体裁衣。

（2）厂家选择　在做好自我定位的情况下，要对厂家进行谨慎选择。

① 选择有信誉的厂家。厂家的信誉可以通过其他经销商打听，也可以通过消费者的反馈来得到。现在信息渠道比较多样，还可以通过媒体、网络等渠道来收集。

② 根据自己的资金实力，可能开始只能选择一些小规模厂家的产品来代理。因为小厂家大多都是老板"一言堂"，所以，搞清楚对方老板的人品很重要。

③ 看厂家实力。厂家是小作坊，还是正规工厂；厂家是只有一个产品，或寥寥几个产品，

还是有比较丰富的产品线；厂家技术先进程度如何；研发实力如何；市场竞争力如何；对市场的反馈是否及时；产品质量是否有保证；售后服务完善程度等，通过这些细节方面的考察，可以探知厂家的实力。

④ 品牌。厂家是否是知名企业；厂家的产品是否是知名品牌；小经销商多数时候面对的是中小生产企业，但是中小企业一样有知名度和品牌美誉度的问题，只是他们的知名度和品牌美誉度可能局限在一个较小的范围。为了搞清楚这一点，可以到工厂的所在地进行走访。

⑤ 政策。厂家一般都会对经销商有一些扶持和优惠的政策，比如促销、广告、返点、奖励、费用分摊等，在其他条件相同的情况下，尽可能选择那些对经销商扶持力度较大和政策较为优惠的厂家。

⑥ 服务。经销商处于流通渠道的中游，在经营业绩上受到上游厂家很大的制约，经销商经常会需要厂家提供多方面的服务，比如及时供货、及时提供产品信息、对经销商进行指导、帮助经销商开展经营等，厂家的服务越周到，经销商越能够安心经营。同时，厂家对经销商利益的关心程度，也是需要经销商认真考虑的问题。

（3）产品选择　经销商的利益，最后都要归结到产品的销售，包括厂家的奖励和优惠措施，通常也是根据经销商的销售业绩进行区别对待，所以，一个经销商要想赚钱，选择好正确的产品乃重中之重。产品选择有两条总的原则。

首先是消费者欢迎，这一点容易说到不容易做到。只要产品的质量没有问题，产品的好坏多数时候只是相对而言。经销商在选择产品时，要充分考虑当地的消费能力和消费偏好，适合一个地方消费者的产品未必适合另一个地方的消费者。

其次是经销商在选择产品时必须符合自身的资源状况，有利于发挥自身的资源优势。作为经销商，最重要的资源有两个。一是资金。对于资金不足，短期盈利的压力比较大的，就应该多选择一些价值较低、消费者在购买能力上较易承受、走货较为迅速、回收现金较快的新产品，通过多走、多跑不怕辛苦的办法开拓市场，赢得利润，同时通过一些大路货争取现金流，减轻资金上的压力；对于资金实力比较充足，短期盈利压力不大的经销商，则可以选择一些较为高档，利润空间较大的产品经营。二是渠道。经销商是通过产品的流通赚钱，产品流通的数量和速度，决定经销商赚钱的多寡，任何产品的流通都需要通过一定的渠道，所以，经销商应该根据自己的渠道情况来选择产品。比如，渠道有利于日用品销售，就应该选择日用品；渠道比较有利于食品销售，就应该选择食品；渠道比较有利于其他快速消费品销售，就应该选择其他快速消费品；渠道比较有利于工业用品销售，就应该选择工业用品。切忌眉毛胡子一把抓，只要厂家愿意，什么产品都拿过来代理，把一堆互不相干的产品放在一起，这是经销商致败之源。即使经销商拥有多重渠道优势，也必须将不同门类的产品代理分开经营。

此外，在具体产品的选择上，经销商还要注意产品的市场潜力、产品功效和概念、产品外观。为了更稳妥地选择产品，做到万无一失，经销商必须做的一件事是：与同类产品进行比较。比较的元素有：功能、质量、容量、包装、价格等，如这些方面基本一致，则应选择名气更大、品牌更为响亮者，如在容量、价格方面相差较大，则根据当地消费者的消费偏好进行选择，一般选择容量更大、价格更低的产品，销售情况会更好一些。差异化经营要视具体情况而定，食品、饮料等直接涉及人身安全的产品，人们在消费上比较谨慎，如无特殊原因，人们一般会倾向于选择大路货。服装、饰品等体现个人品味和喜好的商品，在经营上实行差异化效果会更好一些。

（4）业绩选择　对于小经销商来说，实际经营中，以少数高知名度品牌带多数不知名品牌，以少数高知名度品牌树立形象，稳定现金流，而依靠更多不知名品牌赚钱，效果较好。知名品牌因为品牌知名度高，厂商"脾气"也就大，对经销商要求比较苛刻，留给经销商的利润空间非常小，但销售稳定；非知名品牌，尤其是非知名新品牌，留给经销商的利润空间通常较高。经销商可以做一些细致的工作，每月或每季度将代理产品按销售数量和利润贡献由高到低进行排名，一般经过几次排名工作，就不难做出正确选择。

（二）代理

代理是代企业打理生意，不是买断企业的产品，而是厂家给额度的一种经营行为，货物的所有权属于厂家，而不是商家。他们同样不是自己用产品，而是代企业转手卖出去。

1. 做代理商的准备

① 必须做好头三个月或者更长时间没有任何收入的心理准备。

② 必须有一定费用支出的经济准备（除生活费以外必须的一些额外费用开支，比如样品资料费、交通费等）。

③ 必须做好承受三个月以后或者更长时间、花费一定的资金后，还是没有做成代理的心理准备。

如果做好了以上准备，那么就可以准备行动了。如果没有做好以上哪怕是其中的任何一项准备，那么就没有做好成为代理商的准备。

2. 做代理商的一种可行方案

① 选一个好的产品项目。这是一个事关成败的关键问题，畅销的知名品牌未必是好项目。不知名的、本地市场还没有的、有潜在的持续的市场前景而尚不为大多数人所知的新产品反而可能是好产品。因为这些产品对代理商的条件要求不高。

② 从业务代表做起。选好产品以后就可以联系厂家要求做本地的业务代表。这是一个必须要经历的为期2～3个月的关键步骤。因为厂家有开拓新市场的强烈愿望，但不是说就会不考虑风险先给你发货。你可以准备一份市场开拓计划书，有重点即可，必须附上自己详细的个人简历和薪酬要求（最好只要业务提成），这样成功的可能性高得多。然后要求厂家提供一份委托书，签订一份书面协议规定好双方权利义务，提成支付时间及方式、违约责任，最好提供名片、资料、样品若干。

③ 寻找目标用户。一般的厂家是要求款到发货的，而一般用户又要求货到付款。这里显然存在比较大的矛盾。第一种情况，你没有资金但可以筹措临时资金来保证一个交易周期，短期筹集资金可以包括预付款、个人借款等。第二种情况，没有办法短期内筹集到足够资金，那么可以寻找一个利润提成较高，有广泛使用个人群体、价廉物美的产品，以寻找合伙人的方式筹集资金。

八、购买现成企业

（一）购买现成企业的利弊

1. 购买现成企业的优点

（1）已有一定的业务基础　购买现成企业，其最重要的优势在于已有一定的客户基础和业务基础，与银行、税务等部门已经建立了一定的联系，企业不需要再起炉灶。如果现成企业是盈利企业，那么其优势会更加明显，因为对于新企业来说，投资的收益通常不会立竿见影的。

（2）投资者可以节约时间和精力　由于现成企业中大多数的设备、管理制度已经建立，管理方法也初步形成，企业积累了一定的市场经验，熟悉业务的员工也已经具备。如果是新建企业则必须修建或租赁房屋，聘请员工和建立企业制度。这样可以集中精力用于提供良好的服务和创造利润。

（3）可以获得较低的价格　如果原有企业主因为种种原因决定退出市场，想赶快卖掉企业，可能在经济上会有所让步。如果这个企业已经有了稳定产品市场，那么所获得的收益就是双重的了。

（4）可以降低投资风险　如果你买的是个现成的、盈利的企业，说明它有市场，风险通常较小。当然，并不是说就不会有风险，风险是未来的，不属于过去。如市场环境的变化，消费观念的变化，新的竞争对象出现等，这些风险都是随时存在的，如果不善管理，那么还会存在资产安全的风险。

2. 购买现成企业的缺点

（1）成本代价　如果原业主确实能为购买者提供上述益处，购买者或许要付出更大的成本，同时购买企业的支出可能给今后的企业资金流动造成困难。

（2）未知因素和风险　原业主可能隐瞒了出卖企业的真实动机和原因。可能企业正出现亏损，资产负债表、损益表和现金流量表的真实性值得怀疑；可能企业所处的地理优势正在消失；可能企业需求正发生变化、市场竞争过于激烈；可能企业形象不佳、顾客满意度较差等。所有这些都增加了今后企业经营的隐患。

（3）与创业者个人意愿矛盾　企业的盈利前景固然很重要，但是作为投资者个人的一项事业，如果不考虑创业者的个人兴趣、意愿、知识和能力、事业发展因素等，对企业的持续发展不利。而购买企业的企业领域，可能不一定与创业者的兴趣、意愿完全一致。

（二）购买现成企业的一般流程

1. 寻找要出售的企业

首先，要确定购买企业的类型。如果有可能，应该听取专家或者熟悉企业经营的人员的看法，对于确定的目标，要尽量做一些社会调查，做到"先静后动"。在没有深思熟虑以前要保持"静"，考虑周全以后才"动"，尽量选择有发展潜力的企业。

其次，搜寻要出售的企业。最直接的途径就是注意搜索报纸、杂志、网上的信息或者拍卖公司公告等，同时要关心各种企业的动态，以了解其出售的意图。

2. 调查评价被出售的企业

（1）企业价值的分析和评估　对于企业价值的分析和评估，可以委托专业的资产评估机构进行，也可以投资者个人或其财务助理来实施，主要方法包括以下几种。

① 资产账面价值分析。通过分析资产负债表来确定资产账面价值。

② 实际价值分析。通过对企业的基础财产评估来确定其实际价值。

③ 收益能力分析。通常可以根据企业现有利润和将来创造利润的潜力来估计企业价值，并强调企业的创利潜力，然后根据创利能力来确定收购价格。

④ 现金流量分析。通过对预期投资回报率和投资者期望回报率的比较来确定是否值得收购。主要分析每年现金流入和流出的净值是否符合投资者的需要和要求。

（2）其他因素的调查和分析　需要调查和分析的内容包括以下几点。

① 企业出售的原因。这可以向税务、工商部门以及企业的供应商了解。

② 企业的概况。如员工情况、财产情况、财务状况、盈利能力等。

③ 企业的债权债务情况。隐藏的或有风险，无法在账面上体现出来的诉讼、担保等。

④ 企业的商誉、信用等。

⑤ 企业与银行、供应商之间的关系。

（3）谈判和实施交易　经过彻底调查以后，在咨询专家的基础上，如果确实有购买意向，应该向卖主发出要约，并向卖主取得资产评估报告，据此形成自己的心理价位，这样，就可以和卖主进行谈判了。

① 谈判。谈判主要内容包括：价格、付款方式、购买方式等。

② 实施交易。根据具体情况的不同，购买企业可以通过产权交易市场进行，也可以双方谈判签订书面合约进行所有权转移。

签约的主要内容应包括：企业情况介绍、购销条款、出售资产、有条件转让、所有权转移、卖方的承诺。

案例

小本合作创业

徐波是湖南到广州的打工仔，张勇光是他的朋友。2010年的一天，两个人坐在一起商量，觉得长期这样打工不是个出路，同时看着周围很多老乡因为做生意，不大不小多少都发了点儿财，两个人看着有点心动，就想自己也做点生意，但是两个人都没有多少本钱，做什么好呢？想来想去，徐波说，广州有很多的湖南人，也有很多湘菜馆，但是馆子不是所有人都下得起的。像我们这样的打工仔不必说，一天赚几个钱还不够吃饭，哪儿有钱下饭馆？有些做生意的老乡虽然手头宽裕一些，但是偶尔下下馆子没有问题，经常下馆子的话，可能也不太容易。对于大多数人来说，大多数时间还是得自己在家里做饭吃。湖南人的口味比较特殊，做饭用的原材料也比较特殊，而且湖南人乡土观念较重，而广州看不到专门经营湖南土特产的商店，如果我们做这一行，说不定会有钱赚。

两个人说干就干，马上进行市场调查，果然，除了在一些大小超市有些湖南来的零星杂货外，广州的大街小巷真的是看不见一家专门经营湖南土特产的商店。调查的结果让两个人大为兴奋。不久，两个人合伙投资10多万元的湖南杂货店在广州大道南方日报社附近正式登场亮相，商店取名为"湖南味道"。两个人虽然钱不多，但为了不让人误认为自己是随时会飞掉的"野鸡小店"，痛下决心花1万块钱请广州书画界的名家李华白题写了"湖南味道"四个字的招牌。招牌挂出来，厚重的墨迹果然让人肃然起敬。

在徐波和张勇光的店里，处处突出的都是"湖南味道"，所售货物都是地道的湘产自不必说，连员工都是非纯正湖南人不用。走进徐波和张勇光的店里，触耳一片"湘音"。几乎没有经过什么曲折，徐波和张勇光的小店从第一个月就开始盈利，如今"湖南味道"在广州的湖南老乡中不说尽人皆知也差不多了。

（资料来源：世界经理人网．http：//www.icxo.com）

九、其他创业模式

1. 网上创业

网上创业已经成为一种时尚，特别是年轻人喜欢采用这种方式。在网上开设电子商务网站，或在网站上开办商店，在专业的大型网站上注册会员，你只需支付少量的相应费用（网店租金、商品登录费、网上广告费、商品交易费等），就可以拥有个人的网店，进行网上销售。而有些网站如淘宝和易趣都是免费的平台，这是很多小本创业者的选择。

对于有技术、资金和管理经验的人来说，建立地区或行业性的综合网站，也是网上创业的可行模式。自立门户型的网上创业的话，经营者需自己亲自动手或者委托他人进行网店的设计，完全依靠经营者个人的宣传吸引浏览者。

2. 居家创业

居家创业的主要好处是成本低，但企业经营受到一定的局限，此外，用住宅房作为经营场地，申办工商等级时也会受到一定的限制。

3. 承包经营

很多成功人士采用过承包经营的创业模式，向企业的业主交纳一定的承包经营费，待行业经验和业务渠道积累到一定程度的时候，收购自己所经营的企业，或退出后独立开办另外一个类似的企业继续经营。

采用这种方式的主要优点是可以大大降低自己开办企业的启动资金，可以少走很多弯路。但如果承包的企业负债累累、产品滞销，可能同样面临较大的压力和风险。

4. 创办风险企业

这种方式适用于学理科或工科的学生或科研人员。创业者本人或团队成员往往拥有某种尖端技术或专利。风险企业往往需要很高的研发成本，因此，风险企业的成功有赖于风险资金的投入，创业者本人资金多寡并不重要，而且，风险基金或风险投资家有较大的发言权。

第二节　企业登记注册

一、有限责任公司的设立

（一）有限责任公司设立登记的程序及应提交的资料（表 2-1）

表 2-1　有限责任公司设立登记的程序及应提交的资料

登记流程	受理——→审查——→核准——→发照
应提交的基本资料	（1）公司法定代表人签署的《公司设立登记申请书》 （2）全体股东签署的《指定代表或者共同委托代理人的证明》（股东为自然人的由本人签字；自然人以外的股东加盖公章）及指定代表或委托代理人的身份证复印件（本人签字）；应标明具体委托事项、被委托人的权限、委托期限 （3）全体股东签署的公司章程（股东为自然人的由本人签字；自然人以外的股东加盖公章） （4）股东的主体资格证明或者自然人身份证明复印件 　股东为企业的，提交营业执照副本复印件；股东为事业法人的，提交事业法人登记证书复印件；股东人为社团法人的，提交社团法人登记证复印件；股东为民办非企业单位的，提交民办非企业单位证书复印件；股东为自然人的，提交身份证复印件 （5）依法设立的验资机构出具的验资证明 （6）股东首次出资是非货币财产的，提交已办理财产权转移手续的证明文件 （7）董事、监事和经理的任职文件及身份证明复印件 　依据《公司法》和公司章程的规定和程序，提交股东会决议、董事会决议或其他相关材料。股东会决议由股东签署（股东为自然人的由本人签字；自然人以外的股东加盖公章），董事会决议由董事签字 （8）法定代表人任职文件及身份证明复印件 　根据《公司法》和公司章程的规定和程序，提交股东会决议、董事会决议或其他相关材料。股东会决议由股东签署（股东为自然人的由本人签字；自然人以外的股东加盖公章），董事会决议由董事签字 （9）住所使用证明 　自有房产提交产权证复印件；租赁房屋提交租赁协议复印件以及出租方的房产证复印件；未取得房产证的，提交房地产管理部门的证明或者购房合同及房屋销售许可证复印件；出租方为宾馆、饭店的，提交宾馆、饭店的营业执照复印件 （10）《企业名称预先核准通知书》 （11）法律、行政法规和国务院决定规定设立有限责任公司必须报经批准的，提交有关的批准文件或者许可证书复印件 （12）公司申请登记的经营范围中有法律、行政法规和国务院决定规定必须在登记前报经批准的项目，提交有关的批准文件或者许可证书复印件或许可证明 　注：依照《公司法》、《公司登记管理条例》设立的除一人有限责任公司和国有独资公司以外的有限责任公司申请设立登记适用本规范 　《公司设立登记申请书》、《指定代表或者共同委托代理人的证明》可以通过国家工商行政管理总局《中国企业登记网》（http://qyj.saic.gov.cn）下载或者到各工商行政管理机关领取。以上各项未注明提交复印件的，应当提交原件；提交复印件的，应当注明"与原件一致"并由股东加盖公章或签字

续表

登记流程	受理──→审查──→核准──→发照
特殊资料	（对照经营范围查看相关项目）
办结时限	5个工作日
办理部门	市局企业注册分局及各分县局企业注册科
收费标准及依据	××市工商行政管理收费项目及依据
办理依据	《中华人民共和国公司法》、《中华人民共和国公司登记管理条例》

（二）一人有限责任公司设立登记的程序及应提交的资料（表2-2）

表2-2　一人有限责任公司设立登记的程序及应提交的资料

登记流程	受理──→审查──→核准──→发照
应提交的 基本资料	（1）公司法定代表人签署的《公司设立登记申请书》 （2）股东签署的《指定代表或者共同委托代理人的证明》（股东为自然人的由本人签字，法人股东加盖公章）及指定代表或委托代理人的身份证复印件（本人签字）应标明具体委托事项、被委托人的权限、委托期限 （3）股东签署的公司章程（股东为自然人的由本人签字，法人股东加盖公章） （4）股东的法人资格证明或者自然人身份证明 　股东为企业法人的，提交营业执照副本复印件；股东为事业法人的，提交事业法人登记证书复印件；股东人为社团法人的，提交社团法人登记证复印件；股东是民办非企业单位的，提交民办非企业单位证书复印件；股东是自然人的，提交身份证复印件 （5）依法设立的验资机构出具的验资证明 （6）股东首次出资是非货币财产的，提交已办理财产权转移手续的证明文件 （7）董事、监事和经理的任职文件及身份证明复印件 　依据《公司法》和公司章程的规定和程序，提交股东签署的书面决定（股东为自然人的由本人签字，法人股东加盖公章）、董事会决议（由董事签字）或其他相关材料 （8）法定代表人任职文件及身份证明复印件 　依据《公司法》和公司章程的规定和程序，提交股东签署的书面决定（股东为自然人的由本人签字，法人股东加盖公章）、董事会决议（由董事签字）或其他相关材料 （9）住所使用证明 　自有房产提交产权证复印件；租赁房屋提交租赁协议复印件以及出租方的房产证复印件；未取得房产证的，提交房地产管理部门的证明或者购房合同及房屋销售许可证复印件；出租方为宾馆、饭店的，提交宾馆、饭店的营业执照复印件 （10）《企业名称预先核准通知书》 （11）法律、行政法规和国务院决定规定设立一人有限责任公司必须报经批准的，提交有关的批准文件或者许可证书复印件 （12）公司申请登记的经营范围中有法律、行政法规和国务院决定规定必须在登记前报经批准的项目，提交有关的批准文件或者许可证书复印件或许可证明 　注：依照《公司法》、《公司登记管理条例》设立的一人有限责任公司申请设立登记适用本规范。《公司设立登记申请书》、《指定代表或者共同委托代理人的证明》可以通过国家工商行政管理总局《中国企业登记网》(http://qyj.saic.gov.cn)下载或者到各工商行政管理机关领取。以上各项未注明提交复印件的，应当提交原件；提交复印件的，应当注明"与原件一致"并由股东加盖公章或签字 　以上需股东签署的，股东为自然人的，由本人签字；自然人以外的股东加盖公章。
特殊资料	（对照经营范围查看相关项目）
办结时限	5个工作日
办理部门	市局企业注册分局及各分县局企业注册科
收费标准及依据	××市工商行政管理收费项目及依据
办理依据	《中华人民共和国公司法》、《中华人民共和国公司登记管理条例》

(三) 设立登记过程中的要求和注意事项

1. 名称预先核准的要求

设立有限责任公司, 应当由全体股东指定的代表或者共同委托的代理人向工商登记机关申请名称预先核准。有限责任公司名称应由以下 4 部分构成: 行政区划、字号 (商号)、所属行业或经营特点、组织形式。如, 杭州中萃食品有限公司, 区划+字号+行业+组织形式。

① 名称登记必须具有明确的投资主体并符合名称管理的规定。

② 名称预先登记应提交的材料 (适用于所有申请企业名称预先核准的企业)。

a. 全体投资人签署的《企业名称预先核准申请书》。

b. 全体投资人签署的《指定代表或者共同委托代理人的证明》及指定代表或者共同委托代理人的身份证复印件。

c. 代办人或代理人身份证复印件。

d. 股东的主体资格证明或自然人身份证明复印件。

e. 其他需提交的文件。

③ 名称办理时限。自收到申请人提交的名称核准登记所需材料起, 即时做出核准或驳回的决定。

2. 公司章程应载明的事项

根据《中华人民共和国公司法》第 25 条规定, 有限责任公司章程应当载明下列事项。

① 公司名称和住所。

② 公司经营范围。

③ 公司注册资本。

④ 股东的姓名或者名称。

⑤ 股东的出资方式、出资额和出资时间。

⑥ 公司的机构及其产生办法、职权、议事规则。

⑦ 公司法定代表人。

⑧ 股东会会议认为需要规定的其他事项。

3. 出资的注意事项

各股东全部以现金出资的, 应根据公司名称核准通知书及公司章程规定的投资比例及投资金额, 分别将投资款缴存公司验资户, 缴存投资款可采用银行转账或直接缴存现金两种方式。需注意的是, 股东在缴存投资款时, 在银行进账单或现金缴款单的"款项用途"栏应填写"××(股东名称)投资款"。

股东如以实物资产 (固定资产、存货等) 或无形资产 (专利、专有技术) 出资, 则该部分实物资产或无形资产需经过持有资产评估资格的会计师事务所或资产评估公司评估, 并以经评估后的评估价值作为股东的资本投入额。

4. 验资需要提供材料

与会计师事务所签订验资业务委托书, 委托会计师事务所验资。验资时需向会计师事务所提供以下资料。

① 公司名称核准通知书。

② 公司章程。

③ 股东身份证明、个人股东提供身份证、法人 (公司) 股东提供营业执照。

④ 股东投资款缴存银行的银行进账单 (支票头) 或现金缴款单以及银行询证函。

⑤ 如个人股东是以个人存折转账缴存投资款的, 则需提供个人存折; 提供以上资料时, 会计师事务所需验原件后留存复印件。

案例

设立一个有限责任公司

A和B两个自然人拟投资4万元设立一个有限责任公司。公司注册过程如下。

1. 公司名称预先登记

办理机构：户县工商分局

办理时限：当场

办理程序：持股东（投资人）资格证明领取"名称预先核准申请书"—填表（按公司命名要求一次可以最多起九个名称备用）—交表—领取"名称核准通知书"。

收费标准：无收费

提交材料：①名称预先核准申请书；②全体投资人资格证明（2个自然人的身份证）；③投资人的指定或委托代理书。

2. 领取"企业设立登记申请书"

办理机构：户县工商分局

办理时限：立等可取

办理程序：交"名称预先核准申请书"→领取"企业设立登记申请书"

收费标准：无收费

注：也可从网上下载。

3. 将注册资金存入银行

办事机构：自己选定的一家银行

办理时限：立等可取

办理程序：出示股东的身份证原件→填写入资单→存入注册资金→领取入资原始进账单

收费标准：无收费

提交材料：①名称通知书原件；②所有股东身份证原件及复印件；③注册资金；④自然人出资，可以用现金或银行通存通兑存折；⑤法人出资可以用出资单位支票。

4. 办理验资报告

办事机构：会计师事务所

办理地点：自选的会计师事务所

办理时限：由开设的企业所处行业情况决定，时间不等

办理程序：出示入资原始进账单及资产依据→领取验资报告

收费标准：会计师事务所——注册资本25万元以上的收取0.2%～0.3%，视各会计师事务所不同会有所不同；银行——向会计师事务所出具询证函，要收取200元。

提交材料：参见"有限责任公司设立登记提交材料附件A：一、有限责任公司设立登记提交材料规范"，其中第5条由入资原始进账单代替，另外，还要提交银行询证函。

5. 工商注册及领取营业执照

办事机构：户县工商分局

办理时限：受理材料后5个工作日领取营业执照

办理程序：填写"企业设立登记申请书"→提交验资报告、公司住所证明等有关材料→领取受理单→5个工作日后，凭身份证、受理单，并交相关费用→领取营业执照正副本。

收费标准：按注册资本的0.08%收取；注册资本超过1000万元的，超过部分按0.04%收取；注册资本超过1亿元的，超过部分不再收取提交材料（参见"有限责任公司设立登记提交材料附件A：一、有限责任公司设立登记提交材料规范"）。

6. 公章刻制

办事机构：刻字社

办理程序：携带营业执照副本到公刻字社刻制公章、财务章、人名章等印章

提交材料：营业执照副本

7. 组织机构代码登记

办事机构：××市技术监督局

办理时限：受理后 3～5 个工作日

办理程序：领取组织机构代码登记申请表→填表→提交单位公章等资料→交费→领取组织机构代码证书

收费标准：40 元

提交材料：①营业执照副本原件及复印件；②法人身份证复印件；③单位公章。

8. 地税、国税登记

办事机构：××市国家税务局

办理时限：材料齐全立等可取

收费标准：税务登记工本费 40 元/个

提交材料：①工商营业执照证件原件和复印件一式二份；②有关合同、章程、协议书原件和复印件一式二份；③组织机构统一代码证书原件和复印件一式二份；④法定代表人或负责人的居民身份证、护照或者其他合法证件原件和复印件一式二份；⑤验资报告一式一份；⑥自有房提供房产证、租用房提供房屋租赁合同一式一份；⑦税务登记表一式三份。

9. 开立银行账号

办事机构：自选的开设本企业账户的银行

办理时限：材料齐全立等可取

收费标准：无收费

提交材料：①营业执照正、副本及复印件；②组织机构代码证书副本；③法人身份证原件及复印件；④单位公章、财务章、法人人名章；⑤国、地税登记证复印件。

10. 统计登记

办事机构：户县统计局

办理时限：3 个工作日

办理程序：领取"统计登记单位基本情况表"两份—参加相关培训—填表并提交下述材料后，领取统计登记证

收费标准：无收费

提交材料：①《统计登记单位基本情况表》加盖公章一式两份；②营业执照副本复印件；③企业法人组织机构代码证书复印件；④验资报告。

二、个人独资企业设立登记程序

个人独资企业设立登记的程序见表 2-3。

设立登记过程中的要求和注意事项如下。

1. 名称预先核准的要求

个人独资企业的名称应当符合名称登记管理的有关规定，并与其责任形式及从事的营业相符合。个人独资企业的名称中不得使用"有限"、"有限责任"或者"公司"字样。

2. 设立申请书应当载明的事项

① 企业的名称和住所。

② 投资人的姓名和居所。

③ 投资人的出资额和出资方式。

表 2-3 个人独资企业设立登记的程序

登记流程	受理→审查→核准→发照
应提交的 基本资料	(1)投资人签署的个人独资企业设立登记申请书 (2)企业名称预先核准通知书 (3)申请人身份证原件和复印件 (4)职业状况承诺书 (5)企业住所证明:租房协议书、产权证明 (6)法律、行政法规规定设立个人独资企业必须报经有关部门批准的,提交批准文件 (7)从事的经营范围涉及法律、行政法规规定必须报经审批项目的,提交有关部门批准文件 (8)如委托他人代理,应提供投资人的委托书及代理机构的营业执照复印件、代理人资质证书
特殊资料	(对照经营范围查看相关项目)
办结时限	5 个工作日
办理部门	各分县局企业注册科
收费标准及依据	××市工商行政管理收费项目及依据
办理依据	《中华人民共和国个人独资企业法》、《个人独资企业登记管理办法》

④ 经营范围及方式。

个人独资企业投资人以个人财产出资或者以其家庭共有财产作为个人出资的,应当在设立申请书中予以明确。

三、合伙企业设立登记程序

合伙企业设立登记分为两个阶段,第一阶段为名称预先核准,第二阶段为设立登记。

(一) 合伙企业名称预先核准

合伙企业名称预先核准与公司名称预先核准办法相同,按《企业名称登记管理规定》登记,但名称中不可使用"公司"、"有限"或者"有限责任"字样。企业名称预先核准应提交如下文件、证件。

① 名称预核申请表。

② 委托书 (粘贴被委托人身份证复印件)。

③ 合伙人身份证明。

(二) 合伙企业设立登记

1. 合伙企业设立登记的时限

① 合伙企业设立登记必须在企业名称保留期内申请。企业名称保留期为 6 个月。

② 法律、行政法规规定设立合伙企业必须报经审批的,申请人必须在批准之日起 90 天内持审批文件向登记机关申请设立登记。

2. 合伙企业设立登记的程序 (表 2-4)

表 2-4 合伙企业设立登记的程序

登记流程	受理→审查→核准→发照
应提交的 基本资料	一、合伙企业设立登记应提交文件材料 (1)全体合伙人签署的《合伙企业设立登记申请书》 (2)全体合伙人的主体资格证明或者自然人的身份证明。合伙人为自然人的,提交居民身份证复印件。合伙人是企业的,提交营业执照副本复印件;合伙人为事业法人的,提交事业法人登记证书复印件;合伙人为社团法人的,提交社团法人登记证复印件;合伙人为农民专业合作社的,提交农民专业合作社营业执照副本复印件;合伙人为民办非企业单位的,提交民办非企业单位证书复印件

登记流程	受理→审查→核准→发照
应提交的 基本资料	(3)全体合伙人指定的代表或者共同委托的代理人的委托书 (4)全体合伙人签署的合伙协议 (5)全体合伙人签署的对各合伙人认缴或者实际缴付出资的确认书 (6)主要经营场所证明。某一合伙人自有经营场所作为出资的,提交房管部门出具的产权证明;租用他人的场所,提交租赁协议和房管部门的产权证明。没有房管部门产权证明的,提交其他产权证明。在农村,没有房管部门颁发的产权证明的,提交场所所在地村委会出具的证明 (7)全体合伙人签署的委托执行事务合伙人的委托书;执行事务合伙人是法人或其他组织的,还应当提交其委派代表的委托书和身份证明复印件 (8)合伙人以实物、知识产权、土地使用权或者其他财产权利出资,经全体合伙人协商作价的,提交全体合伙人签署的协商作价确认书;经全体合伙人委托法定评估机构评估作价的,提交法定评估机构出具的评估作价证明 (9)法律、行政法规规定设立特殊的普通合伙企业需要提交合伙人的职业资格证明的,提交相应证明 (10)办理了名称预先核准的,提交名称预先核准通知书 (11)法律、行政法规或者国务院决定规定在登记前须经批准的项目的,提交有关批准文件 (12)国家工商行政管理总局规定提交的其他文件 二、填表说明 (1)经办人是指全体合伙人指定的代表或者共同委托的代理人 (2)经办人提交的文件、证明应当是原件,不能提交原件的,其复制件应当由登记机关核对 (3)经办人应当使用钢笔、毛笔认真填写表格或签字 (4)需要由全体合伙人签署的文件,合伙人是自然人的,由本人签字;合伙人是法人或其他组织的,由其法定代表人(负责人)签字并加盖公章 (5)执行事务合伙人是自然人的,执行事务合伙人或委派代表一栏填写自然人姓名;是法人或其他组织的,填写法人或其他组织的名称及其委派代表的姓名 (6)合伙企业类型填写"普通合伙企业"或者"特殊的普通合伙企业"或者"有限合伙企业" (7)合伙协议未规定合伙期限的,合伙期限一栏可以不填 (8)申请设立普通合伙企业、特殊的普通合伙企业,有限合伙人数一栏不填 (9)从业人员数一栏,应填写企业拟聘用从业人员的数量 (10)认缴出资金额填写各合伙人认缴的货币出资及非货币出资评估作价金额的和。实缴出资金额填写各合伙人实际缴付的货币出资及非货币出资评估作价金额的和。认缴出资金额、实缴出资金额均以人民币表示 (11)经办人在填写申请书中"主要的经营场所"、"住所"栏时,应填写所在市、县、乡(镇)及村、街道门牌号码 (12)填写全体合伙人名录及出资情况时,合伙人以货币出资的,出资方式填写"货币出资",认缴出资额、实缴出资额填写出资金额,评估方式不填;合伙人以非货币财产出资评估作价的,出资方式填写"实物、知识产权、土地使用权或其他财产权利",认缴出资额、实缴出资额填写估价金额,评估方式填写"全体合伙人评估或机构评估";合伙人以劳务出资的,出资方式填写"劳务",认缴出资额、实缴出资额填写全体合伙人对该劳务出资的估价金额,评估方式填写"全体合伙人评估" (13)缴付期限填写合伙协议约定的缴付期限 (14)承担责任方式填写"无限责任"或者"特殊普通合伙人责任"或者"有限责任"
办结时限	5个工作日
办理部门	各分县局企业注册科
办理依据	《中华人民共和国合伙企业法》、《中华人民共和国合伙企业登记管理办法》

本章小结

本章介绍了企业创建的十种方式，以及有限责任公司、个人独资企业和合伙企业的设立登记程序。作为创业者，仅仅了解企业创建的程序是不够的，还应该认真学习、积极实践，从而具备管理者所要求的素质。

习 题

一、简答题

1. 家族企业有哪些优缺点？
2. 什么叫合伙企业？
3. 有限责任公司成立的条件有哪些？
4. 什么叫有限责任公司？
5. 特许经营的优点与缺点有哪些？
6. 有限责任公司章程应当载明的事项有哪些？

二、案例分析题

选择创业，拒绝打工

乡镇企业素有"富不过三五载"之说，而宁波方太厨具有限公司董事长茅理翔、总经理茅忠群父子两人却使一个经营了15年的乡镇企业至今仍然保持着100%的年增长率。父亲茅理翔，人称"世界点火枪大王"，14年前，在政府没拨一分钱的情况下，他白手起家，找项目，跑市场，把一个8个月没发工资的乡办小厂发展成为名噪一方的飞翔集团。而就在企业渐渐步入正轨，点火枪生意在全世界铺开之时，市场竞争引发的价格大战却扼住飞翔集团的咽喉。要发展，只有转变思路，二次创业。在这个岔路口，父亲想到了刚刚获得上海交大硕士学位、正准备赴美留学的儿子茅忠群。没过多久，在确定了发展吸油烟机的大方向之后，茅理翔便把企业交给儿子管理了。茅理翔说儿子学历高，在品牌意识、精品意识等方面要超过他。而茅忠群缺少实际管理经验，所以也经常到父亲那里取经，一老一少形成互补。小茅初到公司时，很多职工只把他看做是初出校门的大学生，但在二次创业选择项目时，老茅的观点是上微波炉，茅忠群却认为抽油烟机更合适，市场调查结果证明，茅忠群的观点更正确。此外，茅忠群还主持策划了"方太"品牌，一举取得成功。开始时"方太"这个名字有90%的人反对，但他还是定下了这个名字。其实单是这两招，职工们就已经对茅忠群刮目相看，认为这位大学生是"青出于蓝而胜于蓝"。财产问题一直是家族制企业里最敏感和最尖锐的焦点。老茅把他的家族产权观念总结为"口袋论"，就是说要把利益放在一个口袋里，同一个口袋的人可以一起经营，他们会有同样的利益。即使在兄弟之间，分家后利益不同，家族矛盾也会上升为管理矛盾，给企业埋下定时炸弹，最后导致家族和企业分崩离析。他提出夫人和儿子与自己属同一个"口袋"，不会与自己争利益，不存在遗产归属问题。为了防止公司成为家族冲突的牺牲品，老茅给女儿单独制作了一个口袋。与方太公司相邻的菱克塑料厂的老板，就是茅理翔的女儿。女儿的厂子也是老茅投资，现在是方太公司的外协厂。虽然加工的是方太公司的产品，但方太公司将之与其他外协厂一样对待。

（资料来源：新浪网．http：//www.sina.com.cn）

思考：茅理翔、茅忠群父子的创业经历以及他们选择的创建企业的方式给你何种启示？

三、实训题

小王经过调查后，发觉男士美容方面的产品市场潜力较大，经过一番仔细的市场调查后，便决定成立一家专门的企业来销售男士美容产品，而且已经找好了几家供应商，而在组织形式方面，他倾向于成立有限责任公司。但他只有5万元，不能成立一人有限责任公司。于是，小王找到了朋友小陈，因为他知道小陈也想自己创业，小王将自己的想法告诉了小陈，两人一拍即合。接着，便开始找地方，进行企业的注册登记。

要求：为小王他们的有限责任公司进行模拟的登记注册，并汇总公司注册过程中所需提供的各种证明材料、得到的各种证照以及费用、时间。

操作提示

1. 公司名称预先登记

办理机构：区工商分局

办理地点：区工商分局服务大厅窗口

办理时限：当场

办理程序：持股东（投资人）资格证明领取"名称预先核准申请书"→填表（按公司命名要求一次可以最多起九个名称备用）——交表——领取"名称核准通知书"。

收费标准：无收费。

提交材料：①名称预先核准申请书；②全体投资人资格证明；③投资人的指定或委托代理书。

2. 领取"企业设立登记申请书"

办理机构：区工商分局

办理地点：区工商分局服务大厅窗口

办理时限：立等可取

办理程序：交"名称预先核准申请书"→领取"企业设立登记申请书"。

收费标准：无收费。

注：也可从网上下载。

3. 前置审批

前置审批是指在企业登记注册之前，政府行业主管部门对企业经营资格的审查。如

（1）餐饮业、娱乐业等，需卫生部门核发《卫生许可证》，涉及有污染的由环保局核发《排污许可证》。

（2）生产或经营化工化学危险品的均向省级化工行政管理部门申请领取《生产许可证》，经贸委核发的《经营许可证》。

（3）汽车、摩托车修理业均由市级交通管理部门核发《汽车、摩托车维修业经营许可证》。

（4）歌舞厅、影剧院、旅馆业等均由公安、消防部门审批。

（5）医药企业由药监局核发《经营许可证》。

（6）营业性歌舞、娱乐、电子游戏游艺等娱乐场所均由文化、卫生、消防部门审批。

（7）建筑业、木材加工经营、科技开发等均由有关部门审核。

（8）按摩、美容、美发要由卫生部门核发《卫生许可证》。

（9）开办旅行社需市旅游局核发的《旅行社业务经营许可证》。

（10）开办"网吧"需有公安、文化部门审核的前置审批手续。

注：该企业由于属于第（8）条的情况，所以需要前置审批。如无需前置审批则直接进入下一步。

4. 将注册资金存入银行

办事机构：自己选定的一家银行

办理时限：立等可取

办理程序：出示股东的身份证原件→填写入资单→存入注册资金→领取入资原始进账单。

收费标准：无收费。

提交材料：①名称通知书原件；②所有股东身份证原件及复印件；③注册资金；④自然人出资，可以用现金或银行通存通兑存折；⑤法人出资可以用出资单位支票。

5. 办理验资报告

办事机构：会计师事务所

办理地点：自选的会计师事务所

办理时限：由开设的企业所处行业情况决定，时间不等

办理程序：出示入资原始进账单及资产依据—领取验资报告。

收费标准：会计师事务所，注册资本 25 万元以上的收取 0.2%～0.3%，视各会计师事务所不同会有所不同；银行，向会计师事务所出具询证函，要收取 200 元。

提交材料：参见"有限责任公司设立登记提交材料附件 A：一、有限责任公司设立登记提交材料规范"，其中第 5 条由入资原始进账单代替，另外，还要提交银行询证函。

6. 工商注册及领取营业执照

办事机构：区工商分局

办理地点：区工商分局服务大厅窗口

办理时限：受理材料后 5 个工作日领取营业执照

办理程序：填写"企业设立登记申请书"→提交验资报告、公司住所证明等有关材料→领取受理单→5 个工作日后，凭身份证、受理单，并交相关费用→领取营业执照正副本。

收费标准：按注册资本的 0.08% 收取；注册资本超过 1000 万元的，超过部分按 0.04% 收取；注册资本超过 1 亿元的，超过部分不再收取。

提交材料：参见"有限责任公司设立登记提交材料附件 A：一、有限责任公司设立登记提交材料规范"。

7. 公章刻制

办事机构：刻字社

办理程序：携带营业执照副本到公刻字社刻制公章、财务章、人名章等印章。

提交材料：营业执照副本。

8. 企业法人代码登记

办事机构：区技术监督局

办理地点：质量技术监督局窗口

办理时限：受理后 3～5 个工作日

办理程序：领取企业法人代码登记申请表→填表→提交单位公章等资料→交费→领取组织机构代码证书。

收费标准：目前北京海淀区的收费总共为 30 元，但其他一些地方收费标准可能还不统一，以下收费内容可以参考，具体情况请咨询当地技术监督局。

IC 卡代码副本 150 元/个；组织机构代码证书技术服务费 35 元/个；组织机构代码证书正本 10 元/个；组织机构代码证书副本 8 元/个。

提交材料：①营业执照副本原件及复印件；②法人身份证复印件；③单位公章。

9. 地税登记

办事机构：地税局

办理时限：材料齐全立等可取

收费标准：税务登记工本费 40 元/个。

提交材料：①工商营业执照或其他核准执业证件；②有关合同、章程、协议书；③组织机构统一代码证书；④法定代表人或负责人或业主的居民身份证、护照或者其他合法证件；⑤银行账号证明；⑥房产证明或租房合同复印件；⑦公司印章（公章及财务章）；⑧企业财务人员会计证复印件、身份证复印件。

10. 国税登记

办事机构：国税局

办理时限：材料齐全立等可取

收费标准：税务登记工本费40元/个。

提交材料：①营业执照副本及复印件；②企业法人组织机构代码证书复印件；③法人代表或负责人身份证复印件；④房产证明或租房合同复印件；⑤银行账号证明；⑥公司章程复印件；⑦公司印章（公章及财务章）；⑧企业财务人员会计证复印件、身份证复印件。

11. 开立银行账号

办事机构：自选的开设本企业账户的银行

办理地点：同上

办理时限：材料齐全立等可取

收费标准：无收费。

提交材料：①营业执照正、副本及复印件；②组织机构代码证书副本；③法人身份证原件及复印件；④单位公章、财务章、法人人名章；⑤国、地税登记证复印件。

12. 统计登记

办事机构：区统计局

办理地点：同上

办理时限：3个工作日

办理程序：领取"统计登记单位基本情况表"两份→参加相关培训→填表并提交下述材料后，领取统计登记证。

收费标准：无收费。

提交材料：①《统计登记单位基本情况表》加盖公章一式两份；②营业执照副本复印件；③企业法人组织机构代码证书复印件；④验资报告。

13. 社会保险登记

办事机构：区劳动局社保中心

办理地点：同上

办理时限：受理后10个工作日领取社保登记证

收费标准：无收费。

办事程序：领取并填写"社会保险登记表"→交表→领取养老、失业、工伤、医疗等各种险种申请表→分别填写完毕交到办险柜台。

提交材料：①营业执照副本及复印件；②企业法人组织机构代码证书及复印件；③单位公章及法人身份证；④开户银行账号及复印件。

第三章 管理学概述

 引导案例

林肯电器公司

哈佛商学院向全世界出版了近4万个案例。被购买频率最高的案例是位于克利夫兰的林肯电器公司。该公司年销售额为44亿美元，拥有2400名员工，并且形成了一套独特的激励员工的方法。该公司90%的销售额来自于生产弧焊设备和辅助材料。

林肯电器公司的生产工人按件计酬，他们没有最低小时工资。员工为公司工作两年后，便可以分年终奖金。该公司的奖金制度有一整套计算公式，全面考虑了公司的毛利润及员工的生产率与业绩，可以说是美国制造业中对工人最有利的奖金制度。在过去的56年中，平均奖金额是基本工资的95.9%，该公司中相当一部分员工的年收入超过10万美元。近几年经济发展迅速，员工年平均收入为44000美元，远远超出制造业员工年收入17000美元的平均水平。

公司自1958年开始一直推行职业保障政策，从那时起，他们没有辞退过一名员工。当然，作为对政策的回报，员工也相应要做到几点：在经济萧条时期他们必须接受减少工作时间的决定；而且接受工作调换的决定；有时甚至为了维持每周30小时的最低工作量，而不得不调整到一个报酬更低的岗位上。林肯公司极具成本和生产率意识，如果工人生产出一个不合标准的部件，那么除非这个部件修改至符合标准，否则这件产品就不能计入该工人的工资中。严格的计件工资制度和高度竞争的绩效评估系统，形成了一种很有压力的氛围，有些工人还因此产生了一定的焦虑感，但这种压力有利于生产率的提高。据该公司一位管理者估计，与国内竞争对手相比，林肯公司的总体生产率是他们的两倍。自20世纪30年代经济大萧条以后，公司年年获利丰厚，没有缺过一次分红。该公司还是美国工业界中工人流动率最低的公司之一。前不久，该公司的两个分厂被《幸福》杂志评为全美十佳管理企业。

思考题：

1. 你认为林肯公司使用了哪种激励理论来激励员工的工作积极性？
2. 为什么林肯公司的方法能够有效地激励员工工作？
3. 你认为这种激励系统可能会给管理层带来什么问题？

思路：林肯电气公司在激励员工的工作积极性时采用了双因素理论、公平理论、期望理论等激励理论。林肯公司的方法之所以能够有效地激励员工的工作是因为满足了员工的需要，就制造业的工人而言，其主导需要是工资和奖金。

第一节　管理的性质与职能

一、管理的含义和性质

在某种意义上，人类社会物质文明的积淀，都是人类管理实践的产物。管理作为人类社会活动和生产活动中最普遍的行为之一，随着人类社会生产活动的产生而产生，并伴随着人类社会生产的发展而发展。从古到今，大到国家，小到企业或班组，几乎任何组织开展任何有序的活动，都离不开管理。

(一) 管理的含义

管理就是通过计划、组织、控制、激励和领导等环节来协调和利用组织的各种资源，以期更好地达到组织目标的过程。

管理，从字面上通常解释为管辖、治理的意思。随着管理实践和管理理论的发展，在不同时期，不同学者对管理的概念做出了不同的描述。

管理的定义可以概括为：管理是在特定的环境中，管理者为了达到组织既定目标，通过有效的计划、组织、领导和控制等职能来合理组织和配置所拥有的人力、物力和财力等各项资源的过程。我们可以从以下几方面来理解管理的内涵。

1. 管理是在一定的环境中进行的

任何一个组织都有一定的生存环境。对于管理者来说，环境既提供了机会，也构成了威胁。外部环境是组织的管理者所不能左右的；但又是可以认识，加以把握的。管理活动在一定的意义上讲也就是使组织适应环境的工作。全面、正确地认识环境是做好管理工作的重要前提。应当特别注意的是，环境不仅是做好管理工作的外部约束条件，同时也是评价管理者管理成效的重要依据，一切管理成效都是在一定环境的约束下取得的。

2. 管理是在一定的组织中进行的

因为在一个组织中，为实现组织的目标，组织成员的活动必须协调，组织的规模越大，这种协调在保证组织目标实现过程中的作用也就越大。没有协调的行动，多人的组织不过是一群乌合之众而已；没有协调，多人的结合就不可能产生 $1+1>2$ 的效果。"三个和尚没水吃"的古谚就是对这种现象最直观的描述。所以说，有组织就必须要有管理，管理必定是在一定的组织中进行的。

3. 管理是对各种具体的管理活动的抽象概括

在现实生活中，存在的只是具体的管理工作，没有抽象的管理。管理是通过各种职能来体现的，具体的管理活动表现为管理者执行各种管理职能，如计划、决策、组织设计、人员配备、沟通、激励、控制等。离开了具体的管理职能，管理就只能是一个空洞的概念。

4. 管理的对象是组织中所有的资源

一个组织中最重要的资源是人，因此人是管理最主要的对象。但是任何一个组织要生存与发展，仅仅只有人是不够的，还要有不可缺少的物质资源，充分地利用这些资源是实现组织目标的必要条件。管理就是要使组织中人尽其才、物尽其用、财尽其力。所以说，组织内的一切资源都是管理的对象。由于人是所有的资源中最活跃、最具有主观能动性的资源，人力资源管理在整个管理中具有重要的意义，正是在这种意义上，才有人说管理就是对人的管理。但对人的管理与对物的管理二者之间是分不开的。

5. 管理的目的是要实现组织的目标

管理不仅要在组织中进行，而且还要服务于组织的目标。管理的最终目的是要实现组织的目标。离开了这一点，管理就没有意义。保证组织目标的实现，就要求管理要有效率，就要求提高管理人员的管理水平和管理能力。这需要管理者深入管理实践，不断地总结管理实践中的经验与教训，努力学习管理的科学理论，不断更新管理观念。

（二）管理的二重性

管理的二重性是马克思在《资本论》中首先提出来的，体现了马克思主义关于管理问题的基本观点。马克思指出："凡是直接生产过程具有社会结合过程的形态，而不是表现为独立生产者的孤立劳动的地方，都必然会产生监督劳动和指挥劳动。""一方面，凡是有许多人进行协作的劳动，过程的联系和统一都必然表现在一个指挥的意志上，表现在各种与局部劳动无关而与工场全部活动有关的职能上，就像一个乐队要有一个指挥一样，这是一种生产劳动，是每一种生产方式中必须进行的劳动。""另一方面，完全撇开商业部门不说，凡是建立在作为直接生产劳动者和生产资料所有者之间的对立上的生产方式中，都必然会产生这种监督劳动。这种对立越严重，这种监督劳动所起的作用也就越大。"与此同时，马克思还进一步分析说："如果说资本主义的管理就其内容来说是二重的——因为它所管理的生产过程本身具有二重性，一方面是制造产品的社会劳动过程，另一方面是资本的价值增值过程。"

由此可见，管理活动一方面表现为指挥劳动，它是同生产力直接相联系的，是由共同劳动的社会化性质决定的，是进行社会化大生产的一般要求和组织劳动协作过程的必要条件，因此具有与生产力和社会化大生产相联系的自然属性；另一方面管理表现为监督劳动，它取决于共同劳动所采取的社会结合方式的性质，同生产关系直接相连，体现着生产资料占有者的意志，是维护社会生产关系和实现社会生产目的的重要手段，因此，管理同时又具有与生产关系、社会制度相联系的社会属性。

1. 管理的自然属性

管理的自然属性表现为：管理活动的产生具有客观性和必然性，是由人们共同劳动引起的。任何社会，只要进行有组织的实践活动，人与人之间要实行分工协作，"指挥"这种管理活动就不可缺少。

人们的共同劳动与社会化大生产不仅产生了对管理的需要，而且推动了管理的发展，当今管理已经成为现代生产力构成中不可缺少的组成部分。可以说，没有现代管理，就没有现代的生产力；没有管理的现代化，就不可能有社会经济的现代化。在现代社会中，管理不仅是社会化大生产形态下生产力要素构成的黏合剂，同时在企业、事业单位和民间团体等其他的非盈利组织中都发挥着越来越重要的作用，成为现代生产力不可缺少的构成要素。

综观当代世界经济发展迅速、生产力水平较高的国家，不难发现，它们除了拥有丰富的自然资源、先进的科学技术等条件之外，另一个最重要的原因就是这些国家的管理水平都比较高。瑞典发展研究院对 2006 年的国际竞争力进行的研究排名显示：资源并不丰富，科技也不十分发达的小国——新加坡一直稳居前三名，超过经济大国日本和欧洲许多老牌资本主义国家。发生这样的奇迹，最重要的原因之一是新加坡政府对经济的高超管理，推动了该国经济的迅猛发展，极大地提高了国家的国际竞争力。

强调管理的自然属性，并不是说管理活动就是生产活动。管理是从生产劳动分工中产生的，是管理活动专门化的产物。管理活动与生产活动不同，但是都表现为生产力。这是现代生产力的特点，同样是社会主义生产力的特点。

2. 管理的社会属性

管理总是在一定的生产关系下进行的，任何管理都是一定社会制度下的管理。管理作为生产关系的实现方式之一，都要反映一定的生产关系。

在阶级社会中，管理者是有阶级性的，他们总是某一阶级的成员，是某一阶级利益的代表，他们会自觉不自觉地为维护与实现本阶级的利益服务。

在现代社会中，管理权力的基础是财产的权力。管理过程也就是权力的应用过程。政治经济学已经证明，哪一个阶级是生产资料的所有者，哪一个阶级就是社会的统治者、管理者，管理的权力也就要为这个阶级服务。

管理的社会属性表明，社会的生产关系决定着管理的性质，决定着管理体制的建立，决定着管理方式、手段的选择和运用，决定着管理的目的。管理的社会属性要求我们在学习、借鉴他国的管理理论、管理方法和经验时，必须运用唯物辩证法的观点进行分析，哪些是与生产力发展相适应的一般性的东西；哪些是为了维护该国生产关系的特殊性的东西；哪些可以为我所用，哪些必须摈弃，切忌盲目照搬照套。

（三）管理的科学性与艺术性

1. 管理的科学性

管理来源于实践又高于实践并最终指导实践。首先，管理活动本身具有其内在的规律经过长期的发展，管理已经成为一个由一系列概念、原则、原理和方法构成的完整科学体系。管理的科学性体现在有效的管理上，成功的管理必须有科学化的理论、方法来指导。美国著名的管理学家孔茨说："医生如果不掌握科学，几乎跟巫医一样。高级管理人员如果不具备管理科学知识也只能碰运气、凭直觉或者照老经验办事。"没有科学理论指导的管理，最终注定是要失败的。其次，作为一门独立的学科，管理学在实践中起着不可替代的作用。

2. 管理的艺术性

没有一成不变的管理模式，也没有放之四海而皆适用的管理方法，并不是一个管理者熟记了管理的有关概念和理论，就可以成为一个优秀的管理者，从这个意义上讲，管理是一门艺术。管理之所以需要有技巧性、创造性、实践性和灵活性，一方面是由于管理总是在一定环境中的管理，而管理环境是不断变化的，因此就不可能有一成不变的管理模式，不可能有处理所有环境中出现的问题的包治百病的管理良方。另一方面是由管理的主要对象——人所具有的主观能动性和感情所决定的。人的主观能动性的基础是人能够积极地思维，能够自主地做出行为决定。他们不同于无生命的物质，管理工作者只有充分利用这种主观能动性，才能够将人们的积极性和创造性调动起来，使他们自觉地为实现组织的目标去努力工作。此外，人还是富有感情的，而感情是最难数量化、模式化的东西，感情变化虽然有一定的规律，但是又带有相当的不确定性。一个人感情的变化受多种因素的影响，不同的个人对同一种管理方式可能会做出截然不同的反应，会有完全不同的行为；在不同的环境中，管理者处理同样的问题就必须采取不同的方法才能够收到相同效果，达到管理的目的。所以，管理的原理与基本原则必须与现实结合，灵活运用，管理者只有根据具体的管理对象、管理环境、管理目的，创造性地去解决所遇到的问题，管理才可能成功。

3. 管理的艺术性与科学性之间的关系

管理的艺术性与科学性之间并不矛盾，两者具有内在的统一性。

首先，管理艺术性的发挥必须是在科学理论指导下的艺术性发挥，离开科学的理论基础就不可能有真正的艺术性，管理活动是如此，其他一切带有艺术性的活动都是如此。但是，由于管理理论是对大量的管理实践活动所作的一般性的概括与抽象，具有较高的原则性，而每一项具体的管理活动都是在特定的环境条件下展开的，因此要求管理者必须结合实际情况进行创造性的管理，这样才能够将理论服务于实践。可以说，与其他的科学理论相比，管理学的理论并不难理解，但将这些简单的理论灵活地运用于实践，难度却相当大，成功的管理者与失败的管理者的差别也就在于此。成功的管理者通常具有高超的管理艺术性，而失败的管理者失败的原因也往往表现在仅仅只知道管理原理而不会灵活地应用。

其次，管理科学性与艺术性的统一还表现为管理的艺术性是对管理的科学理论的合理发挥，艺术性和创造性的管理结果在普遍适用之后就必然会成为科学的理论。管理的科学性与艺术性是相互作用、相互影响的，只有真正精通了管理的原理，把握了管理理论精髓的人们才可能在管理的实践中得心应手地进行创造性管理。当然，把握管理理论的精髓与阅读过大量的管理学著作二者之间不能简单地画等号。在管理学理论的学习中，最重要的是学习的质量，要读"进去"，更要读"出来"，才能够真正掌握管理的精髓。

二、管理的职能

管理具有基本职能和具体职能两大部分，它们均由管理的性质决定和引起。具体关系见图 3-1。

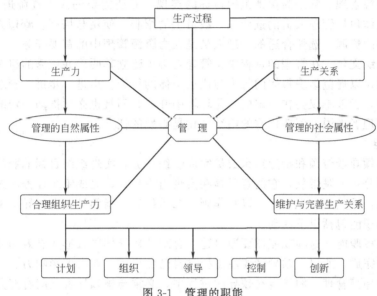

图 3-1 管理的职能

（一）管理的基本职能

所谓管理的基本职能是指在管理的过程中所体现的最基本的职能，其往往隐藏在管理活动之中，是管理活动的实质内容。管理的基本职能包括合理组织发展生产力、维护完善生产关系，这两大方面的实现体现在管理的具体职能上，只有各个具体职能的逐步完成才能达到管理的根本目的。

（二）管理的具体职能

1. 计划职能

计划是指为实现组织的目标，制定和执行决策，对组织内的各种资源进行优化配置的行动方案。它是对组织行为的谋划和估计，既是行动的指导，又是对组织行为进行控制的标准。计划职能包含着以下四项具体活动。

（1）计划制定 这是狭义的计划职能，又称之为计划制定工作，通常是指确定组织的行动目标和程序的职能，其主要的任务是制定书面形式的计划。

（2）预测 指对计划方案中所确定的目标的可信度、实现的概率等进行的预先测评的职能。预测一般要根据预测的难易程度，适用科学的方法，通过专业人员来完成。

（3）决策 指对多种计划方案进行优选，选其最优予以执行的职能。在计划的各项具体职能中，决策的职能显得最为关键、最为重要，需要认真地对待。

（4）制定与实施组织战略 指对组织生存与发展中的重大战略问题进行研究，明确战略目标，制定战略方案，指挥实施战略。

2. 组织职能

组织职能是指为实现组织的目标，执行组织的决策，对组织内各种资源进行制度化安排的职能。在组织的众多资源中，由于人是最重要的资源，所以组织职能实际上主要研究人力资源的组合问题。组织的具体职能包括以下活动。

（1）建立组织结构　按照组织目标的要求和组织的实际情况，建立合理的组织结构，对人员进行权责分工、角色定位。

（2）组织工作过程　根据组织运行和实现组织目标的要求，对组织进行分层、分权、理顺直线与参谋的关系等。

（3）人力资源管理　它是为保证组织目标的实现，对所需要的人力资源进行开发、管理、培训等工作。具体包括管理人员的选任和一般员工的招聘、使用与培训。管理人员是组织人力资源中最为重要的资源，选任合适的管理人员是人力资源管理中的首要任务。

（4）塑造组织文化　在管理的过程中，管理者必须建立其明确并优秀的组织文化，形成清晰明确的价值观，以规范组织整体的行为与成员个体的行为。更进一步讲，管理本身就是一种文化行为和表现，管理不仅要在一定的文化环境中开展，而且也必须推动一定的文化发展。对于一个成功的管理者来说，塑造优秀的组织文化是必然的任务。

3. 领导职能

领导职能指领导者带领和指导组织成员完成组织任务，实现组织目标的职能。领导的任务可以分为两大部分：一是带领，它的意思是在实现组织目标，完成组织任务的过程中，领导者不仅要明确方向，更是要身先士卒，以身作则；二是指导，指领导者有指导下属完成任务的责任。领导的具体职能包括以下活动。

（1）带领指挥职能　这项职能需要通过建立合理的领导体制、形成有效的领导作风、树立领导者的权威来完成。所以，领导者要注意树立自己的权威，要发挥影响力。

（2）沟通与冲突管理　领导者在领导的过程中，必须与被领导者之间有充分的沟通，这样才能做到上下一心，同心协力，心往一处想，劲往一处使。

（3）员工激励　领导者在掌握了被领导者的需要之后，为了充分调动他们的积极性，必须运用合适的激励手段与方法，这就是激励的职能。需要指出的是，在管理的基本职能中，领导职能是最能体现管理者管理艺术性的职能。

4. 控制职能

控制指为了保证组织目标的实现和决策得以顺利的执行，对组织的行为过程进行的监督、检查、调整等的一系列管理活动。控制一直是管理的一个重要的职能。因为在制定计划时无论考虑得多么周密，无论投入多少的人力与物力，也难以保证计划的绝对准确，决策万无一失。况且，许多外部因素的变化还是组织的管理者根本无法控制。在计划执行的过程中，外部环境的变化、执行人员的疏忽，都可能使计划偏离预想的轨道或者是目标。发挥控制职能，就要及时发现这些偏差，并采取措施纠正。

5. 创新职能

在整个组织的管理实践中，整个管理活动的基本内容无非是维持与创新的辩证统一。维持是保证组织系统活动顺利进行的基本手段，而创新是组织获得长足发展的原动力，创新为一个组织在更高层次上的维持提供依托和框架。一个充满创新机制的组织才充满着发展的活力，组织的创新一般包括以下几个方面。

（1）技术创新　当今世界的竞争归根结底是技术实力的竞争，企业竞争的实力主要取决于技术的实力，技术创新是企业创新的根本，是科技知识与经济有效结合转化为现实生产力的过程，是知识与经济一体化的过程，是企业将技术转化为商品，并在市场上得以销售实现其价值，从而获得经济效益的过程和行为，它是技术进步的核心。

（2）制度创新　制度创新就是改变原有的企业制度，塑造适合市场发展变化和社会化大生产要求的新的企业制度。制度创新意味着对原有制度的否定，是组织进行破旧立新的过程。

（3）组织创新　企业制度创新必然要求组织形式的变革和发展。不同的企业在不同的发展阶段要求不同的组织机构和结构相适应，因此组织创新是企业一切创新的源泉和基础。

在具体的管理过程中，上述五种职能是由不同的管理职能部门来完成的。一般的组织都应当针对上述五个方面建立起相应的管理职能部门。

三、管理学的特点

（一）管理学的概念

管理学是指人类长期从事管理实践活动的科学总结，是以组织为载体，研究管理活动过程及其基本规律和一般方法的科学。管理学来源于人类社会的管理实践活动，而社会的管理实践活动领域是多样化的，有的从事企业管理活动，有的从事政府、军队、公安等国家机关管理活动，有的从事学校、文艺团体、学术团体管理活动等。有多种不同的社会组织，就会有多种解决这些领域特殊问题的管理原理和方法，由此形成了各种不同门类的管理学。例如，企业管理学、行政管理学、教育管理学、旅游管理学、医院管理学、军队管理学、交通管理学、物资管理学、财政管理学、国民经济管理学等。但是，也要看到，这些专门管理学中又包含着共同的普遍的管理原理和管理方法，这就是管理学所要研究的对象。所以说，管理学是以各种管理工作中普遍适用的原理和方法作为其研究对象的。

管理学作为一门学科的基本思想体系，最初是由法国管理学家亨利·法约尔首先提出来的。他认为需要一种反映政治、宗教、慈善机构、军事及企业、事业单位等各种组织管理共性的一般管理理论。为此他写了《工业管理与一般管理》一书，为管理学的研究和发展做出了巨大贡献。以后的管理学学者基本上是依据他著作中的思想进一步进行研究和发展的。

管理学正式形成于 20 世纪 50 年代。其代表作是美国管理学家孔茨和奥唐奈 1955 年出版的《管理学原理》，该书于 1976 年第 6 版时更名为《管理学》。20 世纪 60 年代以来，管理学受到各国管理学界的广泛重视，提出了各种各样的观点，并形成了各种管理理论学派。

（二）管理学的研究对象和内容

管理学作为一门系统地研究管理活动的基本规律和一般方法的科学，虽然不同领域的管理活动千差万别，但它们都有一个基本的规律和研究对象，它们都要通过一定的计划、组织、领导和控制等项职能来实现组织的目标，其共同的研究对象和内容，通常我们把管理学研究的内容和范围分成三个层次或侧重点。

（1）根据管理活动总是在一定社会生产方式下进行的，其研究内容可以分为三个方面。

① 生产力方面。主要研究如何合理配置和使用组织中的人财物，使各生产要素充分发挥作用的问题；研究如何根据组织目标、社会的需求，合理使用各种资源，以求得最佳经济效益与社会效益的问题。

② 生产关系方面。主要研究如何处理组织中人与人之间的相互关系问题；研究如何完善组织机构与各种管理体制的问题，从最大限度地调动各方面的积极性和创造性，为实现组织目标服务。

③ 上层建筑。主要研究如何使组织内部环境与组织外部环境相适应的问题；研究如何使组织各项规章制度、劳动纪律与社会正常的生产关系，促进生产力的发展。

（2）从历史的角度研究管理实践、管理思想及管理理论的形成与演变过程。通过了解管理理论发展的来龙去脉，帮助我们正确理解当今管理理论之所以发展到现在的历史必然性，预测和展望管理理论发展的趋势。

（3）从管理者的基本职能或工作出发来系统研究管理活动的原理、规律和方法。

具体包括：管理活动中管理者要承担哪些职能；执行这些职能要涉及组织中的哪些要素；在执行各项职能中应遵循哪些原理，采用哪些方法、程序、技术；执行职能过程中会遇到哪些障碍、阻力。

四、管理者应具备的素质

（一）管理者的素质要求

作为一个管理者应当具备文化科学、专业科技、管理科学等基础知识。在拥有坚实的基本知识的基础上，管理者在学习丰富各种基础知识的过程中，还应注意形成合理的知识结构。一般来说，高层管理者知识面要广，所学的知识应尽可能多样和丰富；基层管理者则要求具备一定深度的专业知识。

1. 较高的思想政治素质

任何社会都会强调管理者应具有较高的思想政治素质，只不过是内容不同罢了。正如我国古人说的"人乎才，有德以为功，无德以为乱"。即具备同样才能的人，如有较高道德水平，对社会就会有贡献，道德水平较低的人就会给社会添乱。日本企业界要求管理人员具备的基本品德就是对企业的忠诚，美国管理学家们则认为管理人员必须有献身事业的精神，有为社会、为职工所敬仰的品德。在我国，一个合格的管理者的思想政治素质要求具体有如下几方面。

① 具有奉献精神。对于一个建设社会主义的管理者来说，必须具有社会主义觉悟，有共产主义远大理想，有为人民服务的精神。

② 具有马列主义的世界观和方法论，坚持辩证唯物主义和历史唯物主义。

③ 有较强的责任心、事业心，对工作认真负责，精益求精。

④ 有较高的品行修养。思想作风、工作作风等各方面都为人们所敬仰，能以身作则，带头示范。

2. 良好的社会综合知识、专业理论和业务技能

管理科学是一门综合性科学，融会了众多学科知识。管理活动涉及政治、经济、技术、文化等社会各个方面的复杂活动。知识是提高管理水平和管理艺术的基础，管理者对某方面知识的缺乏，都会导致管理上的失误。对于一个管理者应掌握如下知识和技能。

① 政治、法律方面的知识。作为一个管理者，要掌握所在国家党的路线、方针、政策和国家的有关法律和规定。只有这样才能有较强的法制观念，以把握组织法制的正确方向。

② 经济学和管理学知识。一个管理者只有掌握了管理学和经济学的相关知识，才能按照经济规律办事，了解当今管理的发展趋势，掌握基本的管理理论和方法。

③ 心理学和社会学知识。面对激烈的社会竞争，管理者将承受着巨大的社会压力，管理者掌握了相应的社会和心理学知识，可以帮助自己做好自身的心理调适，同时做好他人的思想政治工作，协调人与人之间的关系，充分调动员工的工作积极性。

④ 工程技术方面的知识。任何一个管理者从事的管理工作都涉及某一方面获奖方面的技术应用，如计算机应用等相关知识，可以做一个内行的管理者。

3. 良好的心理素质

管理活动同时也是一种很艰苦的实践活动，它要求管理者必须具有良好的心理素质。良好的心理素质主要表现为以下几个方面。

① 意志坚强。管理者除了要树立远大的抱负，有事业心之外，在追求所确立的目标上，应有坚强的意志，在任何时候，都不盲从，不随波逐流，不受内外各种因素的干扰；遇困难不气馁，取得成绩不骄傲；紧要关头沉着冷静，果敢坚决；名利面前，不受引诱。

② 胸怀宽广。在管理活动中，人们具有不同的看法、不同的意见是不可避免的。管理者

应当胸怀宽容大度，求大同，存小异；在非原则问题上做到宽以待人，对反对过自己的人，甚至后来被实践证明是反对错了的人，要能不计前嫌，更不能耿耿于怀；要善于听取不同意见，特别是对立面的意见，绝不能认为自己的意见一贯正确，听不进不同的意见，听不得批评意见；对人，特别是对同事，对下级要尊重；要敢于承认自己的缺点、错误，不文过饰非，居功自傲。

③ 自信。管理者要相信自己的能力，相信自己能把群众的力量调动起来。自信是积极工作和克服困难的前提，也是激励群体成员积极性的重要因素。特别是作为一个有个人影响力的管理者，自信更是第一素质要求。

4. 良好的身体素质

管理活动既是一种脑力劳动，又是一种体力劳动。特别是处于纷繁复杂的环境之中时，管理劳动通常要耗费相当大的脑力与体力。要成为一名优秀的管理者，特别是优秀的高层主管人员，健康的体魄与充沛的精力是必不可少的。管理人员应注重身体素质的锻炼，做到工作好、休息好、生活好。

（二）管理者的技能要求

1. 管理者基本技能的内容

（1）技术技能 指的是使用某一专业领域有关的工作程序、技术和知识完成组织任务的能力。技术技能主要与专业知识的多少有关，是一种通过教育、培训、学习等途径掌握的技能，专业知识掌握得越多，技术技能的水平一般也就越高。因此，许多常见的培训主要是针对管理者的技术技能进行的培训。

（2）人际技能 指的是管理者处理人与人之间的关系的技能，即理解激励他人、与他人进行沟通的能力。管理活动最根本的特点是对人的管理，而对人的管理的每一项活动都要处理人与人之间的关系。实际调查也发现，在管理者成功的影响因素中，绝大多数人都将人际技能排在第一位，因此，人际技能是管理者应当掌握的最重要的技能之一。

人际技能首先是领导技能，因为管理者必须学会同下属沟通，影响下属，使下属追随，激励下属去积极主动地完成任务；此外，一个管理者还必须与上级、与同事、与组织的外部有关的人打交道，还得学会说服上级，学会与其他部门的同事沟通、合作；与有关的外部人员沟通，传播组织的有关信息，与外部环境协调。

（3）概念技能 又称之为思维技能，指的是综观全局，对影响组织的生存与发展的重大因素做出正确的判断，并在此基础上做出正确决策、引导组织发展方向的能力。有人认为，概念技能主要是理解事物的相互关系从而找出关键性的影响因素的能力，确定和协调各个方面关系的能力，以及权衡不同方案优劣和内在风险的能力等。概念技能是一种抽象思维的能力，而这种抽象思维的能力主要指对组织的战略性问题的分析、判断和决策的能力。

概念技能水平的高低与一个人的知识、经验、胆识等因素有关。因为概念技能不仅仅表现为一种分析认识问题的能力，更为重要的是在此基础上做出决策的能力。在事关组织生存与发展问题上做出决策是需要相当的胆略的。另外，与技术技能不同的是，提高概念技能所需要的知识是相当广泛的，不仅仅限于专业性的知识。

2. 管理者技能构成关系

上述三种技能是每一个管理者都应当具备的，但是对于不同的管理者，特别是处于组织的不同层次的管理者，其技能的构成结构又应当有区别。对于基层管理者，由于他们需要直接指导生产人员，需要在生产现场解决许多的生产问题，因此对技术技能的要求较高。对于这些基层管理者来说，由于管理的主要任务是执行上级的决策，没有必须对组织的战略问题做出决策的任务，因此比较而言，对概念技能的要求就低一些。对于高层管理者，由于他们与组织的生产人员直接接触较少，不需要直接指挥现场的生产活动，因此对他们来说，技术技能的要求就相对低一些；反过来，由于高层管理者负有战略决策的任务，而这些决策都是非程序性的，要求创新，因此要求高层管理者必须具有较高的概念技能。因此，对于高层管理者，最重要的是概念技能；而基层管理者最重要的则是技术技能。对于中层管理者，由于他们的职责任务介于高层管理者和基层管理者之间，其技能的构成结构也在这二者之间。人际技能对于各个层次的管理者来说通常具有同等重要的意义。

第二节　管理思想和理论的演变

一、传统管理

中国在两千多年的封建社会中，中央集权的国家管理制度、财政赋税的管理、官吏的选拔与管理、人口田亩管理、市场与工商业管理、文书与档案管理等方面，历朝历代都有新的发展，出现了许多杰出的管理人才，在军事、政治、财政、文化教育与外交等领域显示了卓越的管理才能，积累了宝贵的管理经验。综观中国古代管理实践可以看出，其主要特点表现为管理与行政基本融为一体，由于古代中国是典型的农业经济，行政管理是社会管理最主要的模式，因此，任何一项工程，任何一项管理活动，无不以国家或官府的名义展开，管理实践也只有在和行政融合过程中才有表现的机会。古代管理实践的成功与否主要取决于管理者或决策者的素质高低。管理者的个人知识、能力和经验越丰富，越有可能进行卓有成效的管理活动，否则，管理就可能缺乏成效，甚至失败。因此，中国传统的管理实际上是和个人经验分不开的，是一种典型的经验管理。

（一）中国传统管理思想的主要学派

1. 《易经》

"易"为中国学术思想的根本，是中国管理智慧的源头，其原理贯穿天、地、人三才之道，凝聚着中国文化在漫长的文明发展过程中对自然和人生规律探索的经验成果。易道管理的核心就是把对世界的认知和自身的价值，在实践操作的基础上密切结合起来。这种决策管理模式包含着许多具体的经营策略，涉及预测、计划、决策、组织、沟通、变通、控制、用人原则等诸多现代管理学中所关注的问题。

2. 儒家

儒家思想单从管理的角度进行概括就是"修己安人、举贤任能"。

（1）修己安人与中庸思想　孔子认为领导人的思想道德素养是实现有效管理的关键。以"仁"为核心、以"礼"为准则、以"和"为目标的伦理思想，是其管理思想的精髓。

（2）举贤才与任而能信　孔子认为选拔正直的、有真才实学的人居于高位，民众就会悦服，反之，则民众就不会悦服。这反映了孔子的任人唯贤的人才管理思想。"任而能信"是孔子人才管理思想中的另一个重要内容。他认为，对于考察合格已被任用的人，应在工作上给予充分的信任和支持，这是用好人才、发挥其才干的重要条件。

（3）道家　老子的著作包含着高深的哲理和济世安民的智慧。如果对他的思想进行高度概括的话，就是"反者道之动"和"无为"。

（4）法家　战国时期法家分为三派。商鞅重"法"，他主张法令面前人人平等。申不害重"术"，即权术。"术"的主要作用，在于辨别群臣的忠奸，考核其能力，衡量其功过，以加强法制和君主专制。慎到重"势"，即权势。他认为，贤人之所以屈服于不肖者，是因为"权轻"；不肖者之所以服于贤者，是因为贤者"位尊"。正因为如此，君主只有拥有绝对的权势，才能治理好天下。韩非比较了前期"法"、"术"、"势"三派的得失，认为必须综合采用三派的长处，才能完成一统天下的帝王之业。

（5）墨家 墨子管理思想的核心内容是"兼相爱，交相利"。"兼相爱"是墨子的基本管理准则和社会道德规范，把义、利二者看做同一事物的不可分割的两个方面。墨子选贤才的方法有三个。其一，"听其言，迹其行，察其所能"。在实践中选拔，不单要对被选拔者察"其言"，还要观"其行"；要考查"其德义"，还要考核"其思虑"。这样才能全面衡量出一个人是否真是贤者。贤者之德，可以"昭于天下，若天之高，若地之普"。其二，"良剑期乎利，不期乎莫邪"，对人才不能过于苛求。其三，"有能则举之，无能则下之"，要能上能下，不搞终身制，使贤者有职、有权、有钱，是保证事业获得成功、尚贤使能的一项重要管理机制。

（6）兵家 孙子是中国最杰出的兵学大师，他的思想对现在的商战具有非常重要的指导意义。孙子的战争原理，可概括为四项，即"慎战"、"先知"、"先胜"、"主动"。

（7）《管子》 这是一部世界上写作时间较早，内容非常丰富，融各家管理思想于一炉的古代国家管理学巨著，它是一部以国家宏观管理为主要特色的管理理论著作。它认为心术论的核心是：以天地为心，以法治国，以德治人。

（二）中国传统管理思想的主要特点

1. 顺道

顺"道"即管理要顺应客观规律。司马迁把社会经济活动视为由各个个人为了满足自身的欲望而进行的自然过程，在社会商品交换中，价格贵贱的变化，也是受客观规律自然检验的。顺道是中国传统管理活动的重要指导思想。

2. 重人

"重人"是中国传统管理的一大要素，包括两个方面：一是重人心向背，二是重人才归离。要夺取天下，治理好国家，办成事业，人是第一位的，我国素有"求贤若渴"一说，表示对人才的重视，能否得贤能之助，关系到国家的兴衰和事业的成败。"得贤人，国无不安广……失贤人，国无不危。"诸葛亮总结汉的历史经验说："亲贤臣，远小人，此先汉之所以兴隆也；亲小人，远贤臣，此后汉之所以倾颓也。"《晏子春秋》则把对人才"贤而不知、知而不用、用而不任"视为国家的"三不祥"，其害无穷。

3. 人和

"和"就是调整人际关系，讲团结，上下和，左右和。对治国来说，和能兴邦；对治生来说，和气生财。故我国历来把天时、地利、人和当做事业成功的三要素。近代成功的企业家也都注重人和，创办申新纱厂的大企业家荣德生治厂以"《大学》之'明德'，《中庸》之'明诚'"对待属下，"管人不严，以德服人"，"使其对工作不生心，存意外"，"自治有效"。刘国钧办大成纺织染公司，以"忠信笃敬"为厂训。宋菜卿在公司悬挂孔子名言"己所不欲，勿施于人"作厂训，他说"你愿人怎样待你，你就先怎样待人"。这些皆反映从自我管理入手实现人和，从而达到系统管理以协力推进事业的管理思想。

4. 守信

治国要守信，办企业要守信。信誉是人们之间建立稳定关系的基础，是国家兴旺和事业成功的保证。明代徽商唐祁，其父曾借某人钱，对方借据丢失，唐祁照付父债，后来有人捡得借据，向唐祁讨债，他又照付。别人嘲笑他傻，他说，"前者实有是事，而后卷则真也"。经商"巧而不贼"，取得社会的信任，"人莫不以为诚而任之"，守信是进财之道。

5. 利器

生产要有工具，打仗要有兵器，中国历来有利器的传统。中国古代的四大发明（纸、印刷术、指南针、火药）及其推广，极大地推动了社会经济、文化和世界文明的发展，并使"利器说"成为中国管理思想的重要内容。及至近代，一再出现机器兴邦说。如魏源提出"师夷长技以制夷"的口号。孙中山实业救国的核心是技术革命，实现现代化，"用机器去制造货物……

把国家变成富庶"。

6. 求实

实事求是，办事从实际出发，是思想方法和行为的准则。儒家提出"守正"原则，看问题不要偏激，办事不要过头，也不要不及，"过犹不及"，过了头超越客观形势，犯冒进错误；不及于形势又错过时机，流于保守。韩非以守株待兔的故事，告诫治理国家者不可是"守株之类也"。这是一切管理者都应引以为戒的。

7. 对策

我国有一句名言："运筹策帷帐之中，决胜于千里之外。"范蠡认为经商要有预见性，比如要预测年景变化的规律，推知粮食供求变化趋势，及时决断收购和发售。他提出"旱则资舟，水则资车"的"待乏"原则。要观察市场物价变动，按"贵上极则反贱，贱下极则反贵"的规律，采取"贵出如粪土、贱取如珠玉"的购销决策。中国古代有许多系统运筹成功的实例。如战国时期的田忌赛马故事。又譬如宋朝的丁谓奉命修复焚毁的皇宫的故事，修复焚毁的皇宫需要从远处运土石和建材，他挖开大路取土，引水成河，船运各种建材，宫室修好后又以建筑垃圾填河恢复道路，一项正确决策使取土、运料、处理垃圾结合起来，"一举而三役济，计省贯以亿万计"。在军事上通过运筹对策，以计谋取胜者更是不胜枚举。例如历史上的赤壁之战、诸葛亮的空城计、孙膑的"减灶骄敌"，等等。

8. 节俭

节俭思想源于孔子和墨子。近代中国的企业家也多有勤俭治厂的经验，创办南通大生纱厂的张謇在办厂时去上海联系业务，曾在街头卖字以解决盘缠所需，节约经费。

9. 法治

我国的法治思想起源于先秦法家和《管子》，后来逐渐演变成一整套法制体系，包括田土法制、财税法制、军事法制、人才法制、行政管理法制、市场法制，等等。

二、古典管理理论阶段

(一) 泰勒的科学管理理论

物质方面的直接浪费，人们是可以看到和感觉到的，但由于人们不熟练、低效率或指挥不当而造成的浪费，人们既看不到，又摸不到。"所有的日常活动中不注意效率的行为都在使整个国家资源遭受巨大损失，而补救效能的办法不在于寻求某些出众或是非凡的人，而在于科学的管理。"提出这个观念的人正是被西方管理界誉为"科学管理之父"的泰勒。

1. 泰勒的生平

泰勒（Frederick Winslow Taylor）是美国古典管理学家，科学管理的创始人，被管理界誉为"科学管理之父"。泰勒 1856 年 3 月 20 日生于美国费城；1872 年考入美国哈佛大学读书；1875 年在费城液压工厂学习木模工和机械加工；1878 年转到米德瓦尔钢铁公司参加机械制造车间和全厂实际技术科学管理工作，1881 年开始进行"时间管理研究"；1883 年获得史蒂文斯理工学院的机械工程学学位；1906 年当选为美国机械工程学会会长，同年获宾夕法尼亚大学名誉科学博士学位。卒于 1915 年 3 月 21 日。

2. 泰勒的"科学管理"理论的主要内容

① 操作方法的标准化。在工人工作的过程中，仔细观察和分析工人的操作动作，对每个动作加以研究，制定出标准的操作动作，并且研究使用最合理的工具及工具的放置位置，省去了多余的、不合理的动作，提高了劳动效率。

② 科学地利用工时。研究工人工作时动作的合理性，去掉多余的动作，改善必要动作，对工人的劳动时间进行科学的分析，并规定完成每一单位操作的标准时间，制定合理的操作时间标准，并确定劳动的时间定额。

③ 实行具有激励性的计件工资报酬制度和有差别的计件工资制。企业按照制定出的计件支付工资；对完不成定额的工人，则按较低的工资率支付工资。

④ 对工人进行科学的选择、培训和晋升。选择合适的工人安排在合适的岗位上。按照标准的操作方法对工人实行培训，使之在工作中逐步成长，取代以往的师傅带徒弟的传统培训方法。

⑤ 实行管理与执行的明确分工。改革过去管理与操作分工不明确的状况，在管理人员与操作人员之间实行严格的分工，确定各自的工作范围及责任，并由此逐步发展到管理人员的专业化。

这些措施虽然在现在已成为管理常识，但在当时却是重大的变革。随后，美国企业的生产率有了大幅度的提高，出现了高效率、低成本、高工资、高利润的新局面。

⑥ 制定科学的工艺规程，使工具、机器、材料标准化，并对作业环境标准化，用文件形式固定下来。

⑦ 资方和工人们之间在工作和职责上几乎是均分的，资方把自己比工人更胜任那部分工作承揽下来；而在过去，几乎所有的工作和大部分的职责都推到了工人们的身上。

（二）法约尔和一般管理理论

1. 法约尔生平

法约尔（Henri Fayol，1841～1925），法国人，法国著名管理学家。西方古典管理理论学派的代表人物之一。1860 年法约尔从圣艾蒂安——国立矿业学院毕业后，1866 年开始一直担任高级管理职务。

2. 法约尔一般管理理论的内容

（1）企业经营活动中提炼出管理活动　他首次提出了将经营和管理分开的概念。认为经营是一个大概念，是对企业全局性的管理，而管理只是经营的一个职能，管理包括在经营之中。法约尔分析了处于不同管理层次的管理者各种能力的相对要求，随着企业由小到大、职位由低到高，管理能力在管理者必要能力中的相对重要性不断增加，而其他诸如技术、商业、财务、安全、会计等能力的重要性则会相对下降。

（2）倡导管理教育　法约尔认为管理能力可以通过教育来获得，缺少管理教育是由于没有管理理论，每一个管理者都按照他自己的方法、原则和个人的经验行事，但是谁也不曾设法使那些被人们接受的规则和经验变成普遍的管理理论。

（3）提出五大管理职能　法约尔将管理活动分为计划、组织、指挥、协调和控制等五大管理职能，并进行了相应的分析和讨论，并指出管理的五大职能并不是企业管理者个人的责任，它同企业经营的其他五大活动一样，是一种分配于领导人与整个组织成员之间的工作。

（4）提出十四项管理原则　①劳动分工。②权力与责任。③纪律。④统一指挥。⑤统一领导。⑥个人利益服从整体利益。⑦人员报酬。⑧等级制度。⑨集中。⑩秩序。⑪公平。⑫人员稳定。⑬首创精神。⑭团队精神。

法约尔的一般管理理论是西方古典思想的重要代表，后来成为管理过程学派的理论基础，也是以后各种管理理论和管理实践的重要依据，对管理理论的发展和企业管理的历程均有着深刻的影响。

（三）韦伯的行政组织理论

被称为"组织理论之父"的韦伯与泰勒、法约尔并称为西方古典管理理论的三位先驱。

1. 马克斯·韦伯的生平

马克斯·韦伯（M. Weber）生于德国，1864 年 4 月 21 日生于埃尔福特，1920 年 6 月 14 日因肺炎病卒。他于 1884 年入柏林大学攻读法律，1889 年通过博士论文《中世纪贸易公司的历史》。大学毕业后曾担任教授、政府顾问、编辑，对社会学、宗教学、经济学与政治学都有相当的造诣。韦伯的主要著作有《新教伦理与资本主义精神》、《一般经济史》、《社会和经济组织的理论》等，他所提出的行政组织理论，对后世产生了深远的影响。

2. 关于韦伯行政组织理论的有关内容

① 分析了理想的行政组织存在和运行的权力基础。韦伯认为，任何组织都必须以某种形式的权力作为基础，没有某种形式的权力，任何组织都不能达到自己的目标。

② 分析了理想的行政组织模式应具有的特征。

a. 组织中的人员应有固定和正式的职责并依法行使职权。

b. 组织的结构是由上而下逐层控制的体系。

c. 强调人与工作的关系。

d. 成员的选用与保障。

e. 专业分工与技术训练。

f. 成员的工资及升迁。

马克斯·韦伯对组织管理理论的伟大贡献在于明确而系统地指出理想的组织应以合理合法的权力为基础，没有某种形式的权力，任何组织都不能有效地维系组织的连续和目标的达成。

三、行为科学理论阶段

由于古典管理理论的局限性，资本主义国家的劳资矛盾在 20 世纪 20 年代以后更加尖锐，严重地影响着资本主义生产的发展，企业界关注着理论的新发展，需要创立新的管理理论。1924 年以美国哈佛大学梅约教授为代表，创立了"行为科学"学说，由此管理理论的发展进入了行为科学理论的时期。

（一）梅奥及霍桑实验

1. 梅奥的生平

乔治·埃尔顿·梅约（George Elton Mayo），是原籍澳大利亚的美国行为科学家，美国哈佛大学心理学家，人际关系理论的创始人，是对中期管理思想发展作出重大贡献的人物之一。1924～1932 年，美国国家研究委员会和西方电气公司合作，由梅约负责进行了著名的霍桑试验（Hawthorne Experiment），即在西方电气公司所属的霍桑工厂，为测定各种有关因素对生产效率的影响程度而进行的一系列试验，由此产生了人际关系学说。

2. 霍桑实验的起因——古典管理理论的困惑

古典管理理论的杰出代表泰勒、法约尔等着重强调管理的科学性、合理性、纪律性，而未给管理中人的因素和作用以足够的重视。他们的理论是基于这样一种假设，即社会是由一群群无组织的个人所组成的；他们在思想上、行动上力争获得个人利益，追求最大限度的经济收入，即"经济人"；管理部门面对的仅仅是单一的职工个体或个体的简单总和，基于这种认识，工人被安排去从事固定的、枯燥的和过分简单的工作，成了"活机器"。尽管泰勒的科学管理理论和方法在 20 世纪初对提高企业的劳动生产率起了很大的作用，但是企图通过此种理论和方法彻底解决提高劳动生产率的问题是不可能的。第一，泰勒制在使生产率大幅度提高的同时，也使工人的劳动变得异常紧张、单调和劳累，因而引起了工人的强烈不满，并导致工人的怠工、罢工以及劳资关系日益紧张等事件的出现；第二，资本家为了追求最大利润总是尽量少付给工人工资；第三，工人也并非纯粹的"经济人"，还有精神上的需要，民主意识日益强烈的人们反对独裁、专制，这就使得主张专制、独裁的科学管理理论在付诸实践时遭到工人们的强烈反对。由于随着社会生产力的发展，西方的资产阶级感到单纯用古典管理理论和方法已不能有效控制工人以达到和提高生产率和利润的目的，这使得对新的管理思想、管理理论和管理方法的寻求和探索成为必要。因此，以调动人的积极性的学派——人际关系学派应运而生。

（二）马斯洛的需要层次论和 GRG 需要理论

马斯洛（A. H. Maslow）的需求层次理论是研究人的需要结构的一种理论，该理论指出主管人员都必须随机制宜地对待人们的各种需求。他在 1943 年发表的《人类动机的理论》一书中提出了需要层次论，将人的需求从较低层次到较高层次概括为生理需求、安全需求、社交需求、尊重需求和自我实现需求五类。

四、现代管理理论阶段

人类社会进入到第二次世界大战以后，各国的重点随着战争的结束转到了一个新的发展里程碑，社会经济发展中出现了许多新的变化：工业生产和科学技术迅速发展；企业的规模进一步扩大；企业生产过程自动化的程度空前提高；技术更新的周期大为缩短；市场竞争越来越激烈；生产社会化程度更加提高；许多复杂产品和现代化工程需要组织大规模的分工协作才能完成。这些都对企业经营管理提出了许多新的要求，企业经营管理原有的理论和方法有些不能适应新形势的需要。

（一）管理过程学派

管理过程学派又称管理职能学派，是在法约尔的一般管理理论的基础上发展而来的。其代表人物是美国加利福尼亚大学的教授哈罗德·孔茨和西里尔·奥唐奈里。

管理过程学派把管理的职能作为研究的对象，将管理理论同管理人员所执行的管理职能联系起来，把协调作为管理的本质。先把管理的工作划分为若干职能，然后对这些职能进行研究，阐明每项职能的性质、特点和重要性，论述实现这些职能的原则和方法。

管理过程学派的主要贡献体现在以下两方面。

① 相对于其他学派而言，它是最为系统的学派。他们首先从确定管理人员的管理职能入手，并将此作为他们理论的核心结构。孔茨认为管理学这样分类具有内容广泛、能划分足够多的篇章、有利于进行逻辑性分析等优点。

② 管理过程学派确定的管理职能和管理原则，为训练管理人员提供了基础。把管理的任务和非管理的任务（如财务、生产以及市场交易）加以明显地区分，能使经理集中于经理人员的基本工作上。管理过程学派认为，管理存在着一些普通运用的原则，这些原则是可以运用科学方法发现的。管理的原则如同灯塔一样，能使人们在管理活动中辨明方向。

管理过程学派所归纳出的管理职能通用性有限，不能适用所有的组织，对静态的、稳定的生产环境较为适合，如在失业率很高、生产线稳定的情况下适用。而对动态多变的生产环境难以应用。同时，管理过程学派所归纳的职能并不包括所有的管理行为。

（二）经验主义学派

经验主义学派又称为经理主义学派，以向大企业的经理提供管理企业当代的经验和科学方法为目标，认为管理学就是研究管理经验，主要代表人物是欧内斯特·戴尔（Ernest Dale），代表作是《伟大的组织者》。

经验主义学派理论的主要研究内容包括以下几个方面。

① 管理应侧重于实际应用，而不是纯粹理论的研究。

② 管理者的任务是了解本机构的特殊目的和使命；使工作富有活力并使职工有成就感；处理本机构对社会的影响及对社会的责任。

③ 实行目标管理的管理方法。目标管理正是结合了以工作为中心和以人为中心的管理方法，使职工发现工作的兴趣和价值，从工作中满足其自我实现的需要，同时，企业的目标也因职工的自我实现而实现，把工作和人性统一起来。目标管理在当今仍是运用得最多的管理方法。

④ 研究方法是比较方法。管理知识的真正源泉就是大公司中"伟大的组织者"的经验，

主要就是这些"伟大的组织者"的非凡个性和杰出才能。

经验主义学派由于强调经验而无法形成有效的原理，无法形成统一完整的管理思想，管理者靠自己的经验管理，而初学者则无经验可依，这是该学派的局限之处。

（三）系统管理学派

系统管理理论最早出现于 20 世纪 60 年代，是弗理蒙特·卡斯特（F. E. Kast）、罗森茨威克（J. E. Rosenzing）和约翰逊（R. A. Johnson）等美国管理学家在一般系统论的基础上发展形成的一种企业管理理论。系统管理学派亦称系统理论学派、系统学派，是指将企业作为一个有机整体，把各项管理业务看成相互联系的网络的一种管理学派。

弗理蒙特·卡斯特是美国管理学家、美国华盛顿大学的教授，他于 1963 年与约翰逊和罗森茨威克三人合写了《系统理论和管理》，1970 年与罗森茨威克合写了《组织与管理——一种系统学说》中，这两本书比较全面地论述了系统管理理论，该理论的主要观点如下。

① 组织作为一个开放的社会技术系统，是由许多子系统组成的：目标与价值分系统；技术分系统；社会心理分系统；组织结构分系统；管理分系统。这五个分系统之间既相互独立，又相互作用，不可分割，从而构成一个整体。这些系统还可以继续分为更小的子系统。

② 企业是由人、物资、机器和其他资源在一定的目标下组成的一体化系统，它的成长和发展同时受到这些组成要素的影响，人是主体，其他要素则是被动的。

③ 如果运用系统观点来考察管理的基本职能，可以把企业看成是一个投入-产出系统，投入的是物资、劳动力和各种信息，产出的是各种产品（或服务）。

系统管理理论特别强调开放性、整体性和层次性的观念。系统管理理论以目标为中心，强调系统的客观成就和客观效果；以整体为中心，强调整个系统的最优化而不是子系统的最优化；以责任为中心，分配给每个管理人员一定的任务，而且要能衡量其投入和产出；以人为中心，每个员工都被安排做具有挑战性的工作并根据其业绩支付报酬。

（四）管理科学学派

管理科学学派是泰勒管理学派的继续和发展，曾任教于美国加利福尼亚大学管理研究院、哈佛大学工商管理学院的埃尔伍德斯潘赛·伯法是该学派的代表人物之一，其代表作是《现代生产管理》。这个学派认为，管理就是制定和运用数学模式与程序的系统，用数学符号和公式来表示计划、组织、控制、决策等合乎逻辑的程序，求出最优的答案，管理科学其实就是管理中的一种数量分析方法。可以用电子计算机作为工具，寻求最佳计划方案，以达到企业的目标。其目的就是解决能以数量表现的复杂系统的管理决策问题，作用在于通过管理科学的方法，减少决策中的风险，提高决策的质量，保证投入的资源发挥最大的经济效益。

管理科学学派的主要内容可以概括如下。

① 组织是由"经济人"组成的一个追求经济利益的系统，同时又是由物质技术和决策网络组成的系统。

② 科学管理的目的就是通过科学原理、方法和工具应用于管理的各种活动之中；科学管理的范围着重在管理程序中的计划和控制这两项职能；科学地解决问题可分为提出问题、建立数学模型、得出解决方案、对方案进行验证、建立对解决方案的控制和把解决的方案付诸实施六个步骤。

③ 科学管理应重视科学管理方法的应用。科学的管理方法包括线性规划、决策树、计划评审法、关键线路法、模拟、对策论、排队论等。

④ 在管理过程中应重视先进工具。这里主要是指计算机的运用。

（五）权变理论学派

美国学者卢桑斯（F. Luthans）在 1976 年出版的《管理导论：一种权变学》一书中系统

地概括了权变管理理论。其主要内容包括：要把环境对管理的作用具体化，并使管理理论与管理实践紧密地联系起来；环境是自变量，而管理的观念和技术是因变量；环境变量与管理变量之间的函数关系就是权变关系。环境可分为外部环境和内部环境。外部环境又可以分为两种：一种是由社会、技术、经济和政治、法律等所组成；另一种是由供应者、顾客、竞争者、雇员、股东等组成。内部环境基本上是正式组织系统，它的各个变量与外部环境各变量之间是相互关联的。

（六）决策理论学派

决策理论学派的主要代表人物是赫伯特·西蒙（Herbert A. Simon），他在管理学、经济学、组织行为学、心理学、政治学、社会学、计算机科学等方面都有较深厚的造诣。由于他"对经济组织内的决策程序所进行的开创性研究"而获得 1978 年诺贝尔经济学奖。他提出了决策理论，建立了决策理论学派，形成了一门有关决策过程、准则、类型及方法的较完整的理论体系。具体内容如下。

① 决策贯穿管理的全过程，决策是管理的核心，决策程序就是全部的管理过程，组织则是由作为决策者的个人所组成的系统。

② 系统阐述了决策原理。西蒙对决策的程序、准则、程序化决策和非程序化决策的异同及其决策技术等作了分析。

③ 在决策标准上，用"令人满意"的准则代替"最优化"准则。

④ 一个组织的决策根据其活动是否反复出现可分为程序化决策（即结构良好的决策）和非程序决策（即结构不良的决策）。

决策理论尽管提出了许多其他理论所不具备的优点，但仍存在一定的不足。一是管理是一种复杂的社会现象，仅靠决策无法给管理者有效的指导，实用性不大。二是决策学派没有把管理决策和人们的其他决策行为区别开来，具体指导作用有待于加强。

第三节 管理的基本原理

管理原理是对管理行为和管理工作的内容、实质等进行科学分析、归纳总结的理论，是管理者行使管理职能的理论依据，管理原理是管理者在实际管理工作中应遵循的行为准则。

一、系统原理

1. 系统的概念

任何管理对象都是一个特定的系统，现代管理的每个要素都不是孤立的，它既是在自己的系统之内，同时又处在更大的系统之内，与其他系统发生千丝万缕的联系。因而，为了实现有效管理，达到管理的最佳目标，必须善于运用系统理论对管理对象进行系统分析。

所谓系统，是指由若干相互作用、相互联系的要素组成的具有特定功能的有机整体。系统的形态各异，大体上可分两类：一类是自然系统，即自然界本来存在的系统；一类是人造系统，即人工改造的系统。

2. 管理系统的特征

管理系统是人造系统，它有以下几个特征。

（1）目的性　每个系统都有明确的目的，目的不明确，必然导致管理的混乱。这是系统设计中一个非常重要的问题。例如，企业经营系统在限定的资源和现有职能机构的配合下，它的目的是达到规定的质量、成本和利润指标等。

（2）集合性　管理系统至少是由两个或两个以上的可以相互区别的要素或部分所组成的。在工业企业中，各种各样的厂房、设备、工具、原材料、燃料、加工制品、工人、技术员、管理人员，以及各种各样的信息、数据、指标、财会、报表、规章制度等，就是组成工业企业的基本要素。

（3）相关性　在管理系统中的各个要素都是相互联系、相互作用的。比如，企业的生产、技术、经营过程中的各个要素之间存在着相互联系、相互作用的关系，因而可以组合。从生产过程来看，原材料的供应——供应部门，原材料的加工——机加车间，工件的处理——热处理及表面处理车间，机件的组装——装配车间，产品的检验车间，产品的销售——销售（推销）部门，另外还有动力供应——机动车间，工具的加工——工具车间，还有后勤保障、思想政治部门等都是相互关联的。因此，管理者必须了解和掌握管理系统中各要素或部分的相关性。

（4）层次性　系统有着一定的层次结构，并分解为一系列的分系统。各个分系统本身又是由更小的分系统组成的，这样系统、分系统和要素就构成了一个阶层结构。

（5）整体性　系统不是各个要素的简单相加，而是按照同一目的，根据一定规则而组合和运行的整体。系统整体的效益超过各子系统单独效益的总和。

（6）环境的适应性　任何一个管理系统都是处于一个更大的系统之中，它的存在和发展，都受到外界环境的客观条件所制约，因此必须具有对环境的适应能力。

3. 系统原理的基本原则

根据管理的系统原理进行管理，在实践活动中应遵循以下原则。

（1）整分合原则　现代高效率的管理必须在整体规划下明确分工，在分工基础上有效地综合，就是管理的整分合原则。这里整体观点是个大前提，不充分了解整体及其运动规律，分工必是混乱而盲目的。但是分工是关键，没有明确的分工管理系统只能是混沌的原始的，构不成现代有序的系统。协作以分工为前提，没有合理的分工，也就没有协作，在合理分工的基础上组织严密有效的协作，才是现代的科学管理。

分工并不是现代管理的终结，分工也不是全能的。它也会带来许多新问题，分工特别容易在时间和空间、数量和质量等方面脱节。因此，必须采取强有力的组织管理，使多方面同步协调，有计划按比例、综合平衡发展，才能创造出现代化的科学生产力。合理的分工，如果没有强有力的组织管理，其效能也是不高的。

（2）相对封闭原则。在任何一个系统内，其管理手段必须构成一个连续封闭的回路，才能形成有效的管理运动，自如地进行管理。

一个管理系统可以分解为决策中心、执行机构、监督机构和反馈机构。由决策中心（指挥中心）为管理的起点，决策中心的指令一方面通过执行机构去贯彻执行；另一方面指令又发向监督机构，监督执行情况。指令执行效果输入反馈机构，反馈机构对信息处理，比较效果与指令的差距，返回决策中心（司令部），便形成了管理的封闭回路。管理运动在封闭回路中不断振荡，推动管理运动不断前进。

二、人本原理

1. 人本原理概述

所谓人本原理就是一切管理均应以调动人的积极性，做好人的工作为根本，即以人为本。

人本原理要求每个管理者必须从思想上明确，要做好整个管理工作，要想管好物、财、时间、空间和信息等，都必须紧紧抓住做好人的工作这个根本，使全体人员明确整体目标，自己的职责、工作的意义，相互关系等，从而能主动地、积极地、创造性地完成自己的任务。这就是人本原理的基本思想，人本原理反对和防止见物不见人，见钱不见人，重技术不重人，靠权力不靠人等忽视人的错误认识和做法。管理者必须端正自身在企业中的位置，要依靠群众，依靠职工。多考虑如何能给下级以相应的自主权，把他们的积极性、聪明才智充分地发挥出来，而不是满脑子的"管人"。

现代管理思想把人的因素放在第一位，注意处理好人与人的关系，尽量发挥人的自我实现精神，充分发挥人们的创造才能。实践证明发挥和调动了人的主观能动性和积极性，可以发挥人的才能的70%，如果被动地生产和工作，只能发挥才能的20%～30%。因此，现代管理科学把人本原理的研究列为它的核心内容，强调应做人的工作为根本。无数实践证明，人的能动性发挥的程度越高，管理的效应就越大；反之，管理的效应就越小。

2. 人本原理的基本原则

（1）能级原则 能是做功的本领，按其大小排列成阶梯状就是能级，这是物理学上的概念。在现代企业管理中也存在，能量有大有小，能量大的就是干事的本领大。能量可以分成能级，分级就是建立一定的秩序、一定的规范及一定的标准。

稳定的管理结构是三角形，上面具有尖锐的锋芒，下面有宽厚的基础。管理三角形可分为四个层次，即经营层、管理层、执行层和操作层。

（2）动力原则 动力原则是指管理必须有强大的动力，而且要正确运用动力，才能使管理持续而有序地进行。现代管理将动力分为物质动力、精神动力、信息动力三大类。

动力原则要求注意四个问题：一是要加强教育培训，提高职工思想政治觉悟、文化技术水平，从而产生正确的动机和行为；二是物质动力、精神动力和信息动力要配合使用；三是要正确认识和处理个体与集体动力的辩证关系，因势利导，综合平衡；四是运用动力要重视"刺激量"。动力靠刺激产生，刺激有正有负，其量必须适当，要与承担的任务相适应，并逐步增大。

三、动态原理

1. 动态原理概述

动态原理要求每个管理者必须从认识上明确，管理的对象和目标是在不断发展和变化中，不能一成不变地看待它，必须把握管理对象的复杂多变的特点，注意收集信息，进行调节，保持充分的弹性，以适应客观事物各种可能的变化，有效地实现动态管理。

管理系统的静止是相对的，运动是绝对的。第一，管理的客体是人，包括管理者、被管理者和顾客，都会受各种因素影响不断变化；第二，管理组织要受各要素、各部分结合方式及目的影响制约，是一种特殊的动态系统；第三，管理活动的劳动对象、劳动资料等要随社会化生产和科技发展而变化；第四，管理活动的场所和时间也具有动态性；第五，管理的信息在生产经营过程中不断产生、传递、反馈；第六，管理系统是开放系统，与外界环境联系紧密，企业外部环境是不断变化的；第七，管理过程本身也处于不断运动中。所以，企业管理是在运动中进行的。

管理运动是呈振荡运动的，要求管理者预先采取措施，使振荡幅度尽可能小，从而产生更大的推动力；而且企业管理一定要造成竞争态势，推动企业发展。市场经济是竞争经济，静止是没有生命力的，且不进则退。所以，要根据系统的开放性、不平衡性特征，在企业内部、外部主动积极地提倡、参与竞争，才能使企业在动态中生存和发展。

2. 动态原理的基本原则

（1）弹性原则 管理必须留有余地，及时适应客观事物各种可能的变化。这样，才能有效地实现动态管理。管理所面临的问题，从来不是单因素或少因素的，而总是有许多因素的。这些因素千丝万缕地联系着，如同蛛网交织。而管理决策总是合力的结果，任何一个领域或一个地域的社会、经济、科技、生态的管理，涉及成千上万个因素。然而，在现实的管理中，人们要完全掌握所有的因素是不可能的。一个卓越的管理者，绝不能认为自己的决策"完全正确"、"绝对正确"或者"一贯正确"。必须清醒地看到自己对客观世界的认识永远是有缺陷的。因此，管理必须留有余地。

（2）反馈原则 原因产生结果，结果构成新的原因，反馈在原因和结果之间架起了"反向"的桥梁，在因果性和目的性之间建立了紧密的联系，这种因果关系的相互作用，不是各自的目的，而是为完成一个共同的功能目的。同时，反馈使任何事物本身与其环境统一在动态之中，构成不断的新陈代谢活动。

有效地管理者要善于捕捉各种信息及反馈，及时做出相应的变革，把各种矛盾解决在萌芽状态之中。决策、执行、反馈、修正、再决策、再执行、再反馈。由此无穷地螺旋上升，使管理不断地进步和完善。

四、效益原理

1. 效益原理概述

任何社会实践都会产生某种效果，如经济效果、政治效果、军事效果和艺术效果等。人类从事生产活动，都是为了有用的物质效果，也就是要创造出具有使用价值和价值的产品或劳动。为了实现这一目的，人们在进行生产劳动时，必须有相应的投入。因此，经济效益就是在一定的既定目标条件下，劳动消耗量和劳动占有量与所取得的有用成果之比，就称为经济效益。在现实社会中，为了计算方便，劳动消耗量、生产资料消耗量和所取得的有用成果量，一般用货币计价的形式，用金额近似地表现出来。用数学公式表示为

$$经济效益(E) = 有用成果(Y) / 劳动消耗量和劳动占用(L)$$

经济效益的这一公式，既适用于宏观，又适用于微观；既可以全面反映劳动成果、劳动消耗和劳动占用，又可以比较准确地反映正效果、负效果和零效果。

管理的目的是创造更多、更好的社会经济效益和企业经济效益。社会经济效益是指从全社会角度出发，研究全社会的投入产出关系及各企业之间合理配合的问题，追求的是全社会和整体的效益；企业经济效益是从企业角度出发，使人、财、物、信息、时间和科技等资源得到最充分的有效利用，产生最佳的投入产出效果。社会经济效益和企业经济效益是一致的，但有时也有矛盾：企业效果不能完全表现社会效益；社会效益也不能完全代表企业效益。

效益原理要求企业管理必须追求经济效益，它是企业生产经营活动的出发点和归宿点。经济效益指标可分解为产量、产值、成本和利润等，生产经营过程中不同时期、不同阶段，可根据生产任务、产品要求追求最大产量、产值或利润，也可追求最低成本。当企业经济效益与社会效益发生冲突时，企业要服从全局和整体，任何时候也不能用损害社会利益的手段来获取企业经济效益。要认识到企业要获得长期、稳定的经济效益，就必须使自身的发展目标、经济效益指标、社会发展目标和效益指标相一致。

2. 效益原理的基本原则

根据效益原理的要求，在企业管理中应遵循价值分析原则和可行性研究原则。

（1）价值分析原则　价值分析原则从企业管理角度讲，是指对产品或作业进行功能分析，以求得最低成本可靠地实现产品或作业的必要功能。价值是一个特定的概念，表示其产品或工程项目的功能水平与成本水平的比值。即

$$价值 = 功能 / 成本$$

价值分析是以功能分析为核心，使产品或作业达到适当价值，即用最少的投入实现社会经济效益，使产品或作业实现应有的必要功能。

企业管理必须按价值分析的原则进行，才能实现社会效益和企业效益的统一。这里的必要功能，不是高功能或全功能。要提高产品价值，就必须改善功能或降低成本。改善功能等于提高产品价值，降低成本同样等于提高产品价值。所以，产品和作业分析的关键在于产品功能分析，改变了传统的产品结构分析方式，十分有利于新产品开发。例如开发手表的新产品，如果按传统的产品结构分析进行，始终跳不出机械表的范围，最多改变形状、大小、厚薄等；而用价值分析原则进行开发，从产品的必要功能考虑，只要能显示时间，具有手表的必要功能即可，结果有了新的突破，出现了石英电子手表。

（2）可行性研究原则　可行性研究原则是指对某方案或某事能够实现、行得通和成功的可能性进行分析论证，以求获得管理的最佳效果。可行性研究是一种事前行为，是决策的事前行为。通过可行性研究，告诉决策者，在一定的限制条件下有关的目标能否实现，是否可行，以及何者为最优。决策是企业管理的重要职能，决策正确与否直接关系企业兴亡。而决策是否正确，在于预测和经营信息的可靠程度。这一切均以可行性研究为根本。可行性研究的内容应根据项目的各自特点决定，一般要解决决策者主要关心的几个问题：各种条件是否具备了成功的可能性？项目采用的技术是否先进和适用？项目是否经济合算？项目的效益是否达到最佳？

一般可行性研究的步骤包括：机会研究、初步可行性研究、最终可行性研究、论证和审批。机会研究阶段主要判断该项目有无深入研究的价值和必要；初步可行性研究阶段主要提出较为系统的设想方案；最终可行性研究阶段主要为决策项目提供技术、经济和商业上的充分依据，在做全面准确的分析计算和论证基础上提出完备的方案；论证主要指在可行性研究报告审批前交有关专家进行的论证；审批即可行性研究报告完成后，经专家论证通过，按隶属关系由管理部门审批。

海尔的 OEC 生产方式

OEC 生产方式——海尔成功的秘密武器，青岛海尔集团公司创立的科学管理体系，是全方位地对企业的每个员工、每天所做的每件事进行认真抑制和清理，做到日事日毕、日清日高。

OEC（Overall Every Control and Clear）生产方式的内容概括为：总账不漏项，即把企业内所有事物按事（软件）和物（硬件）分两类，建立总账，使企业正常运转过程中所有的事和物都能在控制网络内，确保体系的完整，不漏项；事事有人管，人人都管事，即把总账中的所有事与物通过层层细化落实到各级人员，并制定各级岗位职责及每件事的工作标准；管事凭效果，管人凭考核，即任何人必须依据控制台账的要求，开展本职范围内的工作。

OEC 生产方式由目标体系、日清控制体系、有效激励机制三个部分组成。

1. 目标体系

目标体系分三个层次。

① 决策层确定的（包括全企业）总目标。具体是制定下一年度目标，即在详尽掌握市场需求状况和本年度企业生产经营计划完成的基础上，于每年12月份进行下一年度目标的制定。总目标中人心所向产品开发、产量经济效益、生产率和管理工作等有关企业发展各个方面的内容。目标中有目标值、工作进度、完成期限和实施部门。

② 各执行层确定的目标。这一层次按企业总目标的要求，进一步制定每月的目标计划，形成 OEC 控制总账，成为分目标。

③ 作业层确定的目标。这一层将执行层分解到本单位的目标进一步具体化，形成每个岗位、每位员工、每天应达到的目标责任，以各自的工作控制台账形式出现。这样就把企业的总目标层层分解，细化到每个人每天的目标。目标体系的确立，使企业的每位员工都知道自己每天该干什么，达到什么要求，保证了企业目标的具体落实。

2. 日清控制体系

它是从纵向（生产作业现场控制）和横向（职能管理）两个角度，按问题的发生地点、发生时间、原因、问题多少、损失大小、解决措施和安全事项等因素进行控制。生产作业现场日清的主要对象是质量、工艺、设备、物料消耗、生产计划、文明生产和劳动纪律等。管理人员在现场进行巡逻检查，以两个小时为一个单元，把检查的结果记录在对应的日清表上。同时将各项结果综合评价后，填写在日清栏内，每个员工对照七个方面的标准及要求，将自检结果填写在"三 E"（每天、每人、每件事）日清工作记录卡上，交给班组考核确认。各职能管理部门按照月度目标和计划实施控制，每天将完成值分别与目标值、上期完成值加以比较，记录在日清控制表上。在实施中注意找出薄弱环节和存在的问题，列入重点控制项目，并认真分析原因，及时将问题信息以纠偏单的形式反馈给问题单位，并将结果记录在日清记录表上。对临时性工作填写工作活页，随时加以控制，纳入例行管理。日清使月度目标和工作项目处于受控状态，对出现的问题及时分析，提出整改意见，确定责任者，严格进行考核。

3. 激励机制

根据管理人员每天按日清实际完成值与目标值、上期完成值的比较结果，确定出 A、B、C 三级。A 为超过，B 为持平，C 为下降。当每月达到 95% 的比率时月考核定为 A，每月在60% 以上的比率时月考核定为 C，其余情况为 B。将 B 作为标准，对应一定的工资，获得 A级，其工资为 B 级工资乘以 0.5。对现场作业人员采取签发工作责任价值的考核奖惩制度，按日清七个工作项目的责任分别规定奖惩金额，比如发生了质量问题，它的处罚办法是干错一个相当于白干 100 个，干废一个按该产品材料成本的 10% 处罚。在每天进行日清考核中，对发现问题的人当场给红券，对发现问题的责任者发给黄券，记入"三 E"卡，到月终发放工资时，按红、黄券分别给予奖惩兑现。为了适应激励机制，企业还努力完善用人机制，使用人员公开招聘，竞争上岗，把企业内部人力资源充分地挖掘出来，人尽其才。实行"三工并存，动态转换"制度，将所有员工分为优秀员工、合格员工和试用员工三个等级，并依据考核标准，确定某人属于哪种"工"，不搞终身制，定期根据工作表现重新确定，故有升、有降，鼓励争当优秀员工。公司还为管理人员设置了海尔金、银、铜奖，为现场作业人员设置了海尔希望奖、合理化建议奖、信得过班组奖和自主管理奖等多种奖，激励员工努力工作。

OEC 生产方式充分体现了以人为本，面向市场，迎接挑战，以市场为导向的思想。是以强化管理，取得高质量、高标准、高效率、精细化、系统化和持之以恒业绩的经营方式。（引自：张仁侠《OEC 生产方式》企业管理学大辞典. 北京，经济科学出版社，2000 年版）

结合此案例并通过海尔网站或者有关资料谈谈 OEC 生产方式给海尔集团带来的影响。

本 章 小 结

本章主要论述管理的概念、管理的性质与职能、管理的重要意义、管理学的含义和内容体系等。

组织资源是有限的，使用有限的组织资源以获得最大的收益是组织资源配置的，而这离不开组织资源配置的活动——管理。管理是通过计划、组织、控制、激励和领导等环节来协调和利用组织的各种资源，以期更好地达到组织目标的过程。

管理的对象是组织所拥有的各种资源，包括：人力资源、财力资源、物力资源和信息资源等。

管理活动源远流长，人类进行有效的管理活动，已有数千年的历史，但从管理实践到形成一套比较完整的理论，则是一段漫长的历史发展过程。回顾管理学的形成与发展，了解管理先驱对管理理论和实践所作的贡献，以及管理活动的演变和历史，这对每个学习管理学的人来说都是必要的。

习 题

一、简答题

1. 什么叫管理学？

2. 管理学研究的内容可以分为哪些方面？

3. 管理者的素质要求有哪些？

4. 管理者的技能要求有哪些？

5. 中国传统管理思想的主要特点有哪些？

6. 泰勒的"科学管理"理论的主要内容有哪些？

7. 马斯洛的需求层次理论将人的需求从较低层次到较高层次概括为哪五类？

二、案例分析题

合并的烦恼

"合并了，终于合并了，太好了……"初夏的 A 大学校园里传播着这样一条火热、兴奋的消息，每一位师生的脸上都泛着光。"合并以后我们学校的实力增强了，大家找工作底气也足了。""说不定几年过去，我们也成为全国十大名校的毕业生了。"

在这种乐观的气氛中，新任的材料学院院长刘教授不能不被感染，以至于最初的一些疑虑也被抛到九霄云外了。"等了多少年了，终于可以有机会大展手脚，施展抱负了。"

想当年，刚从美国留学回来，拒绝了国内名校的高薪聘请，毅然回到不太知名的母校，希望能报答当年学校对自己的培育之恩，为母校的发展作出贡献；但是，由于资金不足，人才紧缺，制度不畅，许多良好的设想都没能实施，十几年来，成就甚微，有时候真后悔当年一时冲动的选择。现在呢，三校合并了，资金、人才不是问题，学校领导也提出了"部分学科创建世界一流，整体建成国内一流"的目标，素来就有优势的材料学院必然可以借机崛起，争创世界一流。想到这里，刘院长的脸上露出了少有的笑容——通过落地窗照进来的阳光投射在红木办公桌上，映出了炫目的光彩，他有些眩晕了……

3 个月过去了，再见到刘院长时，看到的却是一张疲惫的脸。"烦透了，整天都是些恼人的事情。"一打开话匣子，刘院长满肚子的苦水便一倾而出。

"本以为，合并以后学校师资力量大大加强，大家可以齐心协力，把教学和科研搞上去，哪知一些人总是搞内耗。"

这也难怪了，3 个月内发生的一系列事情确实让任何一个管理者头疼：上任伊始，刘院长便起草了一份材料学院的长期发展规划，其口号是"强化优势学科，抓大放小，有所侧重，5～10 年内将本学院建设成为国内一流的具有一定国际影响的材料学院"。具体内容：加大具有传统优势的无机非金属材料的研发投入力度，稳定金属材料研究的投入，以无机非金属材料为龙头实现材料学院的腾飞。但是意想不到的阻力产生了，原属 B、C 两校的材料学科教师表示强烈不满，他们认为金属材料应该同样得到重视，在金属材料学科研究上的投入应该加大，要求购买先进的实验仪器和设备；一个在金属材料方面比较有名的教授"跳槽"更是一颗重磅炸弹，一些教师甚至以罢课相威胁……

第二件事情是，根据初步设想，原属 B、C 两校的金属材料学科合二为一形成新的金属材料科学和加工系，但却遇到了麻烦，B 校认为该校的研究成果较多，教授人数多，实力更强，应该以 B 校原属的材料学科为主体组建新的金属材料科学和加工系；C 校认为本校的设备先进，而且学术成果质量高而丝毫不予让步。于是合并一事迟迟没有结果。两三个月过去了，双方闹得不可开交，特别是上星期，原 B 校由于做实验需要借用原 C 校的实验设备，却被原 C 校严词拒绝，这使双方结怨更深；刘院长花了许多工夫才说服双方保持克制，并承诺一定会采取双方都满意的办法，但到底该怎么办呢？刘院长却是一筹莫展……

第三件事情是，由于三个校区距离较远，教师们跨校区上课成了难题；时常收到学生关于教师上课迟到的投诉，而一些教师给其他校区同学上课时的不认真态度更是令同学们怨声载道。

另外，还有诸如关于教师工资福利的抱怨，研究生招生的投诉，各校区规章制度的不一致的麻烦等……

刘院长真有些筋疲力尽的感觉了，干了这么多年领导，他自己总认为能把事情处理得很好（确实，刘院长素来由于能够照顾各方利益，与教职工和同学保持较好的关系而受到广泛尊敬）。他认为"教师和学生都是识大体、明大局的，只要你与他们进行良好的沟通，给他们发言和自主决定的权利，他们就会表现得很好"，但事实并非如此。"难道非要采取强制手段吗？""学院有这么丰富的人力资源，钱也不是问题，可是为什么管理起来就这么难呢？"以往刘院长总是能够听取各方的意见，大家心平气和地商讨，不管出现什么事情总能得到妥善解决，可现在他有种力不从心的感觉……

他多么希望有人能给他建议，帮他出出主意，但得到的却是朋友和下属们的摇头叹息和安慰之辞；他唉声叹气，像往常一样点了一支烟，在烟草的迷雾中，他看到了书架上的一本书，那是一个朋友送的，书名是《管理学》；他当然知道管理的重要性，但同时认为管理学者们往往小题大做，只会卖弄理论，因此这本书在那里躺了两年，他一直没有翻过，现在便百无聊赖地打开书。马上，他专注地读了下去；渐渐地，脸上露出了希望的笑容……

1. 结合所学的管理知识分析以上案例，思考三校合并的动力是什么？进而思考管理的内涵。

2. 在以上案例中，刘院长对人性的理解是什么？你是否认同他的看法？并进一步讨论由于对人性的不同看法会给管理者的管理活动带来什么影响。

3. 刘院长以往的管理方法为何现在不奏效了？谈谈一个组织在不同时期为何要采取不同的管理方式。如果你是刘院长，你会怎样去管理材料学院。

三、实训题

1. 实训目的：使学生对管理学有个整体的感性认识。

2. 实训方式：实地调研企业的管理内容和管理方法。

3. 实地调研的内容

(1) 企业是如何开展业务管理的；

(2) 企业是如何开展经营活动的；

(3) 企业在开展业务管理中存在的问题有哪些？

4. 实训要求

(1) 要求每个学生写出调研报告；

(2) 要求每个学生提出企业开展业务管理的改进意见。

第四章　企业管理概述

某企业生产的供应链管理

某汽车企业生产的机器上有一种零件需要从供应链上的其他企业购进，年需求量为10000件。有A、B、C三个供应商可以提供该种零件，他们的价格不同，质量也有所不同。另外，这三个供应商的交货提前期、提前期的安全期和要求的采购批量也都不同。该企业对三个供应商按照价格水平排序，按价格和质量成本的绩效排名，最后，考虑价格、质量、交货时间和订货批量等因素，综合评价各供应商的供货运作绩效。并选择了在各方面都具备优势的C企业作为供应链的合作伙伴。

【案例分析】

如今企业之间的竞争已不再是一个企业对一个企业的竞争，而是已经发展成为一个企业的供应链同竞争对手的供应链之间的竞争。市场竞争将会超越企业与企业、产品与产品之间的竞争，取而代之的是供应链与供应链的竞争。供应链及其管理是当代经济发展中的热点问题，当企业服务呈现标准化趋势后，未来的竞争就是一个成本的竞争，谁能以最好的手段控制成本，减少采购环节、配送环节、库存管理的费用等，谁就能赢得客户。

第一节　什么是企业管理

一、企业管理的概念

1. 企业管理的含义

所谓企业管理，就是由企业经营者充分开发和利用各种资源（包括人力资源和信息资源），协调生产经营活动，从而达到提高企业的经济效益和社会效益的目的的一系列综合活动。

企业管理的主体应该是企业的领导者和全体职工。

企业管理的客观对象是企业整个生产经营活动。

企业管理的目的是充分利用各种资源以最佳的资源配置保证整个生产经营活动统一协调，以达到提高企业的经济效益和社会效益的根本目的。

2. 管理与经营区别

从一般意义上讲，经营与管理既有一致性，又有所区别。从生产的过程来讲，管理是劳动社会化的产物，而经营则是商品经济的产物；从它们应用的范围来看，管理适用于一切组织，而经营只适用于企业；从它们要达到的目的来看，管理旨在提高作业效率，而经营则以提高经济效益为目标。

当商品经济高度发展，市场由卖方市场转变为买方市场后，企业管理也就由以生产为中心转变为以交换和流通过程为中心，经营的功能日益重要，也日益为人们所重视，企业管理的职能自然要延伸到研究市场需要、开发适销产品、制定市场经营战略等方面，从而使企业管理从我国计划经济时代的以生产管理为核心合乎逻辑地、历史地转变到目前社会主义市场经济时代的企业经营管理。

二、企业管理的要素

国外一些学者非常简洁地将企业管理的基本要素概括为"7M"。

(1) 人事（Men）　人事要素包括职工的招聘、培训、考核、奖惩、升降、任免。

(2) 金钱（Money）　金钱要素包括筹资、预算控制、成本分析、财务分析、资本营运等。

(3) 方法（Method）　方法要素包括战略经营、计划、决策、质量管理、作业研究、工作设计。

(4) 机器（Machine）　机器要素包括工厂布局、工作环境、工艺装备、设施等。

(5) 物料（Material）　物料要素包括材料的采购、运输、储存、验收等。

(6) 市场（Market）　市场要素包括市场需求预测、生产决策以及价格和销售策略制定等。

(7) 工作精神（Morale）　工作精神要素包括提高工作效率，把职工的热情、兴趣、志向引导到生产或工作上，发挥人的积极性、创造性。

三、企业管理的职能

企业管理的职能是指企业必须具备的基本功能，一般包括以下六种。

(1) 战略职能　包括分析经营环境、制定战略目标、选择战略重点、制定战略方针和对策、制定战略实施规划。

(2) 决策职能　包括环境预测、决策方案制订及择优、方案实施。

(3) 开发、创新职能　包括人才资源的开发、技术开发与创新、产品开发与创新、市场开拓战略制定、制度创新。

(4) 财务、会计职能　包括资金筹措、资金运用、资金增值价值分配、经营分析、投资决策、资本营运及其他会计活动。

(5) 公共关系职能　企业的公共关系职能是指以企业为中心有意识地进行积极的协调和必要的妥协，使各种利益集团根据各自立场对企业的生存和发展予以协作或承认。这些需要协调的关系包括：企业与投资者的关系、企业与往来厂商的关系、企业与竞争者的关系、企业与顾客的关系、企业与职工的关系、企业与地区社会居民的关系、企业与公共团体的关系、企业与政府机关的关系。

(6) 生产、经营职能　包括市场营销、生产实施、质量保证。

四、企业管理的方法

现代企业管理的方法很多，但归纳起来主要有以下几种。

(1) 行政方法　它是按照行政系统隶属关系，通过行政手段来执行管理职能的一种方法，它主要通过各种行政的决议、决定、规章、制度、纪律、标准、定额等方式体现。

(2) 经济方法　主要有工资、奖金、罚款等经济手段以及经济合同、经济责任制等经济方式。

(3) 法律方法　主要表现在企业规章制度等方面，它可以保护生产经营管理中的各种重要的经济关系，从而有利于生产经营管理活动的正常开展。

（4）教育方法 人是企业生产经营活动的主体，企业管理的一个重要任务，是充分发挥广大职工的聪明才智。为此，必须重视对职工的教育。通过教育、疏导、激励等方法，可以从根本上提高劳动者的积极性。

（5）现代科学方法 在企业管理中将系统论、信息论、控制论以及运筹学等各种现代科学方法应用于企业管理。

以上方法都有各自的局限性和适用范围，在实践中应将各种方法结合起来运用。

五、企业管理的基础工作

1. 标准化工作

所谓标准，是指人们为了更好地满足各方面的共同要求和取得良好的社会效益，在先进的科学、技术、管理和实践经验的基础上，对具有多次重复性的事和物，在一定范围内所制定的并经过一定程序批准以特定形式颁发、实施的统一规定。所谓标准化，是指人们制定标准并有效地实施标准的一种有组织的活动过程。标准化是一个发展着的运动过程，这是一个不断循环和螺旋式上升的运动过程。每经过一个循环，标准的水平就要提高一步。

标准化工作包括技术标准、管理标准、工作标准等，它是一个完整的标准化管理体系。

（1）技术标准 包括产品标准、基础标准、方法标准、安全卫生与环境保护标准等。

（2）管理标准 包括管理业务标准、质量管理标准、程序标准等。

（3）工作标准 包括专用工作标准、通用工作标准、干部工作标准、工作程序等。

2. 定额工作

企业的定额工作，主要包括各类技术经济定额的制定、执行和管理等工作。定额就是指在一定的生产技术条件下，对于人力、财力、物力的消耗、利用和占用所规定的标准数量。定额主要有以下几种。

（1）劳动定额 如产量定额、工时定额、看管定额、服务定额等。

（2）物资定额 如物资消耗定额、物资储备定额、商品储备定额等。

（3）设备定额 如单位产品的台时定额、设备单位时间的产量定额、设备利用率、设备完好率等。

（4）期量标准 如节拍、批量、生产间隔期、投入或出产提前期、生产周期、在制品定额、设备修理周期等。

（5）流动资金定额 如各项储备资金定额、生产资金定额、成品资金定额等。

（6）管理费用定额 如公司经费定额、工会经费定额、职工教育经费定额、董事会费定额、审计费定额等。

3. 计量工作

所谓计量，是指一个暂时未知的量同一个法定的量进行比较的过程。企业计量工作的好坏直接关系到产品质量、安全生产，环境保护和经济效益，因此，企业必须加强计量管理工作。计量工作包括计量技术工作和计量的管理工作。

（1）计量的技术工作 包括测试、检验、理化性能的测定和分析。

（2）计量管理工作 包括建立计量管理制度；建立标准器、计量器具的日常管理、检定和修理；搞好量值传递，计量监督，计量技术教育和法制教育工作。

4. 信息工作

就是指企业生产经营活动所需资料数据的收集、处理，传递、储存等管理工作。它包括以下几项工作。

（1）原始记录 是指企业生产经营活动中原始的直接记录，包括原始凭证、单据、原始报表、台账、备查簿等。

（2）统计分析　指在原始记录的基础上，对人力、物力、财力的消耗及取得的成果，进行综合分析与评价。

（3）技术经济情报　指企业外部与企业有关的技术经济信息，包括国内外市场需求，同行业生产经济动态，社会提供的资源状况，科学技术的发展趋势等。

（4）技术经济档案工作　指将企业在生产技术经济活动中所积累的各种技术资料系统化、档案化，并设置专门机构进行整理、登记分类、制卡、编目、保管等工作。

5. 以责任制为核心的规章制度

它是指用文字的形式，对各项管理工作和劳动操作的要求所做的规定，是全体职工的行为规范和总则。我国企业需要建立的规章制度，主要有以下四类。

（1）基本制度　它是根本性质的制度。其中最重要的是企业的领导制度，如厂长（经理）负责制、职工代表大会制、董事会制等。

（2）工作制度　它是有关计划、生产、技术、劳动、物资、销售、人事、财务管理等方面的工作制度。它规定各项管理工作的内容、程序和方法等。如计划管理制度、经济核算制度、物资管理制度等。

（3）奖惩制度　它是规章制度的重要内容，对于贯彻经济责任制起着重要的作用。

（4）责任制度　它是规定企业内部各级组织、各类人员工作职责的制度。它包括各级领导人员责任制、职能机构和职能人员责任制、工人岗位责任制三类。

6. 基础教育

它主要指企业对全体人员进行基础性的思想教育和技术业务培训。

（1）思想教育　包括教育职工认识做好基础工作的重要性，向他们传授做好基础工作的方法，让他们了解各项记录、各项定额之间的关系，向他们提出做好基础工作的要求等。

（2）技术业务培训　是按照企业各个岗位的"应知"、"应会"的要求，对职工进行基础知识教育和基本技能的训练。

企业管理的基础工作，要适应现代化的要求，要运用现代科学技术，努力提高水平，不断丰富基础工作的内容。

案例

常柴集团的市场创新战略

常州柴油机集团通过农机市场的调查分析，围绕产品市场、经营机制、总发展等问题，不断开拓创新，努力实施名牌战略、经营开发战略、大集团战略，发展规模经济，取得了较好的效益。1996年常柴集团销售收入超过20亿元，实现利润2.2亿元，出口创汇2180万美元，分别比上年增长97%、378.6%和45%。

如何从计划体制下的金牌走向市场体制下的名牌，抢占市场制高点，使企业在市场竞争中立于不败之地，常柴集团把这个问题提到了紧迫的日程，在行业中常柴集团率先提出了实施名牌战略的目标。在总结17年推行全面质量管理经验的基础上，学习贯彻ISO 9000国际标准，通过有关部门认证，促进管理与国际接轨；在产品方面，通过新产品开发，增加品种，提高工艺装备检测水平，形成品质一流的常柴特色；他们拓展营销渠道，在全国设立160多个服务网点，58个特约经销处，建立布局合理的经营网络；加强企业形象宣传，建立市场快速反应机制等。这些措施使该集团质量优势进一步发挥，知名度明显提高。常柴商标继第二次获得江苏省著名商标后，经国家工商总局认定，成为全国生产资料商品中第一块中国驰名商标。名牌效应使常柴产品市场占有率不断提高。

常柴通过存量资产的优化组合，扩大经营规模，在国内拓展三大市场，实现增强集团群体优势的目标。

1. 进军西北市场。1994 年 11 月，常柴集团与西北轴承厂合资在宁夏银川组建了由常柴集团控股的常银公司，由常柴委派管理人员，提供成套散件，采用常柴的管理技术，在银川组装柴油机，合格产品使用常柴商标，当年实现扭亏增盈。1995 年生产柴油机 10 万台，实现利润 1088 万元，成为宁夏地区名列前茅的盈利大户。

2. 占领东北市场。1995 年 8 月中旬在吉林榆树市，黑龙江齐齐哈尔市甘南县又组建了两家控股公司，通过对破产、停产的两家柴油机厂存量资产的盘活，壮大实力，提高了在东北市场的占有率。

3. 开拓西南市场。根据江苏省对口支援三峡库区实施开发性移民的要求，常柴集团与三峡柴油机厂签订协议，抓住当地迁厂契机合资建厂得到了中央有关领导的充分肯定。

常柴集团通过拓展三大市场，把集团自身的发展与西北、东北等地区的经济发展结合起来。在全国形成布局合理的经营网络体系，同时积极沟通内外信息渠道，拓宽经营空间，使经济效益逐步提高。从而增强了集团优势。

常柴集团认为，要推动生产要素的合理流动，形成规模优势，确保企业集团正常有效运行，必须编制切合实际的发展规划。他们重视搜索市场信息，研究行业发展动态，探索企业发展方向和模式。通过规划编制，明确企业的总体发展思路和目标，认真组织规划实施，层层分解计划指标，强化内部管理。搞好资源利用和产品开发，促进企业持续、稳定、健康发展。

问题：常柴集团的市场创新战略给了我们哪些启示？

第二节　企业管理现代化

一、我国企业管理现代化的内涵

我国企业管理现代化，是指根据社会主义市场经济规律的要求，适应社会化大生产的需要，把自然科学和社会科学的最新成果综合运用于企业管理，实现管理思想、管理组织、管理方法、管理手段和管理人员现代化，创造最佳经济效益的过程。

现代化管理是提高经济效益的根本性因素，也是我国国民经济走向新的成长阶段的主要支柱。我国企业管理现代化是一个正在进行而未完成的过程，其内容和要求随着科学技术和生产力的发展而不断发展。

二、我国企业管理现代化的内容

企业管理现代化的内容包括管理思想、管理组织、管理手段、管理方法和管理人员现代化五个方面。其中，管理思想现代化是灵魂；管理组织现代化是保证；管理人员现代化是关键。

1. 企业管理思想现代化

管理思想现代化是建立现代化管理的指导思想，它必须以现代化的管理理论为基础。

（1）服务观念　服务是企业的根本宗旨。在市场经济条件下，为市场需求服务是企业生产经营的出发点，也是企业存在的价值和依据。

（2）市场观念　市场是连接生产和消费的纽带。树立市场观念，就是要采用各种现代化的管理方法了解市场需求和用户需求，及时开发新产品，开拓新市场，掌握经营的主动权。

（3）竞争观念　竞争是社会主义市场经济的客观要求，是企业发展的外在压力，通过竞争实现优胜劣汰，能够调动和发挥每个商品生产者和经营者的积极性和创造性，企业要勇于竞争，善于竞争。

（4）战略观念 战略观念在现代管理观念中居统帅地位。树立战略观念，就是要求组织具有长远的战略思想、战略方针和战略目标，从全局和整体出发，而不被眼前的得失和具体目标所左右，把企业内部条件和外部环境综合考察，确定企业的经营目标和发展方向，只有这样，才能保证一个组织不断发展，永远立于不败之地。

（5）开拓与创新观念 企业要敢于开拓新产品、新市场，善于创新经营管理方式，这是企业组织取得成功的基本要领。开拓与创新观念的核心，是善于开发和利用组织中的各种资源，它包括资金的开发、物质资源的开发、人力资源的开发、空间资源开发、时间资源的开发、技术资源的开发、信息资源的开发、管理资源的开发等。

（6）信息观念 树立信息观念，就是一要承认信息是宝贵的资源，是现代组织的基本管理要素之一；二是承认信息是无形财富，搞好信息资源的开发与利用，会带来巨大的经济效益；三是视信息为决策的基础，是提高组织竞争能力的有力手段。

（7）人才观念 在企业诸生产要素中，人的因素是第一位的，企业的竞争归根到底是人才的竞争，要尊重知识，尊重人才。科学的人才观念，要做到有爱才之心，有识才之明，讲究用人之道，育才有方。

（8）资金观念 树立资金观念，要求管理人员一要节约使用资金，广辟财源，培养现代金融意识，通过各种渠道筹集资金；二要合理使用和管理资金，提高资金使用效果，加速资金周转；三要重视资金的时间价值，提高资金的盈利能力，树立现代理财观念，使有限的资金发挥更大的效益。

（9）法制观念 市场经济是法制经济，企业与企业、企业与国家、企业与个人的经济往来关系都涉及各种经济法规，这要求企业管理人员学法、懂法，充分认识到增强法制观念是企业成功的一个重要条件。

2. 管理组织现代化

管理组织现代化，是生产社会化和现代化的必然要求，它是指从提高企业生产经营效率出发，按照职责分明、指挥灵活统一、信息畅通准确和精简高效的组织原则，合理设置企业组织结构，使有限的管理人员发挥最理想的群体效能。企业管理组织现代化主要包括以下几个方面的内容。

① 合理设置管理机构，实行科学分工与协作，提高管理劳动的效率。

② 科学地设计管理层次和管理幅度，减少管理层次，有利于信息沟通和协调配合，提高管理效率。

③ 正确划分管理权限，有利于上下级管理层次的协调统一，调动管理人员的主动性和积极性，实现管理组织的高效化。

④ 合理配置管理人员的岗位，提高工作效率。

3. 管理方法科学化

管理方法科学化包括管理方法规律化、准确化、最优化等内容。建立和健全以经济责任制为中心的各项规章制度，使工作有章可循、有法可依，有完整的各项数据，准确可靠；同时，借助于数学方法，运用运筹学原理，实行最优化管理。

现代数学在管理方法上的应用是管理方法现代化的标志。现代管理方法的特点是把自然科学和社会科学的一系列新成果运用到管理实践中去，使管理工作从传统的定性描述转移到现代管理的定量计算上来，使定性分析和定量计算结合起来，这就使企业有效地利用人力、物力、财力，达到既定目标。

4. 管理手段现代化

管理手段现代化，就是用当代先进的物质技术设备，运用最新技术进行企业管理。管理手段现代化一般有两项内容：一是信息传递手段现代化；二是信息处理手段现代化。

5. 管理人员现代化

现代化生产是以现代科学技术为基础的，要驾驭现代化企业的生产经营活动，必须拥有一定数量的技术人员和管理人员。管理人员现代化一般包括五个方面：人才观念现代化、人才知识结构现代化、人才结构现代化、人才管理现代化和人才培养现代化。

案例

鄂尔多斯的"四统一分"财务控制

一、四大职能中心的重中之重——财务中心

鄂尔多斯集团公司具有四大职能中心：投资中心、管理中心、财务中心、技术中心。这四大职能中最基础和最根本的是财务控制。

集团在1997年组建了财务公司。它的主要职能是可概括为："四统一分，二级管理，两个重点，六项工作"。

1. 四统一分

"四统"是指机构、人员、制度、资金统一。

机构统一：集团下属企业财务部门的设立全部由集团财务公司统一决定，大企业设部，中企业设科，小企业设股。

人员统一：全集团所有的财务人员由集团财务公司派驻和管理，实行垂直领导，人员的工资、奖金、升迁、职称评定，全部实行垂直管理。

制度统一：财务方面的制度由财务公司统一执行。过去各成员企业报销制度各行其是，你一个标准，我一个标准，非常混乱。现在就是一个制度，各成员企业必须严格统一执行。

资金统一：全集团所有的资金由财务公司一个账户统一进行管理。所有下属企业在外的开户一律取消，成立内部银行，从源头上管理资金的流向。过去有些企业乱借钱，乱担保，给集团造成了很大的损失。

"一分"就是分别核算。各成员企业仍旧是独立核算，自负盈亏。

"四统一分"把过去管不住、管不到位的地方从源头上管住了，只要动用资金，就先报预算，由集团审批，不合理的就给卡住了。

2. "二级管理"

集团一级核算，各企业一级管理。集团把下属的各投资主体管住，各企业再对自己的车间、总务、工会、分厂等部门进行二级管理。

3. "两个重点"

集团的财务管理以资金和成本为重点。采取"抓大放小"的方式抓资金的源头；控制成本，以倒算成本、模拟市场来进行成本指标的分解。

4. "六项工作"

比价采购：原辅材料的采购，采取货比三家的方式进行。

工程招标：集团所有的建筑、安装、设备维修全部实行招标制，提高透明度。集团下属的建筑安装公司像其他非集团公司企业一样参与竞标。

预算控制：集团所有单位和部门的支出都要实行预算申报，由集团统一进行资金预算管理。

成本否决：集团把成本指标给下属企业分解以后，如果完不成，对这个企业领导则要进行否决。

费用包干：除有成本的单位外，党政工作处、事业发展处、企业管理处、劳资处、财务处、财务公司等行政部门都实行成本费用包干，就是给核定一定费用，超支不补，节约部分给予奖励。

盈亏考核：指标的考核，与部门的经营责任、业绩、职务的升迁都有相互呼应的关系。

二、财务运营只用"一个漏斗"

财务公司实施账户统一管理后，银行的利息费用就降低了 2800 多万元。因为变散存为统存，仅利息一项 1999 年就至少节约 836 万元。

账户统一管理的好处是：第一，统一管理后，由过去的零存变成现在的统存在集团一个账户上，可以积聚大量的资金，内部从而可以运筹资金，形成内部贷款；第二，启动大量资金还贷款，负责财务的副总经理随时控制资金的流向，如果发现有一笔贷款，要到期了，就拿出一笔资金先还掉。过去这个企业的钱不可能还那个企业的钱，内部互相是一种堡垒形式，现在打通了，是一个企业的概念。在财务的运营上他们称之为"一个漏斗进出"。财务管理从被动转为主动。

集团的子公司想用资金，首先必须保证它的回款，并预先提出申请。比如说某个企业预计年销售额 2000 万元，那就给它的账户上记下 2000 万元。企业要买原料，需要预付款，必须把原料的购进单、用户单、支借单和用款申请报告提供给财务公司。如果三证齐全，自己的账户上有资金，就可以批准动用；如果账上没有钱，那要首先向财务公司贷款，财务公司贷款后，计收利息。子公司在财务公司存款也要收取利息。这样各家的核算清晰方便，财务公司统一监控。

子公司给职工发放福利费，要先打报告。如果集团规定每个职工福利费一年是 100 元，子公司想发 200 元，财务公司就不给发放。这要在过去就管不了，集团公司一个制度出台以后，全能管住。所以财务管理就由过去的事后管理变成了现在的事前分析、事中管理、事后控制。这样，就把过去的被动管理变成了主动管理。

三、营销环节的财务控制

鄂尔多斯集团的内销市场由集团在北京注册的全资子公司——北京东胜鄂尔多斯工贸中心负责，集团和它在管理上是垂直领导。在财务关系上也实行"四统一分"，然后通过它，再贯彻到它的分公司去。它的分公司资金都要集中到工贸中心的账户上，然后工贸中心再全部打回集团财务公司的统一账户上来。同时附有一个分配表，就是它这个资金里面其中应该给某一个企业多少，给另一个企业多少，财务公司再给它分开账户进行管理。如果有一个企业资金闲置不用，集团就可以拿来还集团其他企业的到期贷款，这就把资金的利用率有机地结合了起来。

工贸中心在全国各地有 39 家分公司，分公司的业务主要是批发和零售两块。批发主要针对全国各大商场，由专人管理。零售就是管理专卖店，工贸中心在全国有 200 多个专卖店。1999 年集团对工贸中心进行全面整顿后，工贸中心下面的分公司变成了营销、配货、财务三位一体。

财务方面，由集团财务公司对工贸中心、工贸中心对分公司实行直统。就像中央银行层层往下直统管理，财务人员的任命、工资和奖金发放，由工贸中心直接进行。分公司经理不能想雇谁就雇谁，而是由工贸中心的财务部直接给配置，配谁就是谁。账上销售款不准分公司动用，工贸中心财务部指令分公司的财务人员汇款就得全汇来。如果不汇来，就处理财务人员。

（摘自：黄雁芳，宋克勤主编，《管理学教程案例集》）

思考题：

1. 鄂尔多斯集团实行统一财务控制的理由是什么？
2. 鄂尔多斯集团是如何实行财务控制的？

3. 鄂尔多斯集团实行统一财务控制的重点是什么？

4. 鄂尔多斯集团实行统一财务管理可能会存在什么弊端？

第三节 企业文化与企业形象

一、企业文化的含义

企业文化可从广义和狭义两个角度来理解。

广义地讲，企业文化是指企业在长期的发展过程中，由职工创造并逐步形成的，能够推动本企业发展壮大的，本企业所特有的精神和物质财富的总和。其中有主体是物质的东西，如企业的环境、设备、厂房、产品、商标、包装等；也有主体是精神财富的内容，如企业意识、观念、经营道德、规范、制度等。

狭义地讲，企业文化是指企业全体职工在长期的生产经营活动中，培育形成并共同遵循的最高目标、价值标准、基本信念及行为规范。

企业文化是一种管理文化、经济文化和微观组织文化。作为管理文化，它形成了以人为中心的崭新管理思想，以依靠全体职工的主人翁意识办好企业作为企业管理的宗旨；作为经济文化，它包括了企业经营的最高目标、经营思想、经营哲学、经营发展战略及有关制度等，力求用较少的消耗取得较大的效益；作为微观组织文化，它使组织有一个共同的群体意识及行为准则，以造成和谐的人际关系，每人都有明确的责权利，形成团结、互助、融洽的组织氛围。

企业文化是以人为中心的管理思想，它强调调动人的主观能动性，发挥理想、信念、哲学、道德、作风等群体意识的凝聚作用、激励作用和规范作用，注意从根本上改善企业的素质，增强企业的活力，提高企业的竞争能力。

二、企业文化的构成

从系统科学的角度看，企业文化可以分为四个层次。

1. 表层的物质文化。

它包括：厂容厂貌，自然环境，建筑风格，车间、店堂及办公室的布置设计，生活区美化及污染治理等；产品的外观包装，产品、服务的特色式样、品质、品牌等；技术设备特性等。

2. 浅层的行为文化

包括企业的行为和员工的自身行为。如企业的办事效率、技术水平、服务质量、售后服务，员工的品行、仪表、纪律、礼节等。

3. 中层的制度文化

包括工作制度、责任制度及企业一些特殊的制度。

4. 深层的精神文化

包括企业经营哲学、企业精神、企业目标、企业道德及企业形象。以上四个层次紧密相连，逐步深化，其中精神文化是企业文化的核心与灵魂。

三、我国企业文化建设的内容

北京市企业文化建设协会，把我国企业文化建设的主要内容概括为：讲求经营之道、培育企业精神和塑造企业形象三个方面。这个概括既符合我国企业文化建设的实际，又便于理解和操作。

1. 讲求经营之道

讲求经营之道，指企业要确立符合社会主义市场经济规律和本企业特点的经营思想、经营目标和发展战略。依靠全体职工的积极性、智慧和创造力，为社会提供优质产品和服务，是社会主义企业的根本宗旨。企业经营要做到义利并举，不能重利轻义，更不能见利忘义。讲求经营之道是企业文化建设的基础。

 案例

北京蓝岛大厦的企业文化

北京蓝岛大厦在开业前就明确了大厦的经营目标，即"立足朝阳、面向首都、辐射全国、走向国际"；确定了经营方针为"在品类齐全的基础上，以中高档商品为主，突出名、优、特、新、精商品"；经营战略是"商品以质取胜，经营以特取胜，服务以情取胜，购物以便取胜，环境以雅取胜，功能以全取胜"；经营宗旨是"情系义利，顾客至上"。让商业与文化"联姻"，走"文化兴商"之路，是蓝岛的经营之道。

2．培育企业精神

培育企业精神，是指企业在生产经营管理中注重职业理想，职业道德、敬业精神的培养教育，形成具有鲜明企业个性特征的企业群体意识和精神风貌，增强企业对全体人员的凝聚力。现代企业精神是在社会化大生产和市场经济条件下，企业在自主经营、自负盈亏的生产经营中，继承传统企业精神的合理因素，并汲取民族精神、时代精神的精华而形成的价值观念、道德规范和行为准则等群体意识的总和。

我国现代企业精神的内容，包括以下十个方面。

（1）爱国主义精神　包括社会责任感、民族自尊心与自豪感。

（2）集体主义精神　包括爱厂、团结、互助、协作、同心同德等。

（3）主人翁精神　指职工当家做主，参与决策与管理。

（4）奉献精神　包括忘我献身、大公无私、比贡献、不为名利等思想。

（5）科学精神　包括求实、实干、认真负责等。

（6）创业精神　包括艰苦奋斗、自力更生、勤俭朴素等。

（7）竞争精神　包括拼搏、力争上游、务求取胜等。

（8）服务精神　包括认真负责、尽心尽意为顾客服务。

（9）创新精神　包括开拓、开发、敢为天下先，以新奇取胜。

（10）敬业精神　包括精益求精，干好本职工作等。

3．塑造企业形象

企业形象是指社会公众和企业职工对企业的整体印象与评价，是企业通过多种方式在社会上塑造起来的形态和面貌、企业内外的人际关系和生产劳动的物质环境等。企业形象是企业文化的综合表现，它的本质是企业信誉。塑造企业形象就是把企业文化建设的内在成果，转化为企业在社会上的信誉，它是企业文化建设的重要组成部分。

在企业文化建设的三个内容中，企业经营之道是核心，企业精神是基础，企业形象是其综合表现。

四、企业形象的表现形式

企业形象分为外部形象和内部形象。外部形象包括：公众对企业产品与服务的形象；物质形象；经营人员和职工形象；厂名、品牌、商标、广告和公共关系形象；市场和社会形象等。内部形象包括：企业的经营思想、组织机构、管理水平、办事效率、职工的精神状态等。

企业形象的表现形式可分为如下四种。

1．产品形象

产品形象的决定因素包括以下两个。

（1）客观质量　即产品满足用户物质需要的属性。

（2）主管质量　即产品满足用户心理需要的属性。

2. 服务形象

是企业为公众提供服务的质量，它是公众衡量和评价企业的主要依据之一。这里主要是指服务是否热情大方？是否周到？

3. 员工形象

它由员工的内在素质及其举止、谈吐、服饰等内容构成。它分为以下两部分。

（1）企业家形象（占主导地位）　企业家的思维方式、道德修养、行为举止、服饰谈吐，都成为公众评价企业的依据。

（2）职工形象　表现为职工的文化素质状况、主人翁精神、工作热情、行为举止、自觉维护企业形象的行为等。

4. 物质环境形象

它包括建筑物本身的造型、结构、装潢、色彩、建筑群的配套结构与布局，企业内外的环境布置与绿化等。

五、企业形象设计

企业形象设计又称企业识别。作为一个系统，叫做企业识别系统（Corporate Identity System，CIS）。该系统包含三个组成部分，即企业理念识别 MI（Mind Identity）、企业行为识别 BI（Behaviour Identity）和企业视觉识别 VI（Visual Identity）。其基本内容是：将企业自我认同的经营理念与精神文化，运用一定的信息传递系统，传达给企业外界的组织或公众，使其产生与企业一致的认同感和价值观，从而在企业内外展现出本企业区别于其他企业的鲜明个性。其目的是希望建立良好的企业形象，博取消费者的好感，使企业的产品或服务更易于为消费者认同和接受。

1. 企业理念识别

企业理念是塑造企业形象、构筑独特企业文化的灵魂和核心，它包括企业使命、经营观念、行动准则、活动领域四个部分。企业使命是指企业要依据何种社会使命而进行活动。经营观念实质上是企业的价值观和思想水平，内容包括企业精神、职业道德、质量意识、企业凝聚力等。行动准则是指在经营观念的指导下，对员工言行所提出的具体要求，如服务公约、劳动纪律、工作守则、行为规范、操作要求等。活动领域是指企业在何种技术范围或何种商品领域中开展活动。活动领域为企业理念提供了具体表现场所，在企业活动领域里，处处打上企业使命、经营观念和行动准则的"烙印"，这样才能真正起到理念识别的作用。

2. 企业行为识别

它是指以特定企业理念为基础的企业独特的行为准则，是 CIS 的动态识别形式，包括对内和对外两个部分。对内就是建立完善的组织管理、教育培训、福利分配、行为准则、工作环境等规范，使员工对企业理念达成共识，以增强企业内部的凝聚力和创造力；对外就是通过市场调查、新产品开发、促销、广告、公共关系、社会公益文化活动等，向公众传达企业理念，从而取得公众和消费者的认同，树立良好的企业形象。

3. 企业视觉识别

它是通过组织化、系统化视觉符号来传达企业的经营特征，是企业形象的直观表现。它分为基本系统和应用系统两类，基本系统包括不可随意更改的企业名称、企业品牌标志及标准字体、企业专用印刷品形式、企业标准色、企业造型、图案、企业宣传标语、口号等；应用系统包括事务用品、办公器具、标志牌、衣着制服、交通工具、产品包装、名片、票券及卫生用品等。

在 CIS 的组成部分中，企业理念识别（MI）是整个 CIS 的基石，制约着行为识别（BI）

和视觉识别（VI）。如果把 CIS 比喻成一棵树的话，那么 MI 是树根，而 BI 是树干和树枝，VI 则是树叶。三者相互作用、相互促进，共同构成协调统一的有机整体。

案例

古井——导入 CIS 战略

古井集团认识到企业的竞争力＝企业实力＋销售力＋形象力。全面导入和使用 CIS 这一利器，塑造企业形象，积累无形资产，刷新企业面貌，创造整体效益，是古井下一步腾飞的必然选择。在导入 CIS 活动中，他们提炼和明确了这种理念和一系列规范，并创造了崭新的视觉形象统一体系。

以古井标志为例。在冉冉升起的朝阳背景上，"井"字拔地而起，象征着实力雄厚的古井集团朝气蓬勃、蒸蒸日上。"井"字具有中国传统书法的笔力及特有的表现力，用现代构成的造型原理设计。一个既有传统美感，又有现代意识之古井标志，红、黑两色与线条的动感具有强烈的视觉冲击效果，同时也体现出古井集团独树一帜，敢为人先的企业精神与以"古井贡"为龙头的全方位发展的战略方针。以 CIS 基础设计为起点，古井集团广泛开展 CIS 宣传与传播。《古井报》、电视专栏《古井风》及企业内各种媒体对 CIS 知识进行了广泛宣传，"古井 CIS 宣言"号召全体古井人积极参与古井企业形象塑造，以崭新的形象迎来古井的新时代。

问题：企业导入 CIS 战略对提高企业的产品形象有哪些好处？

六、塑造与改善企业形象的途径

塑造企业形象要做许多扎实的工作，包括高质量的产品和优质的服务，现代化的管理，遵纪守法的行为规范，优美的劳动环境，和谐的工作氛围，热心于社会公益事业等。具体来说，有如下十种途径。

① 树立良好的企业信誉

a. 产品质量有保证，不弄虚作假，不坑蒙拐骗，不短斤少两，童叟无欺。

b. 广告真实，一诺千金，要兑现诺言。

c. 信守合同。

② 提供优质的服务。服务热情、细致、周到。

③ 遵守国家的法律法规。遵守企业法、劳动法、合同法、税法、产品质量法、环境保护法、反不正当竞争法等。

④ 提高企业管理水平，推行现代化管理。

⑤ 培育良好的企业精神。

⑥ 加强公共关系，处理好相关单位、相关公众之间的关系。坚持平等互利，相互交流、相互学习。

⑦ 企业创造优美的劳动工作环境。环境绿化、整洁，空气湿润、清新等。

⑧ 热心社会公益事业。支持大众文体健身活动、支持残疾人事业，举办慈善活动。

⑨ 吸收和借鉴国外先进的 CIS 战略的理论和方法。运用企业识别系统 CIS 进行形象设计，通过企业理念识别、企业行为识别、企业视觉识别等系统对企业进行"包装设计"。

⑩ 将美育导入企业形象的塑造。

案例

蓝岛大厦非常重视塑造"蓝岛形象"

"蓝岛"店名起得别具匠心，"蓝岛"的店旗、购物袋、信封、信笺、清单、名片、车辆、员工制服、茶杯、烟缸、果盘等，都是一个色彩、一个标志、一个格式，形成蓝岛特色的视觉识别系统。当顾客步入蓝岛，首先感受到的是生活情趣、文化修养、休闲娱乐为一体的享受空间。售货员着装整洁淡雅，话语言谈充满着人情味。总服务台备有"春夏秋冬都是爱，留下真情在心间"的温馨卡和情义签，备有雨披供遇雨顾客"借用"。在大厦的经营活动中，一点一滴献真情，动人的情义服务随处可见。蓝岛还开展了丰富多彩的公关活动，和"蓝岛之友"联谊会，"迎奥运集体婚礼"，看望孤残儿童活动，"蓝岛之邻"联谊会等。蓝岛还利用每一个节日来临之际开展节庆活动。这些活动使蓝岛大厦同社会公众的关系更加密切，使蓝岛形象更加鲜明、独特，更富魅力。从而大大增加了蓝岛的知名度，提高了蓝岛大厦的社会效益和经济效益。

本章小结

企业管理，就是由企业经营者充分开发和利用各种资源（包括人力资源和信息资源），协调生产经营活动，从而达到提高企业的经济效益和社会效益的目的的一系列综合活动。企业管理的主体应该是企业的领导者和全体职工。企业管理的客观对象是企业整个生产经营活动。企业管理的目的是充分利用各种资源以最佳的资源配置保证整个生产经营活动统一协调，以达到提高企业的经济效益和社会效益的根本目的。

经营与管理既有一致性，又有所区别。从生产的过程来讲，管理是劳动社会化的产物，而经营则是商品经济的产物；从它们应用的范围来看，管理适用于一切组织，而经营只适用于企业；从它们要达到的目的来看，管理旨在提高作业效率，而经营则以提高经济效益为目标。

习 题

一、简答题

1. 什么叫企业管理？
2. 企业管理的要素有哪些？
3. 企业管理的职能有哪些？
4. 企业管理的方法有哪些？
5. 企业管理的基础工作有哪些？
6. 企业管理现代化的内容包括哪些？
7. 企业文化的构成分为哪些层次？
8. 塑造与改善企业形象的途径有哪些？

二、案例分析题

海尔的企业文化

海尔人自豪地宣称："要么不干，要干就要争第一。"这一体现企业文化追求的精神，是企业，特别是当前处于中、下游管理水平的企业要好好学习的。"要么不干，要干就要争第一"的内容要从两点来认识：一是一个产品的质量要在同类产品中力争金牌第一；二是表现在一个产品的设计，在市场上要处于领先地位，这主要表现在产品的科技含量上。这方面有一个生动的例子，海尔人前几年曾果断地将合肥无线电二厂兼并，并将海尔数码彩色电视机，放在合肥生产。品牌定为"海尔先行者"的数码电视机在北京一上市，就成为消费者喜爱的品牌，并成为抢手货。实践了海尔集团全体员工豪迈的誓言"要么不干，要干就要争第一"的企业信念。海尔人用海尔的企业文化激活了合肥无线电二厂这条休克的鱼，再一次证明了海尔人企业文化的成功和具有极大的推广价值。

　　独特的海尔文化孕育了卓越的海尔业绩。企业文化建设要求于细微处提炼精神，于烦琐中汲取精华，积年累月，常抓不懈。企业文化建设重在全员参与、整体互动。张瑞敏无疑是海尔的"灵魂人物"，他有学者气度和大家风范，成为海尔文化大旗的旗手和海尔"联合舰队"的船主。

　　问题：企业文化对企业管理有哪些促进作用？

三、实训题

1. 实训目的：使学生对企业管理学有个整体的感性认识。

2. 实训方式：实地调研企业人、财、物的管理方法。

3. 实地调研的内容包括

(1) 企业是如何加强对人的管理的，制订了哪些管理制度。

(2) 企业的财务制度是如何规定的。

(3) 企业是如何加强对物的管理的，有哪些管理制度。

4. 实训要求

(1) 要求每个学生写出调研报告。

(2) 要求每个学生提出对企业人、财、物管理方法的改进意见。

第五章 市场营销概述

【知识目标】
1. 理解和掌握市场与市场营销的含义、市场营销管理哲学中企业经营观念的变迁
2. 了解市场调查与市场预测的基本知识
【技能目标】
1. 掌握市场细分和目标市场定位的方法
2. 掌握营销的基本方法

顶新集团的促销策略

顶新集团自在天津经济技术开发区投资建厂，生产"康师傅"品牌方便面以来，一直以高品质、高价格的形象而闻名，并占据了全国各大城市的方便面市场。

近两年来，在集团不断发展的情况下，为了进一步扩大市场占有率，增强市场竞争力，顶新集团决定开发生活水平较低的中小城市市场及农村市场，为此，经过一番市场调查研究，顶新集团采取了以下市场促销策略。

(1) 产品策略方面。在继续保持产品高质量的前提下，为了不影响"康师傅"这一高档品牌形象，集团决定所推出的低档方便面不再延用"康师傅"这一品牌，而是推出一种全新的品牌，并命名为"福满多"，同时在包装方面不再延用原系列的包装，而采用新的包装系列，并且包装袋上也不出现"康师傅"字样的康师傅卡通形象。

(2) 价格策略方面。由于争取低档方便面市场，因此价格相对于同档次的竞争品牌要有竞争优势，每包低于同类产品价格 0.1 元左右。

(3) 渠道策略方面。由于方便面是便利食品，是消费者经常购买的商品，所以保证货源是一个品牌成功的最基本要求。因此大量补货是最重要的，顶新集团仍利用以往的渠道网络，使方便面遍布各个商场、超市和食品店，保证货源充分，使消费者能方便地买到顶新的产品。

(4) 广告促销方面。在"福满多"上市之前，集团请广告公司精心制作了一则广告，并在集团内部请广大员工观看，提出意见，不断改进。经过多次修改后，这则体现了物美价廉、福气满堂的广告陆续在各大电视台播放，使"福气多多，满意多多"这句广告语深入人心，同时也提升了广大消费者对新品牌"福满多"的认识，扩大了销售。

【案例分析】
顶新集团通过产品促销、价格促销、营销渠道促销、广告促销等方法，提高了产品的市场占有率。

第一节 市场营销的内涵

在市场经济条件下，企业的命运取决于市场。企业要真正走向市场，就必须了解市场、面向市场、适应市场。面对全球经济和知识经济时代的全面挑战，市场营销的理论与实践正在不断创新，以适应新的、更为急剧变化的环境要求。当代市场营销理论及其实施，正推动企业界

以市场为导向。以知识为基础，强化市场营销职能，通过"学习"过程不断追求卓越。全面、系统地学习和把握现代市场营销的理论和方法，对于当代大学生和其他有志于开拓经营事业的人来说，具有十分重要的意义。

一、市场

市场营销在一般意义上可理解为与市场有关的人类活动。因此，我们首先要了解市场及其相关概念。

市场是商品经济的范畴，是以商品交换为基本内容的经济联系形式。它是社会分工和商品生产的产物。在日常生活中，人们习惯将市场看做是买卖的场所，如集市、商场、纺织品批发市场等。这是一个时空（时间和空间）市场概念。

广义的市场概念，包括生产者和消费者之间实现商品和劳务的潜在交换的任何一种活动。市场是商品内在矛盾的表现；是供求关系；是商品交换关系的总和；是通过交换反映出来的人与人之间的关系。经济学家指出，市场是社会分工和商品生产的产物。在商品生产的条件下，社会内部分工的前提首先是不同种类劳动的相互独立，即它们的产品必须作为商品相互对立，并且通过交换，完成商品的形态变化，作为商品相互发生关系。因此，哪里有社会分工和商品生产，哪里就有市场。市场是为完成商品形态变化，在商品所有者之间进行商品交换的总体表现。这是抽象市场概念。

人们可以从不同角度界定市场。将上述市场概念作简单综合和引申，我们可以得到对市场较为完整的认识。

① 市场是建立在社会分工和商品生产基础上的交换关系。这种交换关系是由一系列交易活动构成，并由商品交换规律（其基本规律是价值规律）所决定，其实现过程是动态的、错综复杂的、充满挑战性和风险性的，但也是有规律的。

② 现实市场的形成要有若干基本条件。这些条件包括：消费者（用户）一方需要或欲望的存在，并拥有其可支配的交换资源；存在由另一方提供的能够满足消费者（用户）需求的产品或服务；要有促成交换双方达成交易的各种条件，如双方接受的价格、时间、空间、信息和服务方式等。

③ 市场的发展是一个由消费者（买方）决定，而由生产者（卖方）推动的动态过程。在组成市场的双方中，买方需求是决定性的。

站在经营者角度，人们常常把卖方称之为行业，而将买方称之为市场。卖方将商品（服务）送达市场，并与市场沟通；买方把金钱和信息送到行业。

二、市场营销

市场营销是由英文 Marketing 一词翻译过来的，产生于美国，原意是市场上的买卖活动。随着市场经济的发展，人们对市场营销的认识在不断的深化，由于考虑问题的角度不同，便产生了对市场营销的不同理解，从而形成了不同的概念。

市场营销是企业为了满足消费者需求和实现企业的目标，在不断变化的市场环境中，综合运用各种营销策略和手段，把满足消费者需求的产品和劳务送达消费者的一系列整体性活动。

案例

营销链中的利益均衡

用一个不严肃的说法来说明营销，营销就是为了满足自己的需求。但是得想办法把别人的需求先满足了，满足别人的需求是手段，满足自己的需求才是目标，所以任何厂家所说的以满足消费者需求为中心都是假话。以谈恋爱为例，男青年琢磨女友家人、朋友的爱好、心思、需求，与其谈恋爱，进而与之结婚。国人有句话："人人为我，我为人人"，但在营销学中绝对不能这样讲，必须倒过来，即"我为人人，人人为我"。厂家对消费者、经销商就是这样，不可能出现消费者、经销商先把钱给你，然后你才去为他们研制开发出产品。实际的情况是，你必须先研究他们的需求，生产出产品，他们才可能买你的账。厂家必须为消费者、经销商多着想，经销商也必须为厂家多考虑一点，大家进行一下换位思考，彼此理解，从而达到彼此满足，这是最重要的。

所谓营销活动，就是不断发现需求、挖掘需求和满足需求的这样一个过程。所谓营销管理，实质上是对营销需求链的管理，其中包括供应商、企业家、企业员工、经销商、零售商、消费者、媒体等的需求。这个链条很复杂，我们把其中最短的、与今天话题最吻合的一块，即商品流通渠道中的各种需求，包括生产厂商、经销商和消费者，他们的需求都在哪里？生产厂商、经销商就是为了盈利，这永远是第一需求，因为企业的定义就是如此。但厂家告诉消费者和经销商的东西就应该不一样。你可以告诉经销商：这样好的东西，怎么会卖不掉，怎么会不赚钱呢？但对消费者就不能这样讲了。这样问题就出来了，整个需求链上的利益是一定的，但这个利益怎么划分就是个问题了。仔细研究，也会发现有时候经销商的需求并不仅仅是利益，在不同时期也有不同的需求，或者说需要的重点不一样。

例如，一个有相当实力的经销商刚刚涉足某个领域，继续建立自己的网络和扩大影响时，他的批发价格甚至可以低于厂家的供应价，因为这时候他的需求重点不仅仅在利润。企业也是如此，他的需求不仅仅是利润问题。

现在有很多的营销理论，说厂商关系不是利益关系，应该是什么什么，其实你最多在时间概念上区分在某个阶段不是简单的利益关系，这没有问题，但一定是利益关系，而且这种利益关系是最牢固的锁链，任何想超越这种关系的创意都是无稽之谈。那么如何使这条链上的利润最大化呢？当这种利润很小的时候，产生厂商矛盾是一种必然，认识到这一点，我们就可以不相互抱怨。如同在黑灯瞎火的时候，大家相互撞了一下，不会相互抱怨，因为知道这是不可避免的，但要在光天化日之下，你撞了人，别人就会找你。

虽然厂商的根本目的都是盈利，但在不同情况下，需求的结构也会有变化。以一个零售商店为例，它刚开张，你送个花篮，而如果纯粹从利益角度看，直接送钱更实在，但实际上，它可能更喜欢花篮，这里面有感情的因素。还有，它刚开业，需要火暴的场面，你给它送去了前3个月6套促销方案，它就有可能在其他方面有一定的让步，给予一定的照顾。应该说它的需求是全方位多角度的，你不可能都满足它，这么多需求里面一定有一个加权后的总分概念。比如当你在利润方面没有达到经销商的期望值，可以给经销商接二连三的促销活动，在量上给予保证，也可提供一些经营建议等，以此来进行弥补。需求是多层次的，在某个方面给予了相当的满足，就有可能在合作方面取得突破。

厂商关系实质上是在需求链中分割利益的一种关系。现在的厂商关系中有一点很令人心痛，即产品带出的品牌几乎全被厂家占去了，而商家的品牌却没有因此树立。比如说消费者从苏宁买了美菱冰箱，美菱两字记住了，在哪买的却没人去记。所以到目前为止，商家基本上都是以价格为手段来吸引消费者，对自身品牌塑造的其他手段不多。如果像美国的沃尔玛那样哪一天消费者记得的是在苏宁买了1台冰箱，过了3天，却忘了是什么牌子了，如果这样我们的商家应该说取得了相当的成功。我觉得商家可以树立一种专家的形象，商家可以说我是家电方面的专家，提供专业的服务，可以帮助消费者鉴定、挑选产品、压低价格等。可以告诉消费者：你在这里买我的产品就没有问题，你甚至可以不会计较产品品牌。

思考题：

营销链中的利益均衡对于开展营销活动有哪些作用？

为了把握市场营销理论，必须明确其相关概念的内涵和外延。在此，仅就管理者应首先掌握的主要概念作一说明。

1. 需要、欲望和需求

人类的需要和欲望是市场营销活动的出发点。需要是指人们没有得到某些基本满足的感受状态。如当人们饥饿时就需要食品，寒冷时需要衣服，生活中需要安全，交往中需要归属和受到尊重等。需要产生于人类自身，市场营销主体就是通过满足人们的需要来实现自己的利益目标。

欲望是指人们想要得到满足某种基本需要的具体物品的愿望。如当人们需要食品时，中国人想吃米饭、水饺，西方人想吃面包、汉堡包，从而产生了不同的欲望。可见，欲望要比需要复杂得多。

当欲望有购买力实现时，欲望便转化成需求。需求是指有货币支付能力并愿意购买某种产品来满足需要的欲望。如人们在工作、生活中需要汽车，但由于购买力的差别，有的人买"奔驰"，有的人买"桑塔纳"，有的人根本买不起汽车，只能乘坐公共汽车。区分需要、欲望和需求是为了说明这样一个事实：营销人员并不能创造需要，因为它已先于营销活动而存在，但营销者可以通过自己的工作来影响需求。

2. 产品

人们的需要和欲望是用产品来满足的，因此，广义的产品可表述为能够用以满足人们需要和欲望的任何东西。从表现形式看，产品分为有形物品和无形物品两大类，人们通常把前者叫做产品，把后者叫做服务。有些服务是通过有形产品传送的，有些服务则是通过人、组织和活动等传送的。人们在考虑有形物品时，目的不仅在于拥有它，更在于用它来满足自己的欲望。如人们买化妆品是为了得到美容服务，买洗衣机是为了洗涤服务。因此，生产者在向市场提供产品时，不要只关心产品本身而忽视了顾客购买的目的是为了满足某种需要。

3. 价值、成本和满意

人们购买产品是为了满足自己的需要。当人们对能够满足某一特定需要的一组产品进行选择时，依据的标准是各种产品的价值和成本。由于各方面条件的差异，同一产品对不同的人来说会带来不同的价值。可见，价值是指人们对产品满足各种需要的能力的评估。

由于任何产品必须付出一定数量的货币才能得到，因此，在确定了产品的不同价值以后，还要考虑购买的成本问题。从一般意义上讲，成本是人们为了换取所得之物而付出的全部费用。作为购买者，成本是指人们在购买产品中付出的货币、时间及精力的总和。由于购买者的支付能力有限，不可能想买什么就买什么，而总是让有限的货币发挥最大的效用，即花费最少的成本换取价值最大的商品。

现代人评价产品的标准是满意。只有满意，买方才会不断地付出货币换取卖方的产品，满意是人们对所得之物符合自己心理要求程度的评价。随着经济的发展，人们对满意的评价也随之提高，从只考虑对产品内在质量的满意延伸到对产品的外观式样的满意，现已扩展到既评价产品，又评价服务。

4. 交换和交易

① 交换是指通过提供某种东西作回报，从别人那里取得所需物品的行为。当人们决定通过交换来满足自己的需要和欲望时，市场营销就开始了，交换是一个过程而不是一个事件。

② 交易就是买卖双方的价值交换行为。构成交易的基本条件是：至少有两件有价值的事物，有双方都接受的条件、时间和地点。交易不同于赠予，因为赠予者不接受任何实物作回报。但是，赠予者在进行赠予活动时，总存在着某种期望，如期望得到对方良好的行为反应。这又与交易存在某些共同之处。因此，市场营销学不仅要考虑交易行为，也要对赠予行为进行

研究。

5. 关系营销

与交易有关的营销是交易营销。由于企业在交易营销中会出现品牌忠诚度不稳、回头客少等不足，便产生了关系营销。

关系营销是包含交易营销在内的大概念，是指营销主体与服务对象之间创造更亲密的工作关系和相互依赖的伙伴关系，发展双方的连续性交往，以建立广泛、稳定营销网络的活动过程。

关系营销的实质是在买卖关系的基础上建立非交易关系，以保证交易关系持续不断地确立和发生。

6. 市场营销者

所谓市场营销者是指积极主动地向他人寻求资源并愿意用某种有价之物作交换的人。可见，市场营销者可以是卖方，也可以是买方。一般说来，在卖方市场情况下，市场营销者是买方；在买方市场情况下，市场营销者是卖方。有时买卖双方都积极主动地寻求交换，这时双方都是市场营销者，这种情况称为互惠的市场营销。

案例

宝洁公司的营销管理

宝洁这个全球著名的跨国公司来我国"安营扎寨"时，一些力促保护民族工业的人士曾经大声惊呼："狼来了!"然而，多年过去了，宝洁对国有企业不但没有造成什么危害，还带动了我国一批企业的发展，使国有资产得到了大幅度的增值。宝洁带给我们的只有这些吗? 不，远不止这些!

20世纪80年代初，专治头屑的洗发水"海飞丝"第一次在市场上出现时，我国消费者对头屑的知识还知之甚少，认为头之所以脏，是因为外来的尘埃落在头发上而决非头皮自然和非自然地脱落。宝洁用高品质的产品和独到的宣传方式给人们上了一堂"头屑"课，给人们带来了一个全新的感觉。

宝洁公司又向市场推出的"飘柔二合一"洗发水，告诉人们不仅需要洗发，更需要护发，洗发仅仅是一个步骤，而护发才是目的。其后，宝洁公司又适时推出加入了维生素B_5营养素的"潘婷"，使头发向亮丽迈进了一大步。

后来，宝洁公司推出了给女士更多体贴呵护的"护舒宝"，"更干、更爽、更安心"不仅成为一句朗朗上口的广告词，更成为一种为现代女青年所追求的时尚。

宝洁公司仅洗发水就有四个品牌、100多种产品。不管是"海飞丝"、"飘柔"，还是"护舒宝"、"玉兰油"，每推出一种，都会引起轰动，都会达到成功。

宝洁公司从创办开始，就不断引进具有世界先进水平的技术和设备，并逐年加大科技投入，提高产品的技术含量，使每一个产品都能达到国际标准。宝洁在生产高质量产品的基础上，更看重市场。着重消费者的接受程度。公司拥有专门研究洗发水的专家，负责每个季度对市场信息的反馈和分析，并适时不断地提出新的方案。据说，仅"海飞丝"就做过多次配方调整。一个质量好的产品，需要为市场所接受，否则就不能算是好产品。有人说，宝洁公司养活着中国近一半的市场调查公司，此话尽管有些夸张，但却反映了宝洁重市场的一面。宝洁公司进入中国市场的第一个品牌"海飞丝"，就是在对市场进行了一番充分的调查研究后打响的第一炮，其后每一个品牌的进入，都是围绕市场，围绕着消费者这个中心来运作的。

我国传统的营销方式是，产品一生产出来，企业就找商店由其代销。宝洁公司却不是这样。它在全国建立了 100 多个分销商，分销商下又设了宝洁经营部，经营部又有成百上千个分销员，级级传递，层层销售。为加速销售的现代化，宝洁公司投资 1000 多万元从美国引进了最先进的软件，建立了现代化的销售控制系统，该系统可将全国销售网络联网，使公司在极短时间内，就能获得全国各地的营销信息，包括产品销售、顾问意见等，为公司宏观决策提供可靠的依据。

此外，传统上我国消费者对商品的了解是通过在商店得以实现的，而宝洁的产品多是通过电视屏幕表现的，消费者没有必要去商店看，人们对"真真正正、干干净净"那个浑厚的男中音早已熟悉。宝洁每年都投入大量的广告费，通过媒体特别是电视不厌其烦地宣传其产品形象。

"试试再决定"的营销方式也使我们耳目一新。伴随着每一种新产品的上市，宝洁的免费派送也悄然开始。一袋袋小包装的产品走进千家万户，不愁你不买，就怕你不试，这与我们祖先发明的"先尝后买"竟是如此相似。

更值得一提的是，宝洁还带动了一大批国内企业的成长。曾多年需要国家救济的江门化工厂在引进了一条表面活性剂生产线后，成了宝洁公司的原料供应商；顺德纸箱彩印厂、深圳环亚包装公司、大连大富彩印公司的功能，都在宝洁的海洋里"水涨船高"。如今，宝洁已是家喻户晓，并引导着国内日用品产业健康地发展。

（资料来源：李先国. 营销师. 北京：中国环境科学出版社，2009）

第二节　市场营销观念和道德

一、市场营销观念

1. 生产观念

从工业革命至 1920 年间，西方经济处于一种卖方市场的形式。市场产品供不应求，选择甚少，只要价格合理，消费者就会购买。市场营销的重心在于大量生产，解决供不应求的问题，消费者的需求和欲望并不受重视。于是在这种生产力状态下产生了生产观念。这是指导销售者行为的最古老的观念之一。

生产观念认为，消费者喜欢那些可以随处买到而且价格低廉的产品，企业应致力于提高生产效率和分销效率，扩大生产，降低成本以扩展市场。显然，生产观念是一种重生产轻市场营销的商业哲学。这种观念的形成有两个来源，一是供不应求，因而消费者更在乎得到产品而不是它的优点；二是成本太高，必须以提高劳动生产率来扩大市场。

2. 产品观念

随着供不应求的市场现象在西方社会得到缓和，产品观念应运而生。产品观念认为消费者最喜欢高质量、多功能和具有某种特色的产品，企业应致力于生产高值产品，并不断加以改进。这种观念产生于市场产品供不应求的"卖方市场"形式下。最容易滋生产品观念的场合，莫过于当企业发明一项新产品时。此时企业最容易导致"市场营销近视"即不适当地把注意力放在产品上，而不是放在市场需要上，在市场营销管理中缺乏远见只看到自己的产品质量好，看不到市场需求在变化，致使企业经营陷入困境，如在我国一段时间铁路管理部门认为顾客需要火车而不是运输，从而忽略了航空、公共汽车、卡车日益增长的竞争，这就是典型的产品观念带来的危害。

3. 推销观念

推销观念认为，消费者通常表现出一种购买惰性或抗衡心理，如果听其自然的话，消费者一般不会足量购买某一企业产品。因此，企业必须积极推销和大力促销，以刺激消费者大量购买本企业产品。推销观念在现代市场经济条件下被大量用于那些非可求物品，购买者一般不会想到要去购买的产品或服务。许多企业在产品过剩时，也常常奉行推销观念。

4. 市场营销观念

市场营销观念认为，实现企业各项目标的关键，在于正确确定目标市场的需要和欲望，并且比竞争者更有效地传送目标市场所期望的物品或服务，进而比竞争者更有效地满足目标市场的需要和欲望。

这种观念与推销观念有着极大的不同，美国市场营销学家李维特曾就这两种观念的区别作了简要的说明：推销观念以卖方需求为中心；市场营销观念以买方需要为中心。

案例

世贸废钢与点废成金

2001 年 "9·11" 事件中倒塌的美国世贸大厦产生了大量废钢，估计总数高达 40 万吨。纽约市政府在清废过程中，决定将世贸废钢向全球厂商拍卖。据报道，上海宝钢以每吨低于120 美元的价格购得了 5 万吨世贸废钢。

这是一次很平常的商业行为，但却被国内不少新闻媒体和网站热炒了一番，炒作的焦点就是宝钢购进的这些废钢该做什么用。不少商业网在显要位置发布了这样同一条消息，上海宝钢购得的 5 万吨纽约世贸大楼废钢，因考虑到这批废钢所承载的特殊历史价值和纪念意义，宝钢的领导层决定，除将废钢用于炼钢之外，还会将一部分废钢制作成工艺品或纪念品。后来，宝钢在得知此消息后，发表紧急声明说，购世贸废钢只为回炉，绝不会利用这批废钢来制作所谓的世贸大厦纪念品。

暂且不去评价这些消息的真实度，如果宝钢领导层有过将世贸废钢制作成有纪念意义商品的经营思路，如果从营销的角度看，我们应为这种深层次的点废成金术大声叫好。

我们常说，企业和商家要学会点废成金，因为废品收购成本低，再利用价值高，创造的利润相当可观。通常，点废成金的"含金量"指的是废品再利用的物质价值。拿钢铁产业来说，目前世界钢产量中有 30% 是用废钢生产的，废钢因其降耗、节能、环保等优势，越来越得到现代钢铁企业的青睐。

当然在这一点上，世贸废钢与其他废钢同样都具有这样的物质价值，且世贸大楼的钢材，质量远高于普通废钢，回炉炼钢必定能产生较高的效益。而美国世贸大厦被恐怖分子袭击摧毁是 "9·11" 事件的主要标志，世贸废钢作为 "9·11" 事件的产物，意义十分特殊，显然又与其他废钢不一样，它还具有更深层次的精神价值。相比于物质价值，这类含金量可称得上是点废成金中最高的，带来的效益也更大。

要实现世贸废钢精神价值的效益，关键是要顺应时代背景和社会需求，准确地挖掘和利用其价值，开发出能真正展现出其精神价值的产品，不能只顾自身利益，而干出发别人国难财的蠢事。总的来看，世贸废钢蕴含的精神价值，主要有四个方面：第一个是爱国情结，就是美国人爱国精神的日益高涨；第二个是反恐情结，就是全世界人民反恐怖呼声的日益高涨；第三个是怀旧情结，就是世界人民对被摧毁的 20 世纪最伟大的建筑之一的美国世贸大厦有种怀旧思绪；第四个是怀念情结，就是亲人朋友们对在世贸大厦倒塌中遇难的死者有种怀念心情。

怎样才能最大限度地去实现这些内在的精神价值呢？从美国企业界一则点废成金的经典故事中我们可以得到较大的启发。1974 年，美国政府清理给自由女神像翻新扔下的废铜烂料，向社会广泛招标，只有美国麦考尔公司董事长一人未提任何条件应标。就在一些人要看他笑话时，他让人把废铜熔化，铸成小自由女神像，把水泥块和木头加工成底座，废铜烂料中所蕴含着的"自由照耀世界"的自由女神的精神价值得到充分展现,产品一投入市场,就受到了消费者欢迎。不到 3 个月的时间,他让这堆废铜烂料变成了 350 万美元现金,每磅铜的价格整整翻了 1 万倍。因此,精明的企业和商家的首选经营思路,应该是把部分世贸废钢加工制作成小型的世贸大厦的钢铁模型纪念商品,来展现世贸废钢精神价值。因为它不仅具有相当高的收藏价值,更重要的是,它比较完整地展现了世贸废钢的精神价值,必定会受到各国消费者的喜欢,也会带来意想不到的经济效益和社会效益。有人曾简单地算过,如果每件产品的重量 200 克,价格 100 美元左右,1 吨世贸废钢可以换回 35 万美元左右的现钞,而这些商品的总成本包括购买废钢 120 美元以及生产经营费用等不到 1 万美元,再算上缴纳的部分国内税收和关税,仍有惊人的回报。

确实,在激烈的市场竞争中,对于那些掌握点废成金术的企业和商家来说,尽力挖掘出废品中精神价值的含金量,必定会创造出新的市场奇迹。

思考题:

宝钢的点废成金术给了我们哪些启示?

5. 社会市场营销观念

社会市场营销观念认为,企业的任务是确定各个目标市场的需要、欲望和利益,并以保护或提高消费者和社会福利的方式,比竞争者更有效、更有利地向目标市场提供能够满足其需要、欲望和利益的物品和服务。社会市场营销观念要求市场营销者在制定市场营销政策时要统筹兼顾三方面的利益,即企业利润、消费者需要的满足和社会利益。

6. 大市场营销观念

所谓"大市场营销观念",是指在实行贸易保护的条件下,企业的市场营销战略除了 4PS 之外还必须加上 2PS,即"政治力量"和"公共关系"。这种战略思想被称之为"大市场营销"。"大市场营销"定义为:企业为了成功地进入特定市场或者在特定市场经营,应用经济的、心理的、政治的和公共关系技能,赢得若干参与者的合作。

7. 形象营销观念

我国企业在 20 世纪 80 年代末,引入企业形象识别策划。特别是 1992 年党的十四大确立了社会主义市场经济体制的改革目标之后,国家实施的一系列方针和政策,积极稳妥地把企业推向市场。企业在市场经济条件下从事营销活动,逐步认识到要适应市场经济条件下的宏观环境,必须展示企业的整体形象。一些有超前意识的企业决策者率先导入 CIS 设计,这样形象营销观念在我国就产生了。形象营销的目的在于使企业在社会公众中树立良好的形象,使广大公众对企业产生一致的看法和认同以赢得消费者的信赖和好感,从而达到预期的营销目的。形象营销观念就是企业强化整体形象意识,重新塑造企业形象,以形象力来全面提高企业的竞争力。形象营销是企业整体营销的反映,是企业精神文明和物质文明的综合体现。它涉及企业各个部门、各个环节的工作,要求企业内部管理者和全体员工上下一致、共同努力,才能塑造企业的良好形象。

8. 绿色营销观念

绿色营销观念是指企业引入环境保护思想意识,企业在营销活动中将顾客(客户)、竞争者、社会、自然环境并重,所制定的营销战略和策略与环境保护协调、和谐。

20 世纪 80 年代末 90 年代初,一场以保护环境、保护地球为宗旨的环境保护运动(也称绿色运动)在全球兴起高潮,1992 年 6 月联合国召开环境与发展大会,通过了有关环境保护的公约、宣言和行动纲领,标志着绿色运动的发展进入了新阶段。

9. 关系营销观念

关系营销观念以系统论为基本指导思想，认为企业是社会经济系统中的一个子单位，将企业置身于社会经济大环境中来考察企业的市场营销活动，企业营销是一个与消费者、竞争者、供应商、分销商、政府机构和社会组织发生互动作用的过程，正确处理与这些个人和组织的关系是企业营销的核心，是企业成败的关键。因此，关系营销视目标顾客（客户）以及相关组织等方面的关系为企业市场营销的关键变量，这样就把握了现代市场竞争的特点，被西方舆论界视为"传统营销理论的一大变革"。

10. 全员营销观念

当企业之间的市场竞争进入争夺顾客资源阶段，就需要企业内部各个部门协调一致，全过程、全方位地参与整个企业的营销活动，使顾客满意程度最大化，这就是全员营销兴起的背景。在全员营销观念的指导下，企业要做到：全员参与营销；内部营销与外部营销配合一致；职能部门配合一致。

二、市场营销道德

（一）市场营销道德的含义

市场经济是一个法制经济，奉行的是竞争规律和等价交换原则，同时市场经济也是一个德治的经济，讲究的是在市场上从事经营活动的任何人、任何企业都必须按规则办事，都必须公平和公正。因此，道德和法制在企业营销中是相辅相成的，可以说，市场经济条件下的企业营销离不开道德和法律。

1. 道德的概念。

道德是人们关于善与恶、正义与非正义、光荣与耻辱、公正与偏私的观念、原则和规范的综合。属于社会意识形态之一，是一定社会经济条件下调整人们之间以及个人和社会之间关系的行为准则，道德的内容和评价的标准是由一定的社会经济基础所决定的，并为一定的社会经济基础服务。任何道德都具有历史性。

2. 营销道德的概念

营销道德，是指为调整企业与所有利益相关者之间的关系所遵循的准则、行为规范的总和，是客观经济规律和法律以外的制约企业行为的另一个重要力量。也就是说企业在自身的营销活动中必须遵循一定的道德标准。否则可能会得逞于一时却严重损伤企业的公众形象。一个优秀的企业应该是道德高尚的楷模。他们不但遵守社会公认的道德标准，而且形成具有自己特色的、良好的道德体制并通过各种途径向公众传达以提高企业美誉度。如国内外一些著名企业都制定了专门的道德规范。以下就是世界几家著名企业所规范的营销人员的道德准则：如果必须从事不道德或非法的活动来得到合同，就不应再进一步接洽；为了避免做私下的解释和谅解，所有提供有关产品和服务的信息应该正确；禁止接受贿赂、招待和其他有价值的东西；对于规则、行为约束比较宽松的国家和地区的销售人员亦应遵守企业的标准；无论在什么情况下，每位员工均不得提供或赠送任何东西给顾客或其业务代表，以企图影响他们。又如有的公司还规定推销人员在任何时候、任何情况下都不得批评和贬低其竞争对手的产品；如果客户自己将订单交给自己的竞争对手，切勿游说其改变主意。这些规定及其有效执行都为这些公司树立了一个正大光明的企业形象。

（二）营销道德状况

从目前中国经济生活来看，无论是经济市场的黑庄、欺诈，银行体系中的不良贷款，商品市场中的假货，还是人才市场的假文凭等，都与市场的不讲诚信，缺乏起码的道德相关。这说明有些企业在营销道德上还存在问题。其主要表现在以下方面。

1. 对环境的污染

许多企业在向市场推出其产品时，忽视产品本身及产品包装物、制造过程对自然环境和社会环境的污染。如含铅汽油，用氟利昂做冷却剂，自然界难以分解的口香糖残渣等。仅一次性包装物、各种有毒的化学物质（如农药或药品）及工业"三废"（废水、废气及固体废物），就对人类生活造成了严重的威胁。近年来，诸如臭氧层日渐稀薄，不良空气、不良水质及被化学污染的食物所引起的健康问题，日益引起世人的关注。一些发达国家不惜牺牲别国利益，向发展中国家输出污染，一些发展中国家为了发展本国经济，忽视环境保护，甚至不惜引进"洋垃圾"、"洋污染"，使发展中国家的环境问题日益严重。

2. 加大社会成本

企业推出的一些产品在满足消费者个人某方面需要的同时，往往会造成较大的社会成本，而企业在这方面往往没有承担相应的社会责任，进而增大社会负担。如香烟在满足"瘾君子"的需要的同时，也损失了他自身的健康，并侵犯了不吸烟人的权利，致使因吸烟导致的疾病及死亡率增加，进而增加社会医疗费用的支出。

3. 不道德的竞争行为

随着企业竞争的加剧，许多厂商为了谋求竞争优势，采取各种不道德的竞争手段，既破坏了正常的竞争秩序，损坏了同行利益，又增大了成本。

（1）以不道德的方式获得竞争对手的知识产权和商业秘密 如近几年来出现了多起商标抢注案例。有的抢注并非为了生产、销售产品，而是为了投机、获利；有些企业采用有悖道德的手段获取竞争对手的商业秘密。如以合作、洽谈、考察为幌子，乘机窃取对手商业秘密，甚至在对手企业安插"侦察员"，或贿赂、收买对方工作人员，以索取对手商业秘密。

（2）恶性竞争 前些年不少地方商家"有奖销售战"、"价格战"的结果不仅使商家两败俱伤，而且损害了消费者的长期利益，国内一些厂商在国际市场互相杀价、"窝里斗"，大大降低了利润水平，给外商以可乘之机，个别企业为了达到挤垮竞争对手的目的，不惜制造谣言，诋毁对方企业形象和产品形象。

（3）其他不公平竞争行为 账外回扣、贿赂、权力营销等行为污染了社会环境，为各种腐败现象提供了温床，也给正派经营者造成了冲击，使他们处境困难。

4. 营销组合策略中的不道德行为

（1）产品质量 产品质量上以次充好、以假乱真现象屡屡发生。目前，我国市场上还有相当多的劣质品和不安全产品对消费者的健康和人身安全造成威胁。如家用电器漏电造成人员伤亡、啤酒瓶爆炸伤人、燃气热水器漏气使人中毒等。

（2）产品价格 价格欺骗现象存在，以虚假的方式宣传产品"出厂价"、"批发价"；以虚假的折扣价名义来诱骗消费者；还有的企业故意抬高标价，明码标"假"，然后声称"特价优惠"、"酬宾大减价"、"清仓大出血"，这些所谓的优惠都是虚假的。

（3）产品促销 有的企业设计和播放虚假、误导性广告以及内容和形式不健康的广告；传播文化污染的印刷品；夸大产品功能，刊登虚假案例以误导消费者。

（三）营销道德建设

营销道德建设归根到底是企业的社会形象的问题，一个企业如果真正树立现代营销观念，时时处处以顾客（客户）的利益为中心，那么必然注重企业的信誉和形象，会以充满社会责任感的营销态度，自觉遵守营销道德，并发扬光大；反之，一切以自身利益为主，唯利是图，那注定会践踏营销道德。当前，营销道德的建设，应考虑以下几个方面：

1. 强化诚信建设

诚信顾名思义，是指诚实和信用的概括。诚实表现在人的品行、品德之中；信用则表现为个人对责任、义务、契约、承诺兑现的可靠程度。诚信建设既是道德问题，又是市场法则所决定的，所以企业要强化诚信建设。

（1）企业要树立诚信理念　这就是说企业要从思想观念上抓诚信建设。要让员工认识并理解，"人无信不立，事无信不成"，"诚信"是企业的立市之本。为此，企业要不断对员工进行教育，使诚信成为企业员工必备的基本素质。

（2）加强诚信的制度管理　诚信不仅是伦理道德问题，还是市场经济运行法则，企业可以是诚信的最大受益者；也可能是不讲诚信的最大受害者。因此，要从制度上来保障诚信的建设。特别是政府应建立起整个社会的信用评价系统，用统一的标准考核政府、企业、中介机构和个人，让诚信的企业和个人受到尊敬并得到商业利益，让不诚信的企业和个人付出高额的代价。

（3）企业应加强信用管理　在加强信用管理方面，一是加强自身信用控制能力，防范企业自己可能出现偿债能力不足、不履约等情况的发生；二是提高信用风险的防范能力。企业通过建立客户资信管理制度、内部授信管理制度和应收账款管理制度等办法，提升企业信用管理水平，防止信用风险。

2. 加强监督和引导，净化市场秩序

近几年国家加大了整顿市场交易秩序的力度。"质量万里行"对不合格产品在媒体上"集中曝光"；各地技术监督部门严格监控和把关产品质量；工商行政执法部门对损害消费者利益的行为惩治和处罚。这一切净化市场交易环境的运作，使不诚信的行为受到抨击和鞭打，既保护了消费者的权利，又保护了文明经商合法经营者的利益。今后，这方面的工作，还应进一步加大力度，坚决打击违背营销道德的经营行为，表彰诚信经商、公平交易的典型，使市场交易真正做到公开、公正、公平。

3. 加强法制建设，严格依法治市

法制和德治是净化市场的两把利剑。进一步健全和完善法律、法规，严惩违法经营，约束企业的不正当竞争和不道德行为，制裁那些欺骗和损害消费者权利的不法经营者，这不仅能切实保护消费者的利益，而且能起到警示作用，引导广大经营者遵循营销道德，做一个有社会责任感和严守营销道德的企业经营者。

4. 解决营销过程中的信息不对称问题

市场交易过程中，营销者掌握的信息量大，而消费者一般了解的信息较少，这也是欺诈等不良营销行为得逞的重要原因。为此，要解决营销中的这种信息不对称问题，一方面，企业要公开、透明、真实的传播自己的信息；另一方面，要培育消费者，使消费者可以通过媒体、互联网等渠道接受商品信息和各种辨别产品真伪的知识，增强自我保护意识，使自己成为理性消费者，使违法或不道德的营销行为难以得逞。

第三节　市场调查与预测

一、市场调查
（一）市场调查的概念

市场调查就是运用科学的方法，系统地搜集、记录、整理和分析有关市场的信息资料，从而了解市场变化的现状和趋势，为市场预测和经营决策提供科学依据的过程。

随着市场经济的发展，竞争日益激烈，市场变得更加复杂，企业仅凭少量的分散信息，要想把握市场动态几乎是不可能的。通过市场调查，可以清楚地了解市场活动的现状、与竞争对手的差异，为科学的决策提供服务。

（二）市场调查的内容

市场调查的内容极为广泛，概括起来有以下五个方面。

1. 市场需求调查

这是市场调查的核心内容，通常表现为对购买力、市场容量、变化趋势的调查。对于企业来说，其调查的重点如下。

（1）本行业市场潜量　即本行业在某个市场上可能达到的最大销售量，这与居民的购买力有很大关系。影响居民购买力总额变化的主要因素有居民货币收入、流动购买力、银行存款、手持现金与各种有价证券、非商品性支出等。

（2）本企业销售潜量　即本企业的某产品在市场上可能的最大销售量。这与企业的市场占有率、市场覆盖率有一定的关系。

（3）影响商品需求构成的因素　随着生产的发展和人们生活水平的提高，人们的商品需求构成也在不断发生变化。影响消费品需求构成的因素，主要有消费习惯和消费观念、商品的生产和供应、商品的价格变化等。

2. 用户及购买行为调查

此项调查的目的是了解和熟悉用户，以便满足客户需求。主要调查以下几个方面。

① 本产品的用户数量、地区分布、经济状况、用户要求等。

② 为何购买、何时购买、何处购买、谁去购买、如何购买等。

③ 消费者的购买生理动机、心理动机等。

3. 企业四大营销因素调查

（1）产品调查　主要包括产品自身情况（产量、质量、成本、收益及与同类产品比较）、消费者对产品要求及对推出的新产品的评价等。

（2）产品价格调查　了解消费者对现实价格的反映，消费者可接受的价格是什么，采取何种定价策略等。

（3）销售渠道调查　要了解企业现有的销售渠道是否满足销售商品的需要；中间商的销售额、资金状况、储存能力、消费者对中间商的反映、遵守合同的信誉等；中间商对发货速度、数量的要求、对推销员、营业员进行技术培训的要求等。

（4）促销调查　包括对广告媒介、广告效果、强力推销效果的调查等。

4. 宏观环境调查

主要调查宏观环境对企业经营及消费者的影响，包括产业政策、价格政策及有关法规等。

5. 竞争对手调查

主要调查竞争对手的数量及实力，包括对方产品的价格策略、销售渠道、促销方式以及产品质量、性能等情况。

案例

非洲鞋市场的调查

美国一家制鞋公司欲开拓新市场，派出一位市场调研员到非洲某岛国了解市场行情。这位推销员到达目的地后立即发回一封电报："这里的人不穿鞋，没有市场。"

公司派出第二名市场调研员，他在那里待了一个星期后发回电报："好极了，这里的人没鞋穿，市场巨大。"

公司又派出第三名市场调研员，他在那里待了一个月，发回电报："这里的人不穿鞋，但有脚疾，需要鞋。不过我们现在生产的鞋太瘦，不适合他们，我们必须生产肥些的鞋。这里的部落首领不让我们做买卖，只有向他进贡，才能获准经营，公关费用大约需要 1.5 万美元。我们每年约可销售 2 万双鞋，投资收益率约 15％。"

（三）市场调查的程序

市场调查的程序一般可分为四个阶段。

1. 调查准备阶段

（1）明确调查课题　明确调查课题至少需要回答四个方面的问题：为什么要进行该项调查？想要了解哪些方面的情况？知道这些情况后有什么用处？能否用其他更经济有效的方法去完成？

（2）查阅资料　调查课题确定以后，应该通过查阅资料和向熟悉该课题背景的有关人员咨询，以了解本课题已有的进展以便理清思路，熟悉有关的知识。调查人员要尽可能地利用本企业内部现有的资料来源。同时，也应查阅相关的外部文献。这样可以掌握足够的背景资料，可以使调查人员受到很多启发，少走弯路，避免重复别人的调查，不仅省时省钱，而且使调查一开始就有一个较高的起点。

（3）非正式调查　调查课题确定以后，调查人员对问题关键、调查的范围可能还把握不准，难以制定切实可行的调查方案，开展有的放矢的调查。这就需要根据初步分析研究的情况和提出的假设，做一些非正式的调查，从而确定正式调查的范围。

2. 调查设计阶段

（1）制定调查计划书　调查计划书一般包括：调查目的；调查范围、对象；调查的方法和技术；数据的处理和分析方法；调查人员的安排和培训；调查的日程安排；调查质量的保证措施；经费预算等内容。

（2）设计调查提纲或调查问卷　为使调查提纲或调查问卷更具科学性和可操作性，在大规模实地调查前，一般应对设计好的问卷在一定范围内试用，以发现问题，弥补不足，并进一步完善。

3. 调查实施阶段

（1）调查资料的搜集　调查资料的搜集是市场调查的主要环节。它包括现成资料的搜集和原始资料的调查。在调查实施阶段中，首先要搜集现成资料。当这些资料不能满足要求时，就要搜集原始资料。原始资料的调查一般是通过市场访问进行的，它是市场调查的最重要的一环，也是最容易出差错的一环。因此要挑选和培养一批符合一定要求的人员组成访问队伍。

（2）调查资料的整理分析　调查所获资料并不是每一份都是真实无误的，必须加以核对整理。对有严重错误而又无法修正的资料宁可剔除不用。经过审核，调查资料合乎要求后，应进行编号、分类、汇总，对资料进行各种定性定量分析后，输出有价值的各种信息。

（3）调查报告的撰写　调查资料经过加工整理和分析研究之后，就可用于调查报告的撰写。如不能把调查研究的结果恰当地表述出来，再好的调查项目都是无效的。

4. 追踪调查阶段

提出市场调查报告并不意味着市场调查的终结，一般还需要做进一步的追踪调查。其内容一般有两个方面：一是对调查报告中所提出的关键问题做进一步深入连续的调查；二是对调查报告中所提出的调查结论和建议的采用率和对实际工作的使用价值的调查，同时检验调查结论和建议的准确程度与可行情况。追踪调查对评估该项调查的成果具有重要意义。

（四）市场调查的方法

进行市场调查，必须采取科学合理的调查方法和技术，这样才能收到事半功倍的效果。市场调查方法可以分为三类，即观察法、访问法和实验法。

1. 观察法

观察法是通过观察者进行直接观察，在被调查者不察觉的情况下观察和记录他的行为、反应和感受的方法。观察法也有许多具体的方法，如直接观察法、行为记录法等。直接观察法，即派人对被调查者直接观察。行为记录法，是在被调查者同意的前提下，用某种装置记录被调查者的行为。

2. 访问法

对被调查者进行访问，要求他回答一些问题来搜集资料的方法称为访问法。访问法又可分为直接访问和间接访问两种方法。直接访问，由访问人员直接向被调查者当面询问问题，可以采用登门拜访、邀请面谈或开座谈会等形式进行。利用各种通讯工具或问卷进行调查的方法称为间接访问。

3. 实验法

实验法是将做实验的产品在选定市场中进行试销，以测定各种营销手段的效果。其原理是把选定的市场当做实验室，研究价格、包装或广告等对市场销售量及其他要素的影响。

（五）调查表的设计

市场调查表可以是书面表格或口头询问提纲。在现代营销活动中，为了了解顾客的态度和意愿，调研者要设计各种不同的表格和问题。如果一份调查表设计的内容恰当，调研部门就会感到调查目的明确，被调查者也乐意合作，这份调查表就像一张网，把需要的信息收集起来。调查表往往需要认真仔细地拟定、测试和调整，然后才可以规模使用。为了设计一份受欢迎的调查表，它要求设计者不仅需要懂得市场营销的基本原理和技巧，还要具备社会学、心理学、经济学等知识。

（六）抽样调查技术

企业在确定了调查内容，设计了合适的调查表和调查方法以后，还要确定向谁调查的问题。按照调查中选取的个体单位的数量与调查目标总体的关系，调查技术分为全面调查和抽样调查。全面调查是对市场中有关总体逐个进行调查。这种调查能够收集全面、广泛、可靠的资料，但调查费用较多，时间延续较长，实践中很少采用。

抽样调查是按一定规则从调查目标总体中抽取一定数量的个体单位，这些个体单位称为样本，通过对样本的调查来获得有关目标总体信息的一种方法。这种方法因样本数量少，所需成本和时间少，比较经济。但以样本特征推断总体特征可能会存在差异，一般来说，样本容量越大，调查结果的正确性、可靠性也越大，但费用和时间不经济。相反，样本数量越小，调查所需的费用和时间越少，调查的准确性越低。要使选择的样本具有很好的代表性，必须使用恰当的抽样方法。抽取样本的方法大体上可以分为随机抽样和非随机抽样两类。

随机抽样是按随机原则抽取样本。由于这种方法排除了人们的主观选择，被调查对象的总体中每个被抽取的机会是均等的，因此，样本可以有很好的代表性。随机抽样可分为简单随机抽样、分层抽样、分群抽样、等距离抽样等。

非随机抽样是按照调查目的和要求，根据一定的标准来选取样本，这时，每一个体被抽取的机会是不均等的。非随机抽样使用最多的是任意抽样、判断抽样和配额抽样等方法。

二、市场预测

（一）市场预测的含义

市场预测，就是运用各种信息和资料，通过分析研究，对企业未来市场状况做出估计和判断。市场预测是企业做出正确决策的前提条件之一，其内容如下。

① 预测市场对产品需求量的变化趋势，本企业产品市场销售量和市场占有率的状况和发展趋势。

② 预测市场对产品品种、花色、规格、价格的需求变化的趋势。

③ 预测城乡居民购买力的增减状况及购买力结构可能发生的变化。

④ 本企业产品生命周期的预测。

⑤ 国际市场情况和变化的预测。主要预测国际市场的需求变化，预测价格的变动趋势，探索国际市场变化的规律性。

（二）市场预测的程序

1. 确定预测目标

进行市场预测首先要确定预测目标，即预测什么问题，希望达到什么目的，这样才能有的放矢。预测目标不同，所需的资料和采用的方法也不同，预测目标不明确是无法进行预测的。

2. 收集预测资料

要围绕预测目标收集有关资料，并进行整理分析。对收集到的资料应进行周密的分析，如数据的可靠性、可比性等。要做到数据可靠，口径一致，核算方法相同，统计时间一致，计量单位一致。如果发现数据不可比，则应当进行换算；如果发现资料不完整，则应通过调查、估算等方法予以补充；如果发现资料数据不真实，则应进行认真核实。

3. 选择预测方法

预测资料收集完成后，就要选择预测方法，建立预测模型。对于定量预测，可以建立数学模型；对于定性预测，则可建立设想的逻辑思维模型并选定预测方法。选择的预测方法和模型应当与预测目标相适应，因为它们的恰当与否，对预测结果影响很大。

4. 进行预测

利用已有的资料，用已选定的方法与模型进行预测，并获得预测的结果。

5. 评价预测结果

对预测结果进行分析，看看是否达到预测目标的要求？预测误差是否在允许的范围之内？预测结果的合理程度如何？如果能够满足这些要求，就可以正式写出预测报告，至此，这一轮预测就告以结束。如果预测分析不能达到上述要求，就要回到前面的步骤，或重新确定目标、收集资料，或重新选择方法，再进行预测。

（三）**市场预测的方法**

1. 定性预测的方法

企业在预测中由于掌握的数据资料不多，或者许多重要的因素无法以定量化的形式来表示，而只能凭借个人积累的经验和掌握的少量数据，从主观上进行分析、假设、推理、判断，从而测定和推断预测对未来的状况及其发展趋势等，这种方法称为定性预测。定性预测的方法很多，经常使用的主要有个人判断法、集体判断法和德尔菲法。

（1）个人判断法　个人判断法就是由企业决策人员根据对客观情况的分析和自己的经验，对市场需求的情况做出主观的判断，以预测未来的情况。这种方法在缺乏预测资料时特别有用。如果企业决策者有较丰富的经验和分析判断能力，并且对各方面的情况比较熟悉，就可以得到较好的预测结果。这种方法的优点是预测时可以综合考虑各方面的因素并且简单、快速，缺点是预测结果根据不足，有可能发生判断错误。

（2）集体判断法　集体判断法就是由企业主管人员召集与预测对象有关的各方面的人员，交换意见，共同做出决策。这种预测方法简单易行，在实际中应用比较广泛。运用集体判断法进行预测时，如果参加预测的人员能掌握企业经营情况，并充分发表意见，主持人对预测意见综合分析得当，则预测结果有一定准确性。这种方法的缺点主要表现在易受心理影响，在预测中往往出现两种偏差，一是受权威人士影响较大，易为大多数人的意见所左右，易受劝说性影响以及不愿公开修正已经发表的意见；二是预测趋势往往受外界的形势左右。如在产品滞销时，预测常常对销售困难看得多，预测估计值比较低，而当产品在市场上紧俏时，则往往忽略对社会需求量的研究，对产品的质量、规格、型号等不够重视，得出过于乐观的预测目标。在预测中要尽量避免以上两种情况。

（3）德尔菲法　德尔菲法是在个人判断法和集体判断法基础上发展起来的一种定性预测方法。它于 20 世纪 60 年代中期由美国兰德公司的奥洛夫·海默（Olaf Helman）和诺曼·德尔基（Norman Delkey）首先应用于技术预测。德尔菲是古希腊传说中的神谕之地，城中有座阿波罗神殿可以预卜未来，借用其名故称德尔菲法。这是一种广泛使用并享有盛名的预测方法。

运用德尔菲法进行预测过程如下。

① 拟定预测课题。由预测组织者拟定出需要预测的课题，列成调查表，并附上有关这个问题的背景材料邮寄给专家，请他们书面答复。

② 选择专家。这里所说的专家是预测对象所涉及的、某一领域内具有一定专门知识和相当工作经验的、能对预测对象的未来发展提供较为深刻见解的人员。在选择专家时，不仅要注意选择有经验的实际工作者，而且要注意选择在行业里有一定声望，在学术上有一定资格的人士以增加预测的权威性。专家小组的人数根据预测问题的规模确定，对于一般问题可以选 6～10 人，对于企业中的一些重大经营问题，人数则需相应增加。一般不超过 50 人为宜，以免汇总分析的工作量过大。

③ 反复多轮的通信调查。将调查表邮寄给已选定的专家，请他们在规定的时间内填写完并邮寄给预测组织者。待第一轮调查表收回后，由预测组织者将各种不同意见综合整理，汇总形成新调查表，再寄给专家征求意见。这时，每个专家都能了解其他专家的意见并可做出新的判断。如此经过几轮反复，就可使意见趋于一致。

④ 预测结果的分析处理。在预测过程中，对每一轮调查所得的专家意见，都要进行综合处理，并尽可能定量处理，以便获得有用的信息。

德尔菲法主要用于技术预测，若用于市场预测也颇具价值。特别是当企业没有历史资料可做预测根据时（如新产品销售），可用这种方法预测。

2. 定量预测方法

定量预测是利用历史资料或经济现象的相关变量之间的关系，运用统计公式或数学模型进行定量分析，对未来的发展趋势做出预测，得到预测值。然后，再根据企业经营环境的变化情况，加以修正，从而得到最终的预测值。根据所采用的数学模型的不同，定量预测方法又可分为很多种。其中使用最普遍的有时间序列分析法、回归分析法和季节变动预测法等。

第四节 市场细分与目标市场定位

现代企业营销，面对的是一个十分复杂且瞬息万变的市场。在这个市场上的众多买主，对商品的消费需求往往并不相同，甚至差异极大。任何规模的工商企业，都不可能满足全体买主对商品的互有差异的整体需求，而只能选择其中某一部分加以满足，为此，企业就必须进行市场细分。

一、市场细分

（一）市场细分的概念

所谓市场细分，又称"市场区隔"、"市场分片"、"市场分割"等，就是营销者通过市场调研，根据消费者对商品的不同欲望与需求、不同购买行为与购买习惯，把消费者整体市场划分为具有类似性的若干不同的购买群体——子市场，使企业可以从中认定其目标市场的过程和策略。这里所讲的子市场也叫亚市场，就是指消费者群。每一个消费者群就是一个细分市场；每一个细分市场都是由具有类似需求倾向的消费者构成的群体；所有细分市场之总和便是整个市场。由于在消费者群体内，大家的需求、欲望大致相同，企业可以用一种商品和营销组合策略加以满足。但在不同的消费者群之间，其需求、欲望各有差异，需要企业以不同的商品，采取不同的营销策略加以满足。因此，市场细分，实际上是一种求大同、存小异的市场分类方法，它不是对商品进行分类，而是对需求各异的消费者进行分类，是识别具有不同需求和欲望的购买者或用户群的活动过程。

（二）市场细分的作用

市场细分是企业开展市场营销的前提与基础，是市场营销全过程的首要环节。进行市场细分，有助于企业开展如下工作。

1. 分析市场机会

企业通过市场细分，可以深入了解各细分市场顾客的不同需求及其满足程度，从而发现哪些细分市场的需求没有得到满足，研究该市场的竞争状况。通过比较，发现有利于企业的营销机会，以便运用企业本身的有利条件，迅速取得优势地位。

2. 制定最佳营销策略

企业通过市场细分，易于认识和掌握顾客需要，了解消费者对不同营销措施反应的差异，从而根据细分市场的特点，制定出相应的营销组合方案和最佳的营销策略，使企业经营资源集中用于选定市场，生产适销对路的产品，配合以适当的售前、售中、售后服务，使消费者需求得到较好的满足。

3. 选定目标市场

企业通过市场细分，发掘市场机会，有助于根据主客观条件，选定某一个或某几个细分市场作为企业的目标市场。这比平均使用力量于各细分市场更能取得较好的营销效果，获得理想的市场份额，取得较高的效益。

4. 满足潜在需要

企业通过市场细分以后选定的市场小而具体，可增强市场调研的针对性，确切掌握消费者的消费倾向变化情况，分析潜在需要，发展新产品或新的服务项目，开拓新市场。从这一点上看，市场细分对中小企业具有更为重要的意义。因为它们比起大型企业来资源更为有限，市场经营能力也无法与市场领先企业相比。但是，他们可以通过市场细分化，发现与自己企业资源相符合的、可以见缝插针、拾遗补缺的某些市场空隙，把握力所能及的机会，集中人、财、物及信息等一切资源投入该细分市场，以企业的全部力量对抗竞争者的部分力量，就可以在此市场上建立稳固的市场地位。

（三）市场细分的原则与标准

市场细分有许多方法与标准，选择细分标准要考虑其有效性。例如，食用大米的消费者可以细分为有固定工作的和没有固定工作的，可以分为男性与女性市场。但事实上，从大米的消费来看，有无固定工作与购买大米关系不大，一个家庭食用米也不会分为男用米与女用米。因此，如果食用大米的人每月买相同数量的米，并且认为米的品质一样，愿意付出的价格也一样，那么，从营销观点来看，企业对此市场进行细分是无利可图的。因此有效的细分市场必须符合以下原则，否则细分后的市场对企业来说会得不偿失，市场细分也失去了意义。

1. 市场细分的原则

（1）可衡量性　这是指细分后的市场必须是企业可以识别和衡量的，也就是企业应首先掌握能明显表现消费者不同特征的资料，使得细分后的同一个市场的消费者确有类似的行为特征，而各个不同的细分市场之间又有明显的区别。如果设定的细分变数难以衡量，就无法界定市场，最终目标也就落空。

（2）细分后的市场必须是需求足量的　对于企业来说，细分市场的范围应大致可以实行一整套营销方案，使企业可以实现自己的利润目标。这就取决于这个市场是否有足够的、有货币支付能力的潜在购买者，是否存在可以拓展的可能，使企业能够一方面补偿成本，一方面获得利润，获得理想的经济与社会效益。反之，细分市场如果规模过小，范围过窄，需求量不大，进行产品差异化必然导致生产成本与推销费用相应增加，企业难以取得规模效益，造成市场细分所得的收益不足以补偿所增加的成本与费用，这种细分市场对企业没有实用价值。

（3）细分市场必须是企业可以进入的　企业的市场营销活动，会受到一定的能力与条件的制约，因此细分后的市场必须是企业的营销活动可达到的。这主要表现在两个方面：一方面，对细分后的市场，企业能够对消费者施加影响，能够传递产品的信息，进行产品的销售和产品的竞争；另一方面，企业的资源实力确实与细分市场相适应，这才是可以接受的市场。否则，吸引力再大，也只能放弃。

（4）细分市场必须是相对稳定的　细分后的市场应有相对的时间稳定性，否则细分市场也是没有意义的。细分后的市场能否在一定时间内保持相对稳定，直接关系到企业生产营销的稳定。如果细分后的市场需求变化过快，就会影响企业生产结构、产品组合的稳定，增加企业的经营风险，特别是对大中型企业，由于投资周期长、转产慢，更容易造成经营困难，严重影响企业经济效益。

（5）细分市场应具有高反应度　在比较理想的情况下，各个细分市场应该对营销组合中的因素有不同的反应。如果所有细分后的市场反应均一样，那么就无法采取特殊设计的营销组合，市场细分也就不必要了。例如，有些顾客对价格敏感，但是对商品的外包装则无所谓；有些顾客对产品结实与否要求高，对外观则无所谓。对产品属性变化的反应度是确定市场细分的有效工具，它为企业有针对性地制定营销组合提供可能性。

企业实施市场细分化策略必须具备以上条件，才有可能达到成功而有效的细分。

2. 市场细分的标准

市场细分的作用能否得到充分的发挥，要看企业确定的划分标准是否合理有效。对于不同的企业，不同的营销环境，其细分标准是不同的，下面以消费者市场为例来研究市场细分的一般标准。

消费者需求的差异性是市场细分的基本标准，而影响消费者需求的差异性的因素有多种。影响消费者需求的各种因素都可以作为市场细分的标准，由于这些因素是变动的，因此，市场细分的标准又叫市场细分变数。细分消费者市场所依据的变数很多，可以概括为四大类：地理环境因素、人口统计因素、消费心理因素、购买行为因素。

（1）地理环境因素　这是市场细分的主要标准之一。以地理环境为依据来划分市场是传统的市场细分方式。地理环境相对于其他因素表现比较稳定，属于静态因素，容易辨别。它是按照消费者所处的地理环境来细分市场，主要包括洲际、国别、区域、行政省市、城乡、地区、地形、气候、城市大小、人口密度、交通条件等。地理位置的不同，使人们对同一类产品的需求偏好往往不同。交通运输是否发达、资源是否充足，可以造成一个国家不同地区人们的生活方式以及使用产品、选择产品的巨大差异。气候因素也明显造成人们穿着、饮食、户外和户内娱乐等差别。而且，在不同地理环境中的市场对企业所采取的营销组合策略（如产品的设计、价格、分销方式、广告宣传等）也会存在不同的反应。此外，市场位置的不同往往引起人们对某一产品的市场潜量和成本费用的认识的不同，企业应选择那些能为之提供最好服务的、效益高的地理市场为目标市场。企业营销可以根据地理因素使用：广泛营销，以统一策略满足各地区消费者需求；集中于某一地区的专门营销，以满足当地消费者需求。

（2）人口统计因素　这是根据人口统计变量来细分市场。销售者可以按人口统计资料所反映的内容（即年龄、性别、收入、职业、教育、民族、宗教、家庭结构、家庭规模、家庭生命周期等直接反映消费者自身特点的许多因素）作为细分标准，将市场划分成不同的群体。人口因素一直是消费者市场的最主要的细分标准，其主要理由是它们与消费者的需求、偏好、欲望、商品使用频率以及许多产品的销售密切相关，而且这些因素较其他因素更易衡量。在这里，我们主要讨论市场细分中最常用的人口统计变量。

① 家庭人口与家庭生命周期。家庭人口反映的是家庭规模大小。进入 21 世纪的中国市场，三口之家越来越多，家庭规模趋向小型化，这直接影响到家庭用品的消费形态。比如对大件家具、高档家用电器、其他家居用品等的选择特点都会有所不同。家庭生命周期的不同，人们对商品的需求也有显著差异。家庭生命周期一般分为七个阶段，不同阶段显示出不同的购买与消费特点，如家庭中有子女与无子女、有年幼子女与成年子女，其消费特点就大不相同。而且，在家庭生命周期的不同阶段，家庭的购买力以及家庭成员对购买决策的影响力也有明显区别。

② 年龄与生命周期阶段。不同年龄的消费者对商品的需求也不同（如婴儿、学龄前儿童、学龄儿童、少年、青年、中年、老年）。一些企业为不同年龄与生命周期的细分市场提供不同的产品以及采取不同的营销方式。比如美国"人生阶段"的 4 种维生素，为特定年龄的特殊需求采用了不同的配方和营销方式：给 4～12 岁的"儿童配方"是可嚼的；给十多岁少年的是"少年配方"；还有为成人准备的"女性配方"与"男性配方"。但是年龄有时是一个难以捉摸的变量，最典型的例子是，有些 40 岁左右的人依然没有成家，这就不能与一般中年人的消费需求并论。因此，企业在考虑此因素时，应该尽量避免墨守成规的年龄印象。

③ 性别。性别是最常用的细分因素之一。不同性别的人对商品的需求和购买行为有显著的差异。许多产品与服务（如服装、理发美容、洗涤用品与化妆品、饮料、杂志等）都可以用性别来细分市场。

④ 收入。由于收入往往直接影响消费者的购买力，决定了市场的消费能力，所以收入也是一个重要的细分因素。尤其对一些价格较高的耐用消费品市场，常用收入因素来细分，如房屋、旅游、汽车、电脑、首饰等。

⑤ 民族与国籍。我国是个多民族国家，有 56 个民族，少数民族人口约占全国总人口的 6.7%。由于各民族有自己的生活习惯与风俗，因而对一些商品的需求有明显差异。不同国籍的消费者，生活习惯与购买力也有较大的区别，也会呈现出各种各样的需求特征。

⑥ 职业与教育程度。不同职业、不同教育程度的消费者，对商品的消费需求偏好和购买行为等区别很大，这主要是因为消费需求的取向差异。如美国某企业，在市场细分中就专门划分一个"学院市场"，这就是以职业与教育程度进行划分的，在这个市场上，人们消费在书报杂志上的开销明显高过其他类型市场。

⑦ 多重人口统计变量。当单一变量无法准确划分时，企业常以两种或两种以上变量来细分市场。例如，某服装公司以性别、年龄和收入三个变量将市场划分为多个细分层面，每个层面有更细致的划分，如企业在高档女服产品的提供上，可以有以下细分选择：为高收入的年轻女性市场提供的高档职业女装；为高收入的职业中年妇女提供的高档职业女装；为富裕的年轻家庭妇女提供的高档女装以及中老年高档女装等。

（3）消费心理因素 消费者各自的心理因素会直接影响消费者的购买趋向，尤其在解决了温饱问题的社会状态中，顾客购买商品已不限于满足基本生活需要，心理因素左右购买者的行为更为突出。虽然心理因素比较抽象，不是很容易把握，但其重要性日益显著。它包括消费者的人格特征、爱好、生活习惯、格调与方式、气质、社会阶层等。由于心理因素是复杂的动态因素，企业在依据心理标准划分市场时，必须根据消费者在不同时期的不同心理变化，随时进行深入调查，切实掌握其变化趋势，获得可靠的衡量数据，确定真实的目标市场。

① 生活方式。这是影响消费者的欲望和需求的一个重要因素。人们的生活方式不同，对商品的需求也有相当大的差别，人们的消费行为是其生活方式的写照。而且，一个消费者的生活方式一旦发生变化，他就会产生新的需求。因此，越来越多的企业按照消费者不同的生活方式来细分市场，并为生活方式不同的消费者群体设计不同的产品和安排市场营销组合。例如，

美国时装公司生产妇女时装，分别设计成"生活朴素型"、"时髦型"、"有男子气度型"、"知识型"、"优雅型"等不同款式，提供给不同风格的消费者。

② 人格。企业常常以消费者的人格变量来细分市场，这样可以形成产品品牌个性，树立品牌形象，以吸引相应的消费者购买。从消费心理学角度看，消费过程实际是消费者不自觉地展示自己性格的过程。企业可以以此开发产品，展开争夺顾客的宣传。美国的"总统全美户外运动会"为了开发市场，把美国人分为五种类型：追求刺激的竞技运动参加者、为了自身健康参加体育运动者、重视健康的社交活跃分子、真正的运动积极分子、无明确目的与动机的人，这就是使用人格细分的最佳例子。

③ 社会阶层。美国市场学家把社会阶层分为六类（上上层、上下层、中上层、中下层、上下层、下下层），我国的社会阶层虽然没有如此明显，但不可否认是存在的。不同的社会阶层的消费者具有不同的个人偏好，表现在他们对服装、家具、阅读、旅游、装修、汽车等的购买，甚至对购物地点的选择、媒体接触以及广告信息的接受度等方面的偏好大不相同。例如，社会上层消费者常以名贵、名牌、稀有、显示个人身份作为目标；社会的中、下层消费者则重视经济实惠，对物美价廉的产品情有独钟。许多企业就以特定的社会阶层作为目标市场，提供产品与服务。

（4）行为因素　所谓的行为因素细分是指企业根据消费者对产品的认识与态度、使用与反应等行为来细分市场。在消费者的收入水平不断提高，新产品层出不穷的现代市场，这一细分市场的标准越来越重要。而且，由于行为因素是与产品最直接相关的市场细分因素，所以一般来说，它是细分市场的最佳起点，主要包括消费者的购买时机和频率、消费者追求的效益、使用者情况与使用率、消费者对品牌的忠诚度、消费者对产品的态度以及对价格的敏感程度等。如牙膏市场，由于消费者的购买动机不同，追求的效益也就不同。有的是为了防过敏，有的为了洁齿，有的为了防口臭，而有的讲究牙膏的味道和名牌，有的注重它的医疗效果，也有的是强调经济实惠等。对于企业来说，越是清楚地了解消费者的行为因素的特点，越有助于在消费者心目中确定本企业产品的地位。

二、目标市场选择与定位

在对整体市场细分并做出市场潜力和获利水平的估算之后，企业可以发觉，并非所有的细分市场都具有开拓价值。且各个细分市场的需求之间往往互相矛盾，若同时满足所有需要，即非企业能力所及，也会因资源使用分散而降低效率。为更有效的发挥企业现有资源优势，争取最大获利机会，企业应在各个细分市场中选择一个或几个细分市场，作为目标市场。所谓目标市场，就是企业营销活动所要满足的市场需求，是企业决定要进入并为之服务的市场。在现代市场营销管理中，企业的一切活动都是围绕着目标市场进行的。选择和确定目标市场，明确企业的服务对象，关系到企业经营目标的实现，是企业制定市场营销战略的基本出发点。

（一）目标市场的选择

1. 目标市场的选择条件

一个理想的目标市场必须具备下列四个条件。

（1）有足够的市场需求　一定要有尚未满足的现实需求和潜在需求。理想的目标市场是有利可图的市场，没有需求而不能获利的市场谁也不会去选择。

（2）市场上有一定的购买力　要有足够的销售额。市场仅存在未满足的需求，不等于有购买力和销售额。如果没有购买欲望或购买力很低，就不可能构成现实市场。因此，选择目标市场必须对目标市场的人口、购买力、购买欲望进行分析和评价。

（3）企业必须有能力满足目标市场的需求　在市场细分的子市场中，可以发现有利可图的子市场有许多，但是不一定都能成为本企业的目标市场，必须选择企业有能力去占领的市场作为自己的目标市场。同时，开发任何市场都必须花费一定的费用。将花费的一定费用和带来的企业利润相比较，只有当企业所获利润大于企业花去的费用的目标市场，才是有效的目标市场。

（4）在被选择的目标市场上本企业具有竞争的优势　竞争优势主要表现为：该市场上没有或者很少有竞争；如有竞争也不激烈并有足够的能力击败对手；该企业可望获得较大的市场占有率。

2. 目标市场的范围选择

企业在将整体市场划分为若干细分市场后，既可以从中选择一个细分市场作为目标市场，也可以将几个细分市场选为目标市场，这就涉及目标市场的范围选择问题。确定范围是目标市场选择的重要内容之一。目标市场的范围大小恰当与否，直接关系到企业营销活动的效果。通常，企业可采用的目标市场范围选择方式有以下几种。

（1）产品市场集中化　即企业的目标市场集中于一个细分市场，这意味着企业只生产或经营一种标准化产品，并只供应某一顾客群。这种方式通常为小企业所采用。

（2）产品专业化　即企业将几个细分市场的顾客群作为目标市场，同时向几类顾客供应某种产品。当然，由于顾客群不同，产品在质量、款式、档次等方面会有所区别。

（3）市场专业化　即企业以同一顾客群作为目标市场，向他们提供性能有所区别的同类产品。

（4）选择专业化　即企业有选择地进入几个不同的细分市场，为不同的顾客群提供不同性能的同类产品。需要注意的是，采用这种策略必须以这几个细分市场均有相当大的开拓价值为前提。

（5）全面进入　即企业决定全方位进入各个细分市场，为所有顾客提供他们所需要的性能不同的系列产品。这通常是实力雄厚的大企业为在市场上占据领导地位，甚至力图垄断全部市场而采取的范围选择方式。

一般而言，企业在选择市场范围时，总是首先进入最有吸引力的细分市场，待条件和时机成熟时，再逐步扩大目标市场范围，进入其他细分市场。

（二）市场定位

在企业选定目标市场之后，就要在该市场进行企业与产品的市场定位。但是，通常的情况是市场已经有竞争者占领，企业为了能在市场上战胜竞争者，必须了解竞争者，使自己的战略计划与众不同，以优质的产品与服务作为进入目标市场的市场定位。这是企业市场营销战略体系中重要的组成部分，关系到企业与产品在消费者心目中的地位。

1. 市场定位概念

所谓市场定位，即确定产品与企业在目标消费者中的地位。这是根据所选定的目标市场上竞争者现有产品所处的位置和企业的自身条件，为产品与企业创造一定的特色，使之在消费者心目中占据突出的地位，从而确定企业整体形象。所谓企业的整体形象，就是企业在经济实力、信誉、产品、社会知名度等方面比较全面的形象。这对于每一个企业来说都是十分重要的。但是，不论是企业把自己定位在"优质服务"、"优质产品"，还是定位在"经济实力雄厚"、"热心社会公益事业"，都必须得到消费者的认可。因为，企业的任务就是要创造产品的特色，使之在消费者心目中占据突出的地位，否则就是失败的。比如青岛海尔集团，在竞争中全面出击，以优质产品、优质服务、信誉第一、热心公益、实力雄厚的大企业形象制定企业的策略，他们的努力最终得到消费者的认可，成为人们心目中值得信赖的著名企业。由此可见，市场定位取决于消费者的心理状态。由于信息时代的到来，消费者面对大量的产品与服务信息感到难以取舍，因此，人们在选择购买行动时，往往把产品、企业知名度、服务承诺加以考虑。对此，企业在实施定位策略时，要确认在选定的目标市场上可以带来最大竞争优势的定位。

2. 企业竞争定位策略

这是根据企业竞争状况的定位，它反映出的是产品与企业和同类产品与企业之间的竞争关系。企业作为市场竞争的参与者，因为自身的资源实力不同而在目标细分市场上处于不同的竞争地位。根据企业的竞争地位及其营销策略，市场上的企业大致可以分为四类竞争状态：市场领导者、市场挑战者、市场追随者、市场补缺者。如果用市场占有率表示，其情况大致是：市场领导者，市场占有率约为 40％；市场挑战者，市场占有率约为 30％；市场追随者，市场占有率约为 20％；市场补缺者，市场占有率约为 10％。由于企业所处的地位不同，定位策略必须是经过对本企业、主要竞争者对手做出客观评价，对市场需求有了充分了解后的抉择。下面分析从企业角度，根据企业在市场上所处的位置，采取的四种市场定位策略。

（1）市场领导者策略 所谓市场领导者，即该企业不仅拥有相关产品的最大市场占有率，而且在市场价格变动、新产品开发、营销渠道和促销强度上都占据支配地位，对其他同类企业产生领导作用。这类企业经济实力雄厚，为了维护市场领先地位，通常把自己的整体形象定位在顾客偏爱范围的中心位置，因为这样定位最能适应顾客需要，市场占有率最大。在西方市场上几乎每一个行业都有一个被公认的市场领导者。如美国的通用汽车公司是汽车行业的领导者，可口可乐公司是饮料行业的领导者，麦当劳公司是快餐行业的领导者等。作为市场领导者的企业，必须尽力维护自己的市场地位，在市场上努力做好每一件事，不给竞争者以可乘之机。

（2）市场挑战者策略 市场挑战者是指在市场上紧迫市场领导者的企业，一般也是具有强大竞争实力的公司，通常有约 30％的市场份额被市场挑战者所掌握，它在行业经营中也有很大的力量，往往是名列第二、第三的企业。如美国的百事可乐公司、福特汽车公司，在饮料业和汽车业直追市场领导者，并不断向其发动进攻，往往是从产品创新、价格、成本、促销等方面展开对抗战。当企业在市场竞争中处于仅有领导者在前，并有希望继续扩大市场占有率时，即处于挑战者地位。作为市场挑战者，要赢得市场，首先就是应该确定其战略目标。市场定位策略应把自己的整体形象定位在尽量靠近市场领导者的位置，缩小与领导者的差别，便于争夺市场领导地位。它的攻击对象是多种的，可以攻击本行业的领导者，或是与自己企业规模相同的公司以及本地区较小的公司。

（3）市场追随者策略 市场追随者大约占领着市场份额的 20％左右，此类企业往往只希望维持自己的市场份额与利润而不肯冒风险攻击市场领导者，以防自己受到报复性的攻击。因此，它是以追随者的姿态，跟随市场领先者在价格、促销等方面的策略，模仿市场领导者，以获得发展的企业。市场追随者的定位策略是使自己的整体形象与市场领导者保持适当的距离，一般可采用紧随策略、保持一定距离追随、有选择追随三种。

（4）市场补缺者策略 市场补缺者是指选择某一特定较小的区域市场为目标，提供专业化的服务，并以此为经营战略的企业。作为市场补缺者要完成三个任务：创造补缺市场、扩大补缺市场、保护补缺市场。

本 章 小 结

本章从市场及市场营销的含义、市场营销管理哲学、市场调查及预测、市场细分及目标市场定位四部分内容对市场营销的基本知识和理念进行了阐述。

市场营销是企业以消费者需求为出发点，有计划地组织各项经营活动，为消费者（顾客）

提供满意的商品和服务而实现企业目标的过程。它涉及的核心概念有：需要、欲望和需求；产品；效用、价值和满足；交换、交易和关系；市场；市场营销者。

市场营销观念的正确与否，关系到企业营销的成败和企业的兴衰。近百年来，随着生产发展、科技进步和市场环境的变化，市场营销观念先后经历了生产观念、产品观念、推销观念、现代市场营销观念、社会市场营销观念等的历史演变。

市场调查就是运用科学的方法，系统地搜集、记录、整理和分析有关市场的信息资料，从而了解市场变化的现状和趋势，为市场预测和经营决策提供科学依据的过程。随着市场经济的发展，竞争日益激烈，市场变得更加复杂，通过市场调查和预测，企业可以清楚地了解市场活动的现状、与竞争对手的差异，为科学的决策提供服务。

习　题

一、简答题

1. 什么叫市场？
2. 什么叫市场营销？
3. 市场营销观念有哪些？
4. 什么叫营销道德？
5. 营销道德的建设，应从哪几个方面抓起？
6. 什么叫市场预测？包括哪些内容？
7. 目标市场的选择条件有哪些？

二、案例分析题

农村市场海阔天空

"华龙"，这家过去默默无闻的小企业异军突起，创下了令人吃惊的发展速度：年生产能力由1600吨猛增到16万吨；月平均销售收入由58万元增到3400多万元；固定资产由218万元飚升到2.5亿元。在竞争激烈的方便面市场，"华龙"所占市场份额紧随"康师傅"、"统一"之后，居全国第三位。"华龙"速度的奥秘何在？为什么华龙方便面能在激烈的竞争中后来居上？集团总裁范现国归纳为三个方面的原因：正确的目标市场策略、过硬的产品质量、独特的营销策略。

立项之初，范现国等人首先对国内方便面市场进行了一番深入细致的调查研究。他们发现，尽管我国方便面生产发展迅猛，但市场仍有较大空间。在已经建成投产的1000多家方便面生产企业中，大致可分为两种类型：少数几家中外合资或外商独资企业虽然拥有较高的市场占有率，但目标市场大多定位于大中城市，产品定价等方面没有考虑到农村的实际情况；地方小厂"遍地开花"，产品价位也较低，但质量不稳定，主要依靠有限的当地市场维持生存。广阔的农村和小城镇对方便面的需求是显而易见的，问题是能不能为他们提供质量可靠、价格适中的产品，而这恰恰是华龙人一显身手的用武之地。

基于这样的认识，华龙响亮地提出"同等质量比价格，同等价格比质量"，用职工们的话说，就是"杂牌军"的价钱，"康师傅"的质量。依托当地优质的小麦和廉价的劳动力资源，华龙将袋装方便面的零售价定在1元左右，而口感、营养成分、卫生状况等各方面并不逊色。为确保产品质量，华龙从东南亚引进国际一流的设备，高薪聘请台湾食品专家加盟入股并主持研究开发中心的工作，对面粉的加工、面饼的烘焙、调料的配制及外在包装等环节实行全程质量监控，与此同时，根据各地不同的饮食习惯，华龙将市场细分化，销往不同的地区，搭配不同的调味包，满足不同地域消费者的需求。

有了适销对路的产品，并非一定拥有相应的市场份额。要想在商业网点尚未健全的农村市场扎根，建立一个高效的营销网络迫在眉睫。在华龙，营销公司撑着企业的半壁江山，汇集了精兵强将。营销公司下设面向各省市自治区的营销处，处以下设组，分包一个省份的几个区县市场。每个营销员都有明确的分工，定向联系几家地区代理商。华龙在全国400多个市县设立了固定的经销户，由此形成了营销总部、处、组、户四级营销网络，覆盖长江以北，波及江南数省。为密切和代理商的关系，华龙采取送货上门、特许入股等形式，与它们结成紧密的利益共同体。

华龙的付出，赢得了回报。在河北、河南、山西、内蒙古自治区三省一区，华龙方便面的市场占有率稳居第一；在东北、华北、西北等地区，华龙方便面正呈强劲的扩张势头。

思考：

1. 如何进行方便面的市场细分？华龙选择了何种细分市场为目标市场？为什么？

2. 华龙集团在众多的方便面生产厂家中脱颖而出，取得成功的经验是什么？

3. 你对华龙集团保持竞争优势在营销策略上有哪些好的建议？

三、实训题

对自己周边存在的一个商业企业进行一次市场调查活动，根据调查情况分析其目标市场，判断其市场定位是否合理并提出改进意见。

第六章　市场营销策略

【知识目标】
1. 正确理解产品整体观念和产品生命周期理论的内涵，掌握产品组合策略的运用
2. 掌握分销渠道的类型、中间商的种类和特点，灵活使用分销渠道策略
【技能目标】
1. 掌握企业产品定价的影响因素、产品定价的方法，灵活使用定价策略
2. 理解促销的实质，灵活掌握广告、人员推销、公共关系和营业推广策略的运用

 引导
案例

精心准备的促销活动为何会失败？

2010 年初，一位减肥品经销商在浙江省南部一个富裕的县级市举办了主题为"减肥效果万人大公证"的促销活动。希望通过这次活动，扩大产品的尝试人群，从而形成回头购买及口碑传播。经销商为这次活动作了一番精心的准备，活动的主要过程如下。

1. 时间：3.15 消费者权益日；地点：仁寿堂大药店门口。

2. 内容："3 月 15 日只需花 38 元就可以购买价值 98 元的××减肥胶囊"。

3. 活动前媒体宣传：（1）3 月 12 日、14 日分别在当地《××日报》作促销活动宣传。（2）在当地人民广播电台，从 3 月 10 日~15 日开始发布 30 秒钟的促销活动广告，其中 90% 的广告内容是介绍产品的功能，广告最后加上活动通知。时间从早 8:00~晚 9:00 每天 8 次滚动播放。（3）在××药店门口挂跨街横幅一条，内容为活动通知，时间为 3 月 8 日~15 日（一周）。

4. 活动经过

（1）现场促销员 6 名，由于报酬高，加上临时做了培训，积极性很高，一开始就基本进入状态。

（2）为了增加活动气氛，让前来咨询的顾客对活动及产品能快速清晰地了解，现场设大展板两块。一块介绍产品；一块介绍活动内容。顾客来咨询时，促销员一边发宣传单，一边介绍活动及产品。

5. 活动结果

现场只来了 50 名咨询的顾客，其中 32 人当场购买产品，合计销售 80 盒。据事后统计70% 买 3 盒，15% 买 4 盒，10% 买 2 盒。

该经销商认为，活动从开始宣传到结束设计得很严密，并且自己经常在终端观摩别的厂家促销活动，大致都差不多，似乎谁也没有什么离奇的手法。然而这次活动结果与预期相差甚远，这使他大惑不解，垂头丧气。

思考题：

1. 经销商采取了哪些促销组合策略？

2. 分析这次促销活动失败的主要原因，如果你是这次活动的策划者，你会怎么做？

【案例分析】

减肥胶囊的效果如何、有无副作用是人们最关心的问题，经销商怎样证明这些问题是消费者比较关注的，也是营销成败的关键问题。

第一节 产品策略

一、产品的整体概念

产品是市场营销组合中最重要的因素。企业在确定营销组合时，首先需要回答的问题是发展什么样的产品来满足目标市场的需求。产品策略的研究，将使这一问题得到全面、系统的回答。

在现代市场营销学中，产品概念具有极其宽广的外延和深刻而丰富的内涵，它指通过交换而满足人们需要和欲望的因素或手段。包括提供给市场，能够满足消费者或用户某一需求和欲望的任何有形物品和无形产品。

以往，学术界曾用三个层次来表述产品整体概念，即核心产品、形式产品和延伸产品（附加产品），这种研究思路与表述方式沿用了多年。但近年来，菲利普·科特勒等学者更倾向于使用五个层次来表述产品整体概念，认为五个层次的研究与表述能够更深刻而准确地表述产品整体的概念。产品整体概念的五个基本层次如下。

1. 核心产品

核心产品是指向顾客提供的产品的基本效用或利益。从根本上说，每一种产品实质上都是为解决问题而提供的服务。譬如，人们购买空调不是为了获取装有某些电器零部件的物体，而是为了在炎热的夏季，满足凉爽舒适的需求。其他产品的购买同理可证。因此，企业营销人员向顾客销售的任何产品，都必须具有反映顾客核心需求的基本效用或利益。

2. 形式产品

形式产品是指核心产品借以实现的形式或目标市场对某一需求的特定满足形式。形式产品由五个特征所构成，即品质、式样、特征、商标及包装。即使是纯粹的劳务产品，也具有相类似的形式上的特点。产品的基本效用必须通过特定形式才能实现，市场营销人员应努力寻求更加完善的外在形式以满足顾客的需要。

3. 期望产品

是指购买者在购买该产品时期望得到的与产品密切相关的一整套属性和条件。譬如，旅馆的客人期望得到清洁的床位、洗浴香波、浴巾、衣帽间的服务等。因为大多数旅馆均能满足旅客这些一般的期望，所以旅客在选择档次大致相同的旅馆时，一般不是选择哪家旅馆能提供期望产品，而是根据哪家旅馆就近和方便而定。

4. 延伸产品

是指顾客购买形式产品和期望产品时，附带获得的各种利益的总和，包括产品说明书、保证、安装、维修、送货、技术培训等。国内外许多企业的成功，在一定程度上应归功于他们更好地认识了服务在产品整体概念中所占的重要地位。许多情况表明，新的竞争并非各公司在其工厂中所生产的产品，而是附加在产品上的包装、服务、广告、顾客咨询、资金融通、运送、仓储及其他具有价值的形式。能够正确发展延伸产品的公司必将在竞争中赢得主动。

5. 潜在产品

是指现有产品包括所有附加产品在内的，可能发展成为未来最终产品的潜在状态的产品。潜在产品指出了现有产品的可能的演变趋势和前景。如彩色电视机可发展为录放影机、电脑终端机等。

产品整体概念的五个层次，十分清晰地体现了以顾客为中心的现代营销观念。这一概念的内涵和外延都是以消费者需求为标准的，由消费者的需求来决定。可以说，产品整体概念是建立在"需求＝产品"这样一个等式基础之上的。没有产品整体概念，就不可能真正贯彻现代营销观念。

二、产品市场生命周期

（一）产品市场生命周期的概念

产品市场生命周期，是指产品从完成试制、投放市场开始，到最终退出市场为止所经历的全部时间。产品退出市场，并非是其本身质量或其他方面的原因，而是由于市场上出现了同种类型、同种用途的新产品，使老产品逐渐失去魅力，最终被市场淘汰。

产品生命周期，是现代市场营销学中的一个重要概念，是企业研究产品策略的重要根据。研究产品生命周期的发展变化，可以使企业掌握各个产品的市场地位和竞争动态，为企业制定战略计划、营销策略提供依据，对增强企业的竞争能力和应变能力有重要意义。

产品的市场生命与产品的自然生命是两个不同的概念。产品的自然生命即产品的使用寿命，是一种产品从开始使用到其使用价值完全丧失的过程。产品自然生命的长短，取决于消费过程的方式（如使用频率、使用强度、维修保养状况等）和时间以及自然力的作用等因素。产品的市场生命即产品的经济寿命，是指产品在市场上的延续时间。产品市场生命的长短，取决于产品的性质和用途、消费习惯和民族特点、科技进步速度、市场竞争情况、国民收入水平等。产品的市场生命与自然生命之间没有必然的、直接的联系。有的产品自然生命很短，但市场生命却很长，如鞭炮；有的产品自然生命很长，但市场生命却很短。由于产品的具体情况不同，其生命周期的长短也不一致。从总的趋势看，随着科学技术的加速发展，产品生命周期日益缩短。

生命周期可分为四个阶段，即介绍期（或导入期）、成长期、成熟期和衰退期。一般以企业的销售量（额）和利润额来衡量。典型的产品生命周期曲线呈正态分布。

（二）产品生命周期各阶段的特征和营销策略

明确产品在市场上所处的生命周期的阶段，了解产品的发展趋势，有助于企业根据不同的情况，采取适当的经营管理策略，也有助于企业适时地推出新产品，替代老产品。

1. 导入期

导入期是指新产品试制成功，首次正式上市的最初销售阶段。这一阶段的主要特征是：消费者对新产品缺乏了解，分销渠道少，销售量增长缓慢；需做大量广告宣传，推销费用大；产品尚未定型，性能和质量不够稳定；企业生产批量小，试制费用大，产品成本高；产品获利较少或无利可图，甚至亏损；只有少数企业生产，市场上竞争者较少。因此，在这个阶段企业所承担的市场风险最大。

根据上述特征，企业营销策略的重点，主要突出一个"快"字，应使产品尽快地为消费者所接受，缩短产品的市场投放时间，迅速占领市场，促使其向成长期过渡。具体可采取以下营销策略。

（1）产品策略　由于产品的设计尚未定型，花色品种单一，生产批量小，成本高，因此，在导入期，企业应及时了解市场对新产品的反馈信息，并据此不断改进产品，提高产品质量，努力增加商品品种，加强内部管理，努力降低生产成本。

（2）渠道策略　为了使新产品尽快被市场接受，在较短的时间内度过导入期，企业在选择和培养渠道时的指导思想就是尽快扩大销售。为了达到这一目的，企业应选择销售同类产品有经验的中间商。虽然费用会高一些，但对新产品的市场拓展能够带来好的效果。

（3）价格和促销策略。企业在推出新产品时，既可以花费较多的促销费用，也可以花费较少的促销费用；对新产品既可以定高价格，也可以定低价格。

2. 成长期

成长期是指产品经过试销取得成功后，转入批量生产和扩大销售的阶段。这一阶段的特征是：消费者对产品已经熟悉并接受，销售量迅速上升；产品已基本定型，生产规模扩大，产品成本下降，企业利润不断增加；同行业竞争者纷纷介入，竞争趋向激烈。

产品进入成长期后，企业营销策略的重点主要突出一个"好"字，强化产品的市场地位，尽可能提高销售增长率和扩大市场占有率。具体可以采取以下几种营销措施。

（1）产品策略　主要是提高产品质量，增加花色品种，扩大产品用途。同时，进行市场细分，推出多种包装、不同性能和款式的产品，增强市场吸引力。在产品成长期，企业应把保持和提高产品质量放在首要位置，因为这是影响产品生命周期长短的关键所在。有些企业的产品刚上市时质量不错，一旦大批量生产销售后质量明显下降。这种自断产品前程的做法，已被无数实践证明，遭受损害的最终是企业自身的利益。随着产品销售量的上升，企业还应及时提供各种有效的服务，尽可能全面地满足消费者的需求，使消费者产生信任感，以巩固和扩大市场，在成长期力求创名牌产品，为该产品在成熟期的销售和给企业在较长时间内带来利润奠定基础。

（2）价格策略　在批量生产、成本下降的基础上，根据竞争情况，选择适当的时机降低价格，既能吸引更多的顾客购买，又可防止大批竞争者介入。

（3）渠道策略　巩固原有的分销渠道，增加新的销售途径，进入有利的新市场，扩大产品销售网络，做到保证供应，方便购买。

（4）促销策略　企业仍要进行大量的广告促销工作，但是，促销的重点应由前期的介绍产品，改为树立强有力的产品形象，提高企业和产品的知名度，创立名牌，目的是建立品牌偏好，争取新顾客。

3. 成熟期

成熟期是指产品经过成长期，销售量增长速度明显减缓，到达峰点后转入缓慢下降的阶段。这一阶段的主要特征是：产品的工艺、性能较为完善，质量相对稳定，产品被大多数消费者所接受；市场需求趋于饱和，销售量增幅缓慢，并呈下降趋势；企业利润达到最高点，随着销售量的下降，利润也开始逐渐减少；市场上同类产品和替代品不断出现，竞争加剧。

在产品成熟期，企业营销策略的重点，主要突出一个"改"字，要采取各种措施，千方百计延长产品生命周期，具体可采取以下营销策略。

（1）产品改革策略　企业通过对产品的性能、品质、花色、造型等方面的改进，满足顾客不同的需要，并能吸引新顾客，从而扩大销售量，延长成熟期，甚至打开销售停滞的局面，使销售量重新上升，出现再循环的局面。产品改革的具体策略有：品质改进策略，主要侧重于增加产品的功能；特性改进策略，主要是增加产品的特性，尤其是扩大产品的高效性、安全性和方便性方面；式样改进策略，根据人们的审美观念改变产品的款式、外观；服务改进策略，为顾客提供更周到、更完备的服务，以吸引消费者增加购买。

（2）市场开发策略　这种策略不需要改变产品本身，而是改变销售方式或发现产品的新用途，以扩大产品的销售量。具体策略：一是寻找新的细分市场，把产品引入尚未使用本产品的市场，重点是发现产品的新用途，应用于新的领域，延长成熟期；二是寻找新的方式刺激消费者，增加消费者的购买量；三是重新进行市场定位，寻找新的潜在顾客。

（3）重新制定营销组合策略　企业可以根据市场情况，通过降低价格，扩大销售渠道，增加服务项目和采取新的促销形式等方法，赢得更多的顾客，延长产品的生命周期。一般是通过改变一个或几个产品特性来刺激消费者。

4. 衰退期

衰退期是指产品经过成熟期，逐渐被同类的新产品所替代，销售量呈现急剧下降趋势的阶段。这一阶段的主要特征是：产品销售量由缓慢下降变为迅速下降；产品普及率较高，消费者对该产品的兴趣已完全转移；产品价格已降到最低点，多数企业无利可图，竞争者纷纷退出市场。

产品一旦进入衰退期，从战略上看已经没有留恋的余地。营销策略的重点，主要突出一个"转"字，应积极开发新产品取代老产品。同时，还要根据市场的需求情况，保持适当的生产量以维持一部分市场占有率，并作好撤退的准备。具体可采取以下策略。

（1）维持策略 即继续沿用过去的营销策略，仍保持原有的细分市场，使用相同的分销渠道、定价及促销方式，将销售量维持在一定水平上，待到时机合适，再退出市场。这种策略适用于市场上对此产品还有一定需求量，生产成本较低和竞争力较强的企业。

（2）收缩策略 即大幅度缩减促销费用，把企业的资源集中使用在最有利的细分市场和最易销售的品种、款式上，以求获取尽可能多的利润。

（3）放弃策略 对于大多数企业来说，当产品进入衰退期已无利可图时，应当果断地停止生产，致力于新产品的开发。但企业在淘汰疲软产品时，到底是应该采取立即放弃、完全放弃还是转让放弃，应慎重抉择，妥善处理，力争将企业损失减小到最低限度。

案例

翠微集团以生态保护为切入点的经营

蓝天绿洲，如果仅仅是一种洗衣粉，不论其如何优质也不会引起人们太多的关注，但如果看到其背后的投资者——北京翠微集团，许多人也许顿生兴致。尽管这兴致的背后有对翠微与洗衣粉的差异性的好奇，但更多的是翠微在北京零售业的地位让人无法不关注其投资的背后。

翠微大厦，北京大型零售商业的后来者，其倡导的"家居绿色革命"理念，要为社会的生态环境保护搭建一个绿色通道。几年来，翠微集团在绿色管理的探索与实践中，形成了一强四新的管理模式，推动了新旧商业的管理革命。在企业的管理水平提升后，在发展平台上有三个阶段的"为了谁"。

1. 导入期：我

从管理学角度讲，这个阶段是以基础利益为中心的阶段。如何运作基础利益的积累，是对一个新型企业的挑战与考验。翠微在"我"的阶段，不仅注重了资本的运作基础、利润和积累，在资源管理的开发上，也导入了更多的科学和文化内涵。例如，开创了京城商界的几个管理第一，第一家采用计算机全程管理、进价核算的商场，第一家开设电子购物的商场；在企业使命上，确立了"提升消费者的生活质量和生活品位，传播现代时尚消费文明，开辟现代生活新境界"的多层次、多功能的定位模式。

2. 成长期：我和你

这个时期是企业步入成熟的阶段，这时的企业已不再是为"我"而存在，而是以两个利益为中心，即消费者满足消费的需求、供货商开拓市场的需求。翠微在这个时期，注意培养消费者和供货商的忠诚度管理，以品牌经营培养企业的社会美誉度，其中着力营造的"店庆经济"的营业促销策略，已成为北京商界的一大亮点，在建立与供货商的忠诚关系上，达到和谐共赢。

3. 发展期：我们

"我们"是一个社会的概念。按照现代管理学的观点，企业发展的最佳模式，是以三个利益为重点，即企业的利益、消费者的利益、社会发展的利益。而三种利益的交合点是生态环境的发展，也是企业管理平台的最高境界，是社会包括所有利益能否可持续发展的根本。翠微将发展期定位在为了"我们"而且是共同的概念上，就是要倡导一个"家居绿色革命的理念"。零售业是连接生产和消费的桥梁，翠微致力于将这个桥梁建成一个通道。由这条通道传导的，不仅是一般的消费，而且还是生态保护的责任感，绿色消费的健康感，无毒无害的安全感，环保、高效、节能的效益观，以及由此达到的社会和谐。

在发展期的第一年，翠微就以生态保护为切入点通过向生产领域的扩展，逐步建立起科工贸一体化的企业发展新格局。商业向工业领域的扩展，也是一种回报社会的风险投资，这在有限资本的运营及管理的创新上，同样具有挑战性和开拓意义。

思考题：

翠微集团是如何以生态保护为切入点开展经营活动的？

第二节 价格策略

一、价格构成要素

企业要灵活运用价格策略，实现自己的市场营销战略和经营目标，首先必须了解构成产品价格的各种要素。

通常市场上产品的价格由生产成本、流通费用、税金和利润四个方面构成，用公式表示为

$$产品价格＝生产成本＋流通费用＋利润＋税金$$

1. 生产成本

生产成本，是指生产者为生产一定数量的某种商品所耗费的生产资料转移价值和为自己劳动创造价值的货币表现。

（1）生产成本与价格

① 生产成本是价格构成的最基本、最主要因素，是价格构成的主体，在商品价格中占有较大比例。

② 生产成本是制定商品价格的最低经济界限。

③ 生产成本的高低可以影响或决定价格的高低，而价格高低又是影响生产成本高低的重要因素。

④ 生产成本是衡量经营管理水平的最重要经济指标。

（2）商品的生产成本的两种基本形态

① 个别成本。指个别生产企业（或生产者）生产单位产品所耗费的实际生产费用，是反映各生产企业生产经营状况的一个重要指标。

② 社会生产成本。又称部门平均成本，它是正常生产、合理经营情况下不同企业生产同一产品的平均支出。

按照社会必要劳动量决定价值量的原理，在制定和调整价格时，必须以社会生产成本为依据而不能以企业的个别生产成本为依据。

2. 流通费用

流通费用是指商品从生产领域到消费领域转移的过程中所耗费的物化劳动和劳动的货币表现。主要包括运杂费、保管费和包装费三部分。

（1）运杂费　是指商品在整个运输过程中支付的一切运输费、杂费和装卸运输费。

（2）保管费　是指商品在储存过程中所支付的费用，包括倒库晾晒费、委托保管费、挑选

整理费、商品检验费、化验费、防湿费、消防费、库房租赁费、畜禽商品的饲养费和为养护商品所支付的材料费等。

（3）包装费　是指包装或改装商品时所支付的费用，包括包装材料费、包装运杂费、包装修补费、包装租赁费、包装折旧费等。

3. 利润和税金

利润和税金是生产者为社会劳动所创造价值的货币表现，是商品价格超过生产成本与流通费用的差额。

（1）产品价格的利润　利润是价格构成要素之一，是商品价格中超过生产成本、流通费用和税金的余额，即企业或生产者个人的纯收入。

（2）商品价格中的税金　是指作为价格构成独立要素的价内转嫁税，是商品价格减去生产成本、流通费用和工商利润（包括农产品纯收益）的余额。通常商品价格中的税金主要分为以下两大类。

① 价格转嫁税。也称间接税，是指通过间接方式征课的税收。税法规定的纳税人不是税收的负担人，纳税人是把缴纳的税金加到商品价格中去，随商品出售逐环节转嫁，最后转嫁给商品的购买者即消费者。

② 价外税。也称直接税，是指直接向税收的负担人征课的税收。税法规定了纳税人就是纳税的负担人，它不是商品价格构成中的独立因素，而是其中某部分收入的再分配。

二、影响定价的主要因素

价格形成及变化是商品经济中最复杂的现象之一，除了价值形成价格的基础因素外，现实中的企业价格的制定和实现还受到多方面因素的影响和制约，因此企业应给予充分的重视和全面的考虑。

1. 市场需求及变化

（1）需求规律　一般情况下，商品的成本影响商品的价格，而商品的价格影响商品的需求。经济学原理告诉我们，如果其他因素保持不变，消费者对某一商品需求量的变化与这一商品价格变化的方向相反。如果商品的价格下跌，需求量就上升，如果商品的价格上涨，需求量就相应下降，这就是商品的内在规律——需求规律。需求规律反映了商品需求量变化与商品价格变化之间的一般关系，是企业决定自己的市场行为，特别是制定价格时必须考虑的一个重要因素。

（2）需求弹性　市场营销学理论认为，决定价格下限的是成本，决定价格上限的是产品的市场需求，需求是企业定价最主要的影响因素。而需求又受价格和收入变动的影响，经济学称因价格与收入等因素引起的需求的相应变动率，叫做需求的弹性，需求的弹性分为需求的收入弹性、需求的价格弹性、需求的交叉弹性。

2. 市场竞争状况

市场竞争状况是影响企业定价不可忽视的因素，企业必须考虑比竞争对手更为有利的定价策略，这样才能获胜，因此，企业定价的"自由程度"一定意义上取决于市场竞争的格局。在现代经济中，市场竞争一般有以下四种状况。

（1）完全竞争市场　完全竞争市场状况下，市场上企业很多，买卖双方的交易都只占市场份额的一小部分，彼此生产或经营的产品是相同的；企业不能用增加或减少产量的方法来影响产品的价格，也没有一个企业可以根据自己的愿望和要求来提高价格。在这种情况下，企业只能接受在市场竞争中现成的价格，买卖双方都只是"价格的接受者"，而不是"价格的决定者"，价格完全由供求关系决定，各自的行为完全受价格因素的支配。企业无需去进行市场分析、营销调研，且所有促销活动都只会增加产品的成本，也就没必要去专门策划和实施促销活动了。

（2）垄断竞争市场　是一种介于完全竞争和完全垄断之间的市场形势。其既有垄断的倾向性，同时又有竞争成分，因而垄断竞争是一种不完全竞争。

在垄断竞争市场条件下，市场上有许多的买主和卖主，但各个卖主所提供的产品都存在一定的差异，或者是质量、花色、式样和产品服务的差异；或者是不同品牌的商品，虽然本质上没有差异，但购买者因受广告宣传、商品包装的影响，在主观或心理上认为它们有差异，因而有所偏好，愿意花不同数额的钱来购买。

垄断竞争市场中，生产企业可根据其"差异"的优势，部分地通过变动价格的方法来寻求比较市场利润，即利用消费者的购买心理来确定产品的价格。如不同企业生产的瓶装饮用水本质上都是一样的，但不同的企业千方百计地通过广告宣传、包装设计等营销手段来促使消费者形成品牌偏好，使其在心理上认为它们是有差异的。如乐百氏"27层净化"的广告诉求，"农夫山泉有点甜"的心理诱导，娃哈哈纯净水"把爱随身携带"的情感沟通等，因此不同品牌的瓶装水价格也有所不同。

（3）寡头垄断市场　这是竞争和垄断的混合物，也是一种不完全竞争。其是指一个行业中几家少数的企业生产和销售的产品占此市场销售量的绝大部分，价格实际上由它们共同控制。各个"寡头"之间相互依存、影响，一个"寡头"企业调整价格都会引起其他寡头企业的连锁反应，因此，寡头企业之间互相密切注意对方战略的变化和价格的调整。

（4）完全垄断市场　完全垄断市场也称纯粹垄断市场，是指在一个行业中的某种产品或劳务的生产和销售完全由一个卖主独家经营和控制，没有竞争对手。这种垄断一般有特定条件，如垄断企业可能拥有专利权、专营权或特别许可等。由于垄断企业控制了进入这个市场的种种要素，所以它能完全控制市场价格。从理论上分析，垄断企业有完全自由定价的可能，但在现实中其价格也受到消费者情绪及政府干预等方面的限制。

通常完全垄断有两种形式：一种是政府垄断，即由一国政府独家经营的业务，大多是公用事业，如城市供水、供电、邮政等；另一种是私人垄断，即一家企业独自拥有制造某种产品的全部或绝大部分原材料时，通过专利权或通过确立极高的声誉而在某一行业某种产品的市场上占据垄断地位，如计算机硬件制造企业英特尔（Intel）、计算机软件企业微软（Microsoft）等。

3. 企业状况

企业状况主要指企业的生产经营能力和企业经营管理水平对制定价格的影响。不同的企业由于规模和实力的不同，销售渠道和信息沟通方式不同以及企业营销人员的素质和能力高低的不同，对价格的制定和调整应采取不同的策略。

（1）企业的规模与实力　规模大、实力强的企业在价格制定上余地大，企业如认为必要时，有条件大范围地选用薄利多销和价格正面竞争策略。而规模小、实力弱的企业生产成本一般高于大企业，价格的制定上往往比较被动。

（2）企业的销售渠道　渠道成员有力、控制程度高的企业在价格决策中可以有较大的灵活性，反之，则应相对固定。

（3）企业的信息沟通　包括企业的信息控制和与消费者的关系两个方面。信息通畅、与消费者保持良好的关系可适时调整价格并得到消费者的理解和认可。

（4）企业营销人员的素质和能力　拥有熟悉生产经营环节、掌握市场销售、供求变化等情况并具备价格理论知识和一定的实践能力的营销人员，是企业制定最有利价格和选择最适当时机调整价格的必要条件。

4. 产品特点

产品的自身属性、特征等因素，在企业制定价格时也必须考虑。

（1）产品的种类　企业应分析自己生产或经营的产品种类是日用必需品、选购品、特殊品，是威望与地位性产品，还是功能性产品，不同的产品种类对价格有不同的要求。如日用必需品的价格必然要顾及大众消费的水平，特殊品的价格则侧重特殊消费者。

（2）标准化程度　产品标准化的程度直接影响产品的价格决策。标准化程度高的产品价格变动的可能性一般低于非标准化或标准化程度低的产品。标准化程度高的产品的价格变动如过大，很可能引发行业内的价格竞争。

（3）产品的易腐、易毁和季节性　一般情况下容易腐烂、变质并不宜保管的产品，价格变动的可能性比较高。如生鲜产品，价格变化的幅度比较大。常年生产、季节性消费的产品与季节性生产常年消费的产品，在利用价格的作用促进持续平衡生产和提高效益方面有较大的主动性。

此外，产品本身的易存储、易运输特征也在一定程度上影响企业的定价决策。

（4）时尚性　时尚性强的产品价格变化较显著。一般新潮的高峰阶段，价格要定高一些。新潮高峰过后，应及时采取适当的调整策略。

（5）需求弹性　如果企业所经营产品的需求价格弹性大，价格的调整会影响市场需求，反之，价格的调整对销售量不会产生大的刺激和影响。

（6）产品生命周期阶段　产品生命周期不同阶段对价格策略的影响可以从两个方面考虑。

① 产品生命周期的长短对定价的作用。有些生命周期短的产品，如时装等时尚产品，由于市场变化快，需求增长较快，消退也快，其需求量的高峰一般出现于生命周期的前期，所以，企业应抓住时机，尽快收回成本和利润。

② 不同生命周期阶段的影响。处在不同生命周期阶段的产品的变化有一定规律，是企业选择价格策略和定价方法的客观依据。

5. 成本因素

成本是商品价格的最低限度。一般说来，商品价格必须能够补偿产品生产及市场营销的所有支出，并补偿商品的经营者为其所承担的风险支出。成本的高低是影响定价策略的一个重要因素。根据市场营销定价策略的不同需要，对成本可以从不同的角度作以下分类。

（1）固定成本　是企业在一定规模内生产经营某一商品支出的固定费用，在短期内不会随产量的变动而发生变动的成本费用。如固定资产折旧、房租、办公费用、上层管理人员的工资等，不论产量多少，都必须支出，但从长期来看固定成本也是可变的。

（2）变动成本　是指企业在同一范围内支付变动因素的费用，这是随产量的增减变化而发生变化的成本，如原材料、生产工人工资、销售佣金及直接营销费用。

（3）总成本　是固定成本与变动成本之和。当产量为零时，总成本等于固定成本。

（4）平均固定成本　即总固定成本除以产量的商。固定成本不随产量的变动而变动，但是平均固定成本必然随产量的增加而减少，随产量的减少而增加。

（5）平均变动成本　即总变动成本除以产量的商。平均变动成本不会随产量增加而变动。但是当生产发展到一定的规模，工人熟练程度提高，批量采购原材料价格优惠，变动成本呈递减趋势；如果超过某一极限，则平均变动成本又可能上升。

（6）平均成本　即总成本除以产量。因为固定成本和变动成本随生产效率的提高、规模经济效益的逐步形成而下降，所以单位产品平均成本呈递减趋势。

（7）边际成本　即每增加或减少1单位产品而引起总成本变动的数值。在一定产量上，最后增加的那个产品所花费的成本，从而引起总成本的增量，这个增量即边际成本。企业可根据边际成本等于边际收益的原则，以寻求最大利润的均衡产量；同时，按边际成本制定产品价格，使全社会的资源得到合理利用。

（8）长期成本　即企业能够调整全部生产要素时，生产一定数量的产品所消耗的成本。所谓长期，是指足以使企业能够根据它所要达到的产量来调整一切生产要素的时间量。在长时期内，一切生产要素都可以变动。所以长期成本中没有固定成本和可变成本之分，只有总成本、边际成本与平均成本之别。

（9）机会成本　指企业为从事某项经营活动而放弃另一项经营活动的机会，或利用一定资源获得某种收入时所放弃的另一种收入。另一项经营活动所应取得的收益或另一种收入即为正在从事的经营活动的机会成本。

6. 其他因素

企业的定价策略除受成本、需求以及竞争状况的影响外，还受到其他多种因素的影响。这些因素包括政府或行业组织的干预、消费者心理和习惯、企业或产品的形象因素等。

（1）政府或行业组织的干预　政府为了维护经济秩序或为了其他目的，可能通过立法或者其他途径对企业的价格策略进行干预。政府的干预包括规定毛利率，规定最高、最低限价，限制价格的浮动幅度或者规定价格变动的审批手续，实行价格补贴等。

（2）消费者心理和习惯　价格的制定和变动在消费者心理上的反应也是价格策略必须考虑的因素。在现实生活中，很多消费者存在"一分价钱一分货"的观念。面对不太熟悉的商品，消费者常常从价格上判断商品的好坏，从经验上把价格同商品的使用价值挂钩。消费者心理和习惯上的反应是很复杂的，某些情况下会出现完全相反的反应。例如，在一般情况下，涨价会减少购买，但有时涨价会引起抢购，反而会增加购买。因此，在研究消费者心理对定价的影响时，要持谨慎态度，要仔细了解消费者心理及其变化规律。

（3）企业或产品的形象因素　有时企业根据企业理念和企业形象设计的要求，需要对产品价格做出限制。例如，企业为了树立热心公益事业的形象，会将某些有关公益事业的产品价格定得较低；为了形成高贵的企业形象，将某些产品的价格定得较高等。

三、定价目标

由于受到资源的约束，以及企业规模和企业管理方法的差异，企业可能从不同的角度选择自己的定价目标。企业在特定的定价目标指导下，依据对成本、需求及市场竞争情况的研究，运用价格决策理论，并选择适当的定价方法而最终确定产品价格。

所谓定价目标，是指企业通过制定和实施价格策略所希望达到的目的。企业在定价之前，首先应考虑一个与企业的经营总目标、市场营销目标相一致的定价目标，作为企业确定产品价格策略和定价方法的依据。通常企业可选择的定价目标有以下几类。

1. 利润目标

（1）当前最大利润目标　取得最大利润可以说是企业的共同愿望。但是如果以取得最大利润作为定价目标，这对绝大多数企业而言是不现实的。因为价格要使企业获得最大利润，必须具备三个前提条件：首先，企业对该产品的需求和成本函数能作出精确的预测；其次，微观营销环境中除顾客以外的其他参与者，如竞争者、供应商、营销中介单位、政府部门等，对企业的定价并不作出反应或反应不变；最后，定价时假定营销组合中除价格以外的其他变量均已处于某种最佳水平上并维持不变。可见，这三个条件同时得到满足是很难实现的。因此，除了能符合上述前提条件的个别企业以外，最大利润并不能作为企业普遍的定价目标。

（2）满意利润目标　很多企业从实际出发，不以没有切实把握且将冒极大风险的最大利润作为定价目标，而代之以满意利润作为定价目标。所谓满意利润是指在企业所能掌握的市场信息和需求预测的基础上，按照已达到的成本水平，所能得到的最大利润。这种最大利润是相对于企业所具有的条件而言的，所以满意利润实际上就是相对的最大利润，亦即企业的目标利润。

2. 市场占有率目标

有些企业的定价目标是大幅度增加销售量，以提高市场占有率。为此，需制定比较低的价格，而不惜放弃目前的利润水平，甚至不顾目前的生产成本。已经有越来越多的企业经营者认识到利润率是随着市场占有率的提高而增加的，因为市场占有率的提高意味着生产批量加大，从而促使成本大幅度下降。从长期来看能提高市场占有率的较低价格，既可排除竞争，又能提高利润率。

但是，定出较低价格并不是在任何情况下都能提高市场份额的，只有具备下列条件，企业才能以提高市场占有率作为定价目标。第一，市场对价格比较敏感，因而低价能有效地促使销售量增大，从而提高市场占有率。第二，随着生产经验的积累，生产批量的扩大能使生产和销售费用显著降低。从长期来看，低价不仅能使企业保证应有的利润率，而且为进一步降低售价创造了条件。第三，企业的经济实力足以承受一定时期内低价所造成的利润和成本的损失。第四，低价能有效地抑制现实的或潜在的竞争，不致演变为势均力敌的竞争者之间两败俱伤的价格混战。

3. 产品质量领先目标

企业也可以考虑在市场上以产品质量领先为目标，并在生产和市场营销过程中始终贯彻产品质量最优化的指导思想。这就要求用高价格来弥补高质量和研究开发的高成本。产品优质优价的同时，还应辅以相应的优质服务。

4. 生存目标

如果企业由于市场需求发生变化，产品积压滞销，开工不足而陷于周转不灵的困境，就不得不以维持企业的生存作为定价的首要目标。为了使企业能维持开工，存货得以脱手，就必须降低产品价格。以生存为目标的产品价格的最低极限就是变动成本。只要定价能大于变动成本，就意味着除了能收回变动成本外，还能收回部分固定成本，这样，企业就可以继续维持经营。当然，求得生存只能是企业的短期目标，渡过难关后必须提高价格，因为，无利可图的企业是不可能长期存活的。

四、定价方法

为了实现定价目标，就要采用适当的定价方法，为企业的产品制定一个基本价格。在一般情况下，价格的高低主要受成本费用、市场需求、竞争状况三个因素的影响。从对此三方面的不同侧重出发，各种定价方法可以归纳为三类：成本导向定价法、需求导向定价法和竞争导向定价法。

1. 成本导向定价法

这类方法，就是以成本作为定价的基础。产品成本包括固定成本和变动成本两部分，单位产品成本应根据预测的销售量加以推算。成本导向定价法中最常用的有以下两种。

（1）成本加成定价法　这是成本导向定价法中应用最广泛的定价方法。所谓成本加成就是在单位产品成本上增加一定的利润金额形成价格的定价方法。其计算公式为

$$单位售价＝成本×（1＋加成率）$$

【例 6-1】　某生产袖珍型放音机的企业，单位成本为 320 元，其售价由成本加成 20％来确定，则

$$单位售价＝320×（1＋20％）＝384（元）$$

成本加成定价法的优点主要是计算简便，而且在正常情况下企业可以获得预期的利润。其基本原则是"将本求利"、"水涨船高"，人们在观念上认为这是合理的。但这种方法是以生产为观念的产物，它从保证生产者的利益出发，忽视市场消费需求，因而它已经落后了。由于不

考虑销售量，固定成本的分摊无法计算，所以成本是不真实的，加成率也只是一个估计数，这样计算出来的价格很难为消费者所接受。

（2）目标利润率定价法　这种定价法是以总成本为基础，加上一定的目标利润，计算出实现目标的总销售收入，再根据产量计算出单位产品价格。其计算公式为

$$单位产品价格＝（产品总成本＋目标利润）/预计销售量$$

目标利润率定价法与成本加成定价法相比较，考虑了产量因素，使得总成本的计算相对准确。但是，根据产量来确定价格，这种方法在理论上是行不通的，因为一般来说是价格决定和影响销售量，而不是销售量决定价格。这种方法一般只在市场占有率很高或具有垄断性质的企业才能采用。

2. 需求导向定价法

需求导向定价法是以消费者需求的变化及消费者心理作为定价的基本依据，以消费者所能接受的价格作为销售价格的定价方法，面对消费者需求日益更新和产品供应愈加丰富，许多企业认识到，判定价格是否合理，最终并不取决于生产者或经销商，而是取决于顾客。只有当产品的价格与消费者的购买能力、价格心理及意识相一致时，价格才能成为促进销售和实现利润的手段。常用的需求导向定价法有下列两种。

（1）理解价值定价法　这种定价法是根据顾客对产品价值的感觉和理解程度，而不是以该产品的成本作为定价的基础。就是说消费者主观上认为这种产品的价值有多大，企业就把产品的价格定多高。企业首先需要通过市场研究确定该产品由于质量、服务、广告宣传等因素在顾客心目中所形成的价值，据此确定产品的售价。然后，估计这种价格水平下所能达到的销售量。根据销售量，决定所需要的生产量、投资额和单位成本。最后，核算在此价格和成本下，能否获得满意的利润。若可，则继续发展此产品；若不可，则予以放弃。

理解价值定价法的关键问题，就是要准确估计市场对自己出售产品的理解价值，否则就会发生定价过高或过低的失误。

（2）需求差别定价法　这种定价法根据需求差异及紧迫程度的不同，对同一种产品或服务制定出两种或更多种价格。这些产品价格之间的差异，反映了产品需求弹性的差异，并不反映成本上的差异。

3. 竞争导向定价法

所谓竞争导向定价是指完全以竞争的需要价格作为定价基础的定价方法。常见的竞争导向定价法有两种。

（1）随行就市定价法　是指企业按照行业的平均现行价格水平来定价。

（2）密封投标定价法　这种方法也叫招标定价法，主要用于建筑包工、产品设计和大宗商品的购买等方面。买方通过广告或函件，说明拟采购的品种、规格、数量等具体要求，邀请卖方在规定的期限内投标。供货企业要想赢得合同，就得按规定填写标单，密封送给招标人，这叫投标。买方在规定的日期开标，选择报价最低、最有利的供应商成交，签订采购合同。

企业参加投标是希望中标的，企业与竞争者报价水平的比较在很大程度上决定了中标的可能性。因此，企业的投标价格是根据对竞争者报价的估计制定的，而不是根据企业自己的成本费用或市场需求。

第三节　促销策略

促销，就是企业利用各种方法把有关企业及企业产品的信息传达给与企业有关的各方面公

众，以帮助消费者认识商品或劳务所能给他们带来的利益，引起消费者的注意和兴趣，激发购买欲望，扩大产品的销路，也就是说，促销是企业开展的有目的的传播信息和沟通信息的活动。

企业通常运用的促销方法主要有广告、人员推销、营业推广和公共关系。促销决策包括的内容，一是企业如何利用广告、人员推销、营业推广和公共关系开展信息的传播和沟通活动，扩大产品的销路；二是企业如何把以上这四种促销方法加以组合，搭配使用，以达到更好的促销效果。

一、广告策略

（一）广告的作用

广告是企业利用广泛传播的报纸、杂志、广播、电视等媒体，通过文字、声音、图像等信息要素，将企业及其产品的有关信息传达给目标市场的顾客和潜在顾客，以促进企业产品销售的活动。广告的最终目的是扩大企业产品的销售，但其本身并不是直接的产品销售活动，它是一种信息传播活动，它是通过向目标市场的顾客和潜在顾客传达企业及产品的有关信息，引起顾客对企业及产品的注意，激发他们对产品的兴趣，启发他们的消费欲望，最后诱导他们购买企业的产品。具体来说，广告的作用如下。

第一，广告可以为目标市场顾客提供本企业及产品的信息，引起顾客对企业及产品的注意。市场上产品的种类和数量很多，市场竞争激烈，要使产品顺利地进入市场，首先要让顾客了解企业的产品。通过广告，可以介绍企业的历史、企业的经营规模、企业的技术实力以及企业的资金实力等情况，介绍企业产品的用途、性能、结构和特点等，使顾客对企业及产品有个基本印象；还可以将企业新近推出的新产品介绍给顾客，向顾客提供企业产品价格的变化情况等。

第二，广告可以增强顾客对本企业产品的认识，激发他们对企业产品的兴趣。市场上有很多名牌产品，产品各有不同的特色，顾客购买产品，挑选的余地很大，顾客总是在详细了解产品情况的基础上购买产品，因此十分注意有关产品情况的介绍。据资料表明，在发达国家70％的顾客参考广告所提供的资料购物。我们可以通过广告，介绍本企业产品的一些突出特色，加强顾客对企业产品的认识，激发他们对企业产品的兴趣。如果顾客对企业及产品有偏见、态度冷淡，企业可以通过广告改变顾客对企业及产品的态度。

第三，广告可以启发顾客对企业产品的欲望，诱导他们购买产品。顾客对很多产品，都有一种潜在的需要，对某些品牌的产品，也有潜在的购买欲望。这种需要和欲望如果得到适当诱发，可以导致购买行为。企业可以对顾客的欲望及如何诱发做深入的研究，并利用广告说明产品将给他们带来哪些利益，启发他们对企业产品的欲望，促使他们采取购买行为，以扩大企业产品的市场占有率。

第四，广告可以帮助使用本企业产品的顾客树立品牌信心，并及时提醒他们连续购买。市场上同类产品的品牌很多，又不断地有新品牌进入市场，如不帮助使用本企业产品的顾客树立对本企业产品的品牌信心，这些顾客就可能被其他品牌的产品吸引，放弃购买本企业的产品。因此，企业要利用广告肯定他们对本企业产品的选择，坚定他们对品牌的信心。企业还要在一定的间隔时间重复播出广告，提醒顾客继续购买本企业的产品，以稳定市场占有率。

广告传播产品信息，无论是从传播的范围看，还是从传播的速度看，或是从传播的效果看，都是最理想的方式。因此，广告被视为是最有效的产品促销方法之一。世界各国工商企业都很重视利用广告传播产品信息，很多国家的年广告投资额都在几十亿、几百亿美元。

（二）广告的媒体策略

广告媒体是企业借以向顾客提供企业及产品信息的大众传播工具，如报纸、杂志、广播、电视等。不同的媒体，信息传播的效果不同，在不同地区的信息传播作用也不同，企业要根据其市场营销目标，考虑到不同地区、不同媒体的特点，选择广告媒体。

目前广泛使用的广告媒体有六大类。

第一类是印刷媒体，包括报纸、杂志、商业指南、贸易年鉴、手册等。

第二类是电子媒体，包括电视、广播、电影、电子显示大屏幕、幻灯等。

第三类是邮寄广告，包括商品目录、商品说明书、宣传小册子等。

第四类是展示广告，包括陈列、橱窗、门面广告等。

第五类是户外广告，包括广告牌、海报、车厢广告等。

第六类是其他媒体，包括网络媒体、包装纸、购物袋、手提包等。

现将几种主要媒体的信息传播特点介绍如下。

1. 报纸

（1）优点

① 报纸的读者广泛、稳定，遍及社会各个阶层，报纸的信息传播范围广。

② 报纸的印刷发行周期短，一般来说，读者可以在当天看到报纸，报纸传播信息速度快。

③ 报纸是印刷品，可以较长时期的保存信息。

④ 报纸发行有一定的区域性，企业可以根据报纸的发行区域选择报纸媒体，提高广告效果，避免浪费广告费用。

⑤ 报纸广告制作简便，成本低廉。

（2）缺点

① 报纸的有效时间短，大多数日报只有一天或半天的广告效果，注意度差。

② 报纸是以新闻为主，在版面编排上广告不可能占据突出地位。

③ 报纸印刷不够精致，其广告设计和制作比杂志差一些。

2. 杂志

（1）优点

① 杂志阅读有效时间长，精读率高，广告寿命比报纸长。

② 杂志发行面广，一般不受地域的限制，传播信息广泛。

③ 各种杂志有固定的读者，企业可以根据诉求对象选择杂志。

④ 杂志印刷精美，图文并茂，广告版面集中，广告的视觉形象好。

（2）缺点

① 杂志出版周期较长，传播缓慢，缺乏灵活性。

② 杂志的广告功效是慢性的，不易促使消费者产生冲动的购买行为。

③ 杂志广告制作复杂，费用较高。

3. 电视

电视是视听两用媒体，是传播广告信息最有效的工具之一。

（1）优点

① 电视台的覆盖面广，收看率高，信息传播范围广。

② 电视比其他任何媒体传递广告信息更加快捷。

③ 电视广告具有形声兼备的功能，可通过感人的形象、优美的音乐、独特的技巧，加强诉求效果。

④ 电视媒体具有娱乐性，利用电视做广告，能收到较好的效果。

（2）缺点

① 电视媒体传播的广告信息不易保存。

② 电视广告制作、播放费用高，利用电视只能传播简短的信息，多数中小企业无力利用电视媒体进行长期的广告宣传。

4. 广播

（1）优点

① 传播速度快，传播空间大，传播对象广泛，不受时间和空间的限制。

② 广播广告的传播和公众接收是同步的，通过语言、音乐传播广告信息，收听者感到亲切自然，信息传播效果好。

③ 广播广告传播次数多，每天可在电台播出多次，传播的周期短、容量大。

④ 广播广告制作简便，费用低廉。

（2）缺点

① 不易被听众主动接受，即使听众想接收某一广告信息，也不易找到播出的频道。

② 广播广告信息消失快，不易保存。

5. 直接邮寄媒体

直接邮寄媒体是企业直接邮寄给经常买主或潜在买主的一些印刷广告物，如商品目录、商品说明书、商品价目表、明信片、展销会请帖、宣传小册子等。其优点如下。

① 传播对象可以选择，针对性强，可以随时随地把广告信息直接送到被选定的对象手中。

② 不受地区限制，不受篇幅、版面限制，也不受时间的约束，在形式和方法上具有较大的灵活性。

③ 在内容上，不受字多字少的限制，可对商品的性能、特点、用途和服务作详细介绍，促使消费者对商品有一个完整的了解，有利于提高产品的知名度。

④ 由于直接邮寄是单线联系，可避免与竞争对手公开竞争。

⑤ 制作简便，费用低廉。

6. 户外媒体

主要有广告牌、招牌等。优点是：广告形象突出，主题鲜明，设计新颖，易于记忆，大众化，不受时间、空间限制，任人随意欣赏。缺点：由于这种广告受到场地的限制，收看范围小，而且不易立即产生促销作用。

7. 购物场所广告

主要是指购物场所室内外，如零售店、超级市场、百货公司、商场等的广告牌、霓虹灯、招贴画、橱窗布置、商品陈列等。其特点是，由于其在购物场所，对老顾客有较强的提醒购买作用，别具创意的广告也经常能吸引竞争对手的顾客，因此其促销作用较明显。

直接邮寄媒体，户外媒体、购物场所广告常被西方工商企业作为补充媒体，与报纸、杂志、电视、广播四大主要广告媒体配合使用。

二、人员推销策略

（一）人员推销的含义及特点

人员推销是指企业派出推销人员与一个或一个以上的可能成为购买者的人交谈，说服和帮助消费者购买某种商品和劳务的活动。由于人员推销是推销人员直接对顾客的推销活动，它在促成购买、提供服务和收集信息方面都有一些特点。

第一，推销人员在其推销活动中，可以根据目标市场不同的推销环境，对不同地区、不同民族、不同特点的顾客采取相应的推销技巧，引起顾客对产品的兴趣，解答顾客的问题，促成交易。一般地，顾客对企业的了解是比较少的，人员推销可以通过与顾客良好的商业交往，培养顾客与推销人员的感情，帮助顾客建立对企业的信任，从而建立顾客与企业的长期联系。

第二，人员推销活动可以为顾客提供较为周到的服务。顾客在购买企业产品的时候，需要了解商品的性能、结构、特点、价格等方面的情况，对能否得到及时的维修服务也很关心。推销人员可以通过展示样品，详细地向顾客介绍商品的性能、结构、特点，突出本公司商品的优点，提供价格方面的参考信息，就如何使用、保养等问题作详尽的说明，并对企业在该地区的维修服务水平情况加以介绍。成交后，推销人员还可以帮助顾客办理提货，进行安装、调试等售后服务。

第三，人员推销活动可以收集到较为翔实的商业信息。推销人员直接与顾客联系，可以了解到本企业产品是否满足当地顾客的需要，可以了解到产品在使用中的情况、出现的问题、顾客对产品的意见；可以了解到其他企业产品情况的变化；可以了解到竞争对手的推销策略；还可以了解到不同地区、经济、文化和社会习俗等方面的变化及对消费趋势的影响。

国外很多工商界人士认为，人员推销是最有效的促销方式，很多企业积极利用人员推销进行促销活动。但是人员推销的费用比较高，在美国许多公司，人员推销的费用通常占企业销售额的 8%～15%，而广告费用仅占销售额的 1%～3%。所以企业决定使用人员推销时，必须权衡利弊，采取慎重态度。

（二）人员推销的分类

人员推销是一种费用很高的促销工作，其原因在于人员推销要占用大量的人力，要花费大笔的旅行费用。人员推销策略要解决的问题是如何提高推销工作的效率，降低推销费用。人员推销策略包括选择人员推销的组织形式和人员推销的类型，确定人员推销的规模。

1. 人员推销的组织形式

人员推销的组织形式一般有地区型、产品型、顾客型和结合型四种。

（1）地区型　是指公司按区域分配推销人员，即规定某推销人员负责某一地区市场所需产品的推销工作。这种形式的优点是推销人员责任明确，可以详细了解该地区的顾客、市场方面的情况，便于规划工作，掌握推销重点，与顾客建立长期联系，而且旅行费用可以相对减少。缺点是，如果公司的产品大类多且技术复杂，这种形式不利于推销员熟练地掌握产品的性能、结构、特点，不便于开展有效的咨询、维修服务等工作。

（2）产品型　是指推销人员的组织是按经营产品的种类划分，如医疗器械、空调设备等，不受地区的限制。这种形式的好处是便于推销人员深入了解商品的特点、成分和用途，能准确地介绍商品。缺点是，当顾客同时需要购买企业的几种产品时，推销工作就会出现重复，而且这种形式不利于全面规划工作，这种形式往往要花费较多的旅行费用。

（3）顾客型　销售组织是按所经营商品服务对象的不同行业来组织推销人员，如向化工公司、电器公司推销汽车、开关等产品，这种形式的好处是有利于加深对用户的了解，能比较准确地估计潜在用户。缺点是，如果同类顾客是平均分布的，采用这种方式推销人员活动的范围就很大，相应会增加旅行费用。

（4）结合型　企业在广泛的地区向多种不同类型的顾客出售多种产品，即推销人员按地区产品或地区顾客分工，或按产品顾客或地区产品顾客分工。结合型可以综合发挥不同组织形式的优点，避免其缺点。

企业可以根据自身产品、顾客的特点，以提高推销工作效率、降低费用为目的，选择人员推销的组织形式。

2. 人员推销的类型

在推销工作中，推销人员与顾客发生联系的类型是不同的。不同的类型对促成交易有不同的作用；不同的类型需要配备不同的推销人员。企业要根据具体的推销工作选择不同的类型，配备相应的推销人员。推销人员与顾客关系的类型有五种。

（1）推销人员对单个顾客　这是一个推销人员每次亲自或通过电话与一个顾客或潜在顾客联系。

（2）推销人员对一组顾客　这是一个推销人员对一个采购委员会推销一种或几种产品。

（3）推销小组对一组顾客　这是企业的一个推销小组向一个采购委员会推销产品。

（4）推销会议。这是推销人员与公司的参谋人员一起，与一个或几个公司的顾客开会讨论业务工作，研讨交易机会。

（5）推销研讨会　这是由企业的一组技术人员向顾客单位的技术人员讲解某项技术的最新发展情况的研讨会，目的是增进顾客的知识，培养顾客对本企业的认识和信心，而不在于立即达成交易。

一般地，消费品生产企业直接对顾客推销产品或是工业品生产企业向公司顾客推销技术简单、通用性强的产品，可选择第一种类型。这种类型要求推销人员有较全面的产品知识和服务能力。如果是工业品生产企业对购买量大的公司、顾客推销技术较复杂的或成套的产品，可选择第二种类型。这种类型要求推销人员掌握较高的和较全面的技术，具有较强的服务能力。如果是工业品生产企业对购买量大的公司顾客或政府推销几大类技术复杂的设备，可选择第三种类型。这种类型下推销人员包括在交易中起重要作用的销售经理；向顾客提供有关技术情况的技术专家；向顾客提供安装维修及其他服务的服务人员；负责处理订单、做秘书工作的办事人员。企业还要适当采用第四种和第五种类型对一些重点的现有顾客和潜在顾客进行推销的准备工作。

三、营业推广策略

（一）营业推广的特点

营业推广是指企业通过各种非常规的、优惠性的促销活动，广泛吸引购买者的注意，直接刺激购买者的购买欲望，以在短期内提高商品销售量为目的的活动。

在市场竞争日益激烈的情况下，许多企业越来越重视利用营业推广开展促销活动，创造了不少灵活、有效的方法，如有奖销售、赠送购买券、优惠券、购物折扣、现金折扣、提供样品和特殊服务等。营业推广的主要特点是：它为购买者提供特殊的购买条件和购买机会，可以有效地引起购买者的注意，刺激购买者的需求，推动购买者的购买行为，有效地影响中间商，特别是零售商的营销活动。因而，营业推广可以加速新产品进入市场的过程，增加消费者对处于成熟期的商品的感情，有效地抵御和击败竞争者的促销活动。营业推广是广告、人员推销、公共关系的一种补充促销形式，前三种促销形式一般是常规的、连续的，而营业推广活动是非经常性的，其作用是短期内效果明显。因此，企业不仅要利用广告、人员推销和公共关系开展促销活动，还应该适当地运用营业推广的手段，使之与其他促销工具互相补充、互相配合，促进商品销售，提高商品的市场占有率。

（二）营业推广的方法

营业推广的办法种类繁多且不断创新，按照营业推广的对象划分，有对消费者或用户的营业推广、对中间商的营业推广和对推销人员的营业推广。

1. 对消费者或用户的营业推广方法

对消费者或用户营业推广的目的主要是鼓励多买，促进再购买，吸引潜在用户，争夺竞争者的顾客，以及鼓励试用新产品等。对消费者或用户的营业推广方法主要有以下几种。

（1）有奖销售　在销售商品时，发送奖券，然后进行抽号发奖。可以实行数量奖售，购买达到一定数量时发送奖券；可以实行金额奖售，购买达到一定金额时发送奖券；还可以实行再购买奖售，消费者持商品的包装或商标证明再购买时，可以得到奖金或奖品。

（2）免费赠送　在销售商品时，同时赠送小包装商品或其他礼品，也可以直接邮寄赠送带有企业标志的小礼品，扩大企业及产品的知名度；还可以赠送新产品的样品，推动新产品上市，开辟新的市场。

（3）发送优惠券　优惠券是一种非货币的证明，凭优惠券购买商品可以享受某种优惠。企业可以对合作者、老顾客、对企业做过贡献的顾客发送优惠券，以此来联络感情，也可以把优惠券附在商品或广告中，随着商品、报纸、杂志等送到购买者手中，开拓潜在市场。

（4）折扣或减价　企业对成熟期商品或衰退期商品可采取购物折扣、现金折扣、季节性减价、一次性减价等，促进消费者购买。

（5）分期付款　企业对一些耐用消费品、工业用品实行分期付款，可以为更多的消费者或用户提供购买条件，从而提高商品的销售额。

（6）展销和演示促销　展销也是营业推广的有效形式，企业可以参加各种展销会，扩大新产品的知名度，增强名优产品的品牌地位，加快季节性商品的销售速度，还可以带动衰退期商品的销售，缓和或消除积压，使库存结构趋于合理。在展销会上，销售者为顾客做商品使用、操作的示范，充分展示产品的功能、质量等特点，使购买者对商品的性能、质量产生信任感，能对说服顾客购买起很大的作用。

（7）免费服务和咨询　包括进行免费安装、调试、运送、使用指导等，或回答潜在顾客的询问等。对于一些技术性强、操作复杂的商品，可以起到显著的促销作用。

2. 对中间商的营业推广方法

对中间商营业推广的目的主要是鼓励他们大量进货，增加储存，争取建立固定产销关系；促进和帮助中间商展示、宣传本企业的产品；开辟新的经销渠道。对中间商的营业推广方法主要有以下几种。

（1）折扣促销　为了鼓励中间商积极地经营本企业的产品，企业对于提前支付货款的中间商或购买商品达到一定数量的中间商，可以在价格方面给予各种优惠，如批量折扣、现金折扣、价格保证、赠送样品等，以促进中间商大批量进货，并且有助于产销双方达成长期的友好合作关系。

（2）商品陈列资助　帮助中间商设计陈列商品橱窗，提供陈列的资料、样品或模型，还可以提供陈列津贴。

（3）培训推销和维修服务人员　为了协助中间商扩大销售，企业可以免费培训中间商的推销员、维修服务人员，并提供有关推销和维修服务的资料、工具等。

（4）广告赞助　企业可以对中间商实行广告折扣，由中间商代为做广告，或实行广告津贴的办法，资助中间商做广告等。

（5）促销协助　企业在自身的促销活动中，连带宣传中间商，例如在广告中指明销售地点等。

3. 对推销人员的营业推广方法

对推销人员营业推广的主要目的是调动推销人员的积极性，鼓励他们推销产品，尤其是推销新产品，发掘潜在顾客，开拓新的市场。对推销人员的营业推广方法主要有以下几种。

（1）开展推销竞赛　企业定期组织推销人员开展推销竞赛，激发他们创造有效的销售技能，奖励优胜者。

（2）物质和精神奖励　企业对推销成绩突出的推销人员，如超额完成任务、开辟新的销售市场、为新产品打开销路的推销人员给予物质奖励和精神奖励，激励推销人员为企业的促销工作做更大的努力。

（3）召开推销员会议　企业要定期召开推销员会议，交流推销经验，介绍企业的新产品。

四、公共关系策略

(一) 公共关系的含义及作用

公共关系工作是企业为了取得社会、公众的信赖和了解而进行的各种活动。它运用现代信息传播的科学技术和艺术手段，把有关企业及其产品的信息传递给社会公众，扩大企业在社会上的影响力，树立企业良好的形象，从而为企业的生存和发展争取一个良好的外部环境，可以说，公共关系是塑造企业形象的艺术，它是现代企业进行促销活动的重要形式。

公共关系于 20 世纪初在美国产生，距今已经有 50 多年的历史。它是商品经济高度发达、企业之间激烈争夺市场的产物。在现代社会中，企业之间的竞争不仅仅是产品质量、特色、价格等方面的竞争，企业的形象和信誉也日益成为竞争的重要手段，直接影响企业产品的销路。所以，良好的公共关系，成为企业开拓市场、扩大销售的必不可少的条件。

1. 公共关系可以为企业树立良好的形象和声誉

企业的信誉是企业最重要的无形财产，它直接影响着买方对本企业产品的兴趣和购买决策。公共关系沟通了企业与公众的联系，广泛地向社会宣传企业的特色及企业对社会的贡献，使企业取得社会舆论的好评，受到目标市场的欢迎。良好的形象和声誉，对于企业开拓市场无疑是十分重要的。

2. 公共关系可以有效地促进销售

由于公共关系输出的宣传本企业及其产品的信息，主要是以新闻报道的形式出现的，往往被接收者认为不是来自卖方，而是来自旁观者，因此容易取得社会公众的信任。在公众大多不太了解企业及其产品的情况下，公共关系工作能够有效地刺激他们的感知，引起兴趣，并使企业与买方建立稳定的购销关系。公共关系的这种促销作用，是广告和人员推销所不能替代的。

3. 公共关系可以帮助企业了解市场信息

公共关系工作，是企业与公众之间的一种双向信息交流，它一方面对外输出本企业和产品的信息，另一方面，还可以通过公共关系部门与外界的稳定联系，及时了解到市场的需求及其对企业和产品的态度与购后感受等，从而为企业决策提供依据。

4. 公共关系可以协调企业与各方面的关系

在市场营销活动中，企业总要与政府各部门、经销商、金融机构、社会团体及消费者和用户打交道，要协调好与各方面的关系，保证企业的产品在市场上销售成功，并及时解决可能发生的各种矛盾，都必须依靠公共关系工作。

(二) 公共关系的职能和工作内容

公共关系的主要职能包括收集与企业有关的来自社会各方面的信息；实现与社会各界的稳定联系；向外界传播企业和产品信息；分析评估企业在公众心目中的形象等。围绕上述职能，公共关系部门一般要进行以下工作。

1. 计划

包括整个公共关系活动的计划、执行的程序，以及调整计划的措施等。要使公共关系计划内容与广告等其他促销形式互相协调、配合。

2. 写作与编辑

包括编写产品与服务的介绍说明、新闻稿、演讲稿、通讯、报告，并出版刊物、书籍等。

3. 制作视听宣传材料

制作介绍企业和产品的图片、影片、录像带、各种样品和模型等。

4. 建立对外联系

与企业的用户、经销商、新闻机构、有关社会团体等，建立经常性的联系，定期进行访问、交流信息。

5. 发布信息

采取新闻发布会、邮寄资料或直接派出人员等形式发布信息，经常将有关本企业及其产品的情况、资料发送给新闻机构、有关社会团体等。

6. 组织活动

包括开幕式、庆典、参观、座谈会以及各种赞助活动等。还要注意参加有关社会团体或用户组织的活动，例如经销商组织的开业典礼、用户座谈会等。

7. 协调、处理有关方面的关系

包括接受和处理用户的投诉信，答复社会有关机构、团体的问题，接待来访者等，及时消除社会公众的不满和疑虑。

8. 收集和分析信息

包括消费者的反应、动向，新闻界、社会团体等对本企业及其产品和服务的评价等。

公共关系具体包括哪些工作内容，都应该做些什么，并没有一个统一的模式。各个企业应根据其具体情况，开展灵活多样的活动。在西方国家的报刊、广播和电视中，有不少新闻报道和各类专题节目实际上是企业的公共关系人员精心制作的，读者和观众往往无意识地接收了企业的公共关系信息，并留下深刻印象。我国的公共关系人员，应当注意学习各国企业一些效果显著的公共关系活动方式，并不断总结经验，结合本企业特点，创造出生动活泼、引人注目的多种活动方式，以提高我国企业公共关系工作的水平，扩大其影响力。

（三）如何有效地开展公共关系工作

公共关系的目的，是为了使企业及其产品在市场上取得社会公众的了解和信任。为了实现这个目的，企业在开展公共关系工作时，要注意以下几个方面。

第一，公共关系工作应当持续、连贯、有计划地进行。树立良好的企业形象不是一件容易的事，企业不可能靠一两次新闻报道就赢得目标市场的好评。因此，企业要进行有计划的、多种形式的公共关系活动，公共关系是无法用钱收买的，但是却可以精心制作。

第二，公共关系工作要有明确的针对性和适应性。由于各地区的社会公众之间存在着很大差别，企业应该分别根据各目标市场的特点，有针对性的设计有关企业和产品的信息，根据目标市场的语言、风俗习惯及教育水平等选择活动方式，从而使企业发出的信息能够被当地公众理解和接受，并收到预期的效果。

第三，公共关系工作要注重发布信息的真实准确性。企业公共关系部门对外发布的信息必须真实准确。因为公众对企业及其产品的评价，不仅受企业传播信息的影响，更重视企业的实际表现。所以，塑造良好的企业形象要以企业的良好表现为基础。如果发布过分夸张、失实，或容易使人产生误解的信息，只能使企业失信于公众，这样反而会损害企业的形象。

第四，公共关系工作要善于选用适当的传播工具。在公共关系工作中，要使信息传播取得良好的效果，应当注意采用当地公众经常接触的新闻媒介。这就要了解各地的新闻媒介情况，包括广播、电视、报纸杂志、新闻组织机构的情况。

本 章 小 结

市场营销学上的产品是一个广义的概念，它既包括企业向市场提供的有形物体，也包括非物质性的无形服务等。它是由实质产品、形式产品、延伸产品三个层次构成的整体。产品组合是指一个企业生产和经营的全部产品大类、产品项目的配合。它是由组合宽度、深度和关联度决定的。产品生命周期是指产品从进入市场开始，直至被市场淘汰的持续时间。它包括投入期、成长期、成熟期和衰退期四个阶段。研究产品生命周期的目的是合理划分产品所处生命周期阶段，采取有针对性的营销策略，延长生命周期，使企业获得长期的稳定收益。

价格通常是影响商品销售的关键因素。定价的重要意义在于使价格成为促进销售最有效的手段。企业要根据影响企业定价的因素，合理选择定价方法，灵活使用定价策略。

商品从生产者到消费者或用户手中所经过的途径叫分销渠道。分销渠道是连接生产和消费的桥梁和纽带。产品进入市场有多种渠道可供选择，最基本的渠道类型是直接渠道和间接渠道。企业要根据产品、市场和消费者状况，灵活地选择和管理分销渠道。

习　题

一、简答题

1. 产品整体概念的五个基本层次是什么？
2. 什么叫产品市场生命周期？
3. 对导入期的产品可采取哪些营销策略？
4. 常见的新产品定价策略有哪几种？
5. 影响定价的主要因素有哪些？
6. 通常企业可选择的定价目标有哪几类？
7. 对消费者或用户的营业推广方法有哪些？

二、案例分析题

某立体组合音响系统的市场营销战略

某企业为其产品——立体声组合音响系统，制定了这样一套市场营销战略。

目标市场：中上等收入家庭，尤其侧重于女性顾客。

品牌定位：音质最好和最可靠的立体声组合音响系统。

产品线：增加一种低价格的型号，两种高价格的型号。

价格：稍高于竞争品牌。

分销：重点放在收音机、电视机商店和耐用消费品商店销售，并努力向百货商店渗透。

销售人员：增加10％。

服务：进一步做到方便、迅速。

广告：针对品牌定位战略所指向的目标市场，开展一次新的广告活动；广告侧重点是宣传高价格的机型；广告预算增加30％。

销售推广：预算增加15％，用以增加销售现场的展览，参加更多的商业洽谈会。

研究与开发：增加25％的费用，以开发更多、更好的机型。

市场营销调研：增加10％的费用，以增加对消费者对购买过程的了解，监测竞争者的举动。

（资料来源：李先国．营销师．北京：中国环境科学出版社，2003）

思考：市场营销战略应当包括哪些内容？

三、实训题

请选择一个当地的企业，对其已经开展的营销策略进行分析和总结，观察其效果，提出自己的修改意见。

第七章 技术经济分析与决策技术

 引导案例

日本尼西奇公司的决策

日本尼西奇公司在第二次世界大战后的初期，仅有三十余名职工，生产雨衣、游泳帽、卫生带、尿布等制品，订货不足，经营不稳，企业有朝不保夕之感。公司董事长多川博从人口普查中得知，日本每年大约出生250万婴儿，如果每个婴儿用两条尿布，一年就需要500万条，这是一个相当可观的尿布市场。多川博决心放弃尿布以外的产品，把尼西奇公司变成尿布专业公司，集中力量，创立名牌，最终成了"尿布大王"。资本仅1亿日元，年销售额高达70亿日元。

此例说明，经营决策成功，还可以使企业避免倒闭的危险，转败为胜。如果企业长期只靠一种产品打天下，势必潜藏着停产倒闭的危险，因为市场是多变的，人们的需要也是多变的，这就要求企业家经常为了适应市场的需要而决策新产品的开发。这种决策一旦成功，会使处于"山穷水尽"状况的企业顿感"柳暗花明"。

随着现代科学技术的日新月异，市场风云的急剧变幻，企业所面临的经营环境愈来愈复杂，企业的经营决策已成为现代企业管理的中心问题，它决定着企业的前途和命运。

【案例分析】

现代管理认为，现代管理的中心在于经营，经营的重心在于决策，因此，决策已经成为现代管理的重要内容。

第一节 技术经济分析

技术与经济是一种辩证关系，两者既相互统一又相互矛盾，既相互制约又相互促进。一方面，经济发展的需要是技术进步的动力和方向；而技术发展又受到经济条件的制约。技术进步不仅取决于经济发展的状况，而且还取决于是否具有广泛使用的可能性和经济效果的大小。另一方面，技术的进步是经济发展最重要的物质基础，是推动经济发展的有力工具。落后的技术，不可能有发达的经济；先进的技术，才能带来经济的迅速发展，才能取得好的经济效益。

一、技术经济的基本概念

（一）技术与经济

所谓技术，是人们根据生产实践经验和科学原理而发展成的各种工艺操作方法与技能。也就是指人们改造物质世界的知识、方法和手段。所谓经济，在中国古代有"经世济民"治理国

家之意。我们现在常讲的经济是个多义词，它既指社会生产关系的总和，又指物质资料的生产、分配、交换、消费等活动，是一个国家国民经济的总称。经济本身还有节约之意。在技术经济分析中，经济的含义是广泛的，不仅研究采用新技术所带来的节约，而且还研究由此对国民经济乃至整个经济基础所产生的影响。

技术经济分析，就是研究在一定的自然条件和经济条件下，采用什么样的生产技术在经济上比较合理，能取得最好的经济效果。为了用较少的劳动消耗获得较大的经济效果，就必须对不同的技术政策、技术方案、技术措施进行经济效果的评价、论证和预测，然后确定技术上先进、经济上合理的最优方案，付诸实施，取得最优的经济效果。

进行技术经济分析，其内容一般包括：技术经济分析对比、论证、预测的原理和方法；经济效果指标体系及其计算方法的制定和运用；生产和建设方案的研究和设计（如企业的最优规模、产品开发方案、设备改造更新选择、加工任务的最优分配、原材料的合理剪裁等）。

（二）技术经济效果

经济效果是指社会生产系统中输入与输出或经济活动中的所费与所得，或工业生产中的投入与产出的对比关系。即

$$经济效果=\frac{输出}{输入}=\frac{所得}{所费}=\frac{产出}{投入} \tag{7-1}$$

任何一项经济活动，既是物质财富的创造过程，又是劳动（物化劳动和活劳动）的消耗过程。因此，人们常用所创造的使用价值与劳动消耗的比值表示经济效果。

在技术经济分析中，技术经济效果就是指技术政策、技术方案、技术措施实施过程中，输入的劳动消耗与输出的使用价值的对比值。即

$$技术经济效果=\frac{使用价值}{劳动消耗} \tag{7-2}$$

这个比值直接反映了投入与产出的水平。它不仅反映了活劳动的效率，而且反映了物化劳动的产出率。

一般说来，任何社会都是讲求经济效果的。但在不同的社会制度下，由于讲求经济效果的目的、内容、手段和方法以及由此产生的社会影响不同，因而经济效果的质量标准也有所区别。资本主义在生产中，评价经济效果的核心是个别企业的局部利益；在社会主义制度下，评价经济效果不但要考虑到企业的利益，更要考虑整个国民经济的长远利益。

（三）技术经济效果的指标体系

为了准确、全面、有效地衡量和评价某项技术方案或技术政策的经济效果，必须借助和运用一系列有关的技术经济指标。所谓技术经济指标，就是用一定的数量概念来综合反映或表示经济实践活动中某一方面的状况。技术经济指标体系就是指一系列指标的整体性、系统化的有机组合。

技术经济指标体系一般包括下列几类。

1. 收益类指标

即反映技术方案的有用成果（使用价值）指标。具体包括以下几项。

（1）产量指标　就是用实物量或价值量反映生产数量的直接成果指标。如总产量、总产值、商品产值、净产值等。

（2）品种指标　就是规定计划期内应出产的产品品名和品种数目。

（3）质量指标　是指企业在计划期内各种产品应达到的质量标准。

（4）利润指标　是指企业的销售收入扣除成本和税金后的盈余数量。

2. 消耗类指标

即反映技术方案的劳动耗费指标。具体包括以下几项。

（1）产品成本指标　就是指技术方案实现后为生产和销售某单位产品所支出的各项费用之和。

（2）投资指标　指实现技术方案所占用的固定资金和流动资金，既包括直接投资又包括相关投资。

（3）时间指标　指实施技术方案所需要耗费的时间，如产品研制周期、工程建设周期、产品生产周期、交货期等。

3．效益类指标

即收益与消耗相比较的指标。它又可分为单项性指标和综合性指标。

（1）单项性指标。包括：劳动生产率；材料利用率；流动资金周转率；固定资金利用率等。

（2）综合性指标。包括：投资效益系数；投资回收期；追加投资回收期等。

以上收益类和消耗类指标必须根据可比性要求转换后，才可进行比较。这样比较后，才能使指标具有准确性和可靠性。

二、技术经济比较原理

技术经济分析的实质，就是对可实现某一预定目标的多个方案进行比较，从中选出最优方案。而要比较就必须建立共同的比较基础和条件。

1．满足需要可比

任何一个技术方案都要满足一定的需要。不同技术方案比较时，要求具有可比性。如果方案本身在满足需要方面不可比，则必须找出它们在一定条件下可比的因素，将不可比条件转化为可比条件，然后再进行比较和评价。如 1500kW 的内燃机车与 1500kW 的蒸汽机车，不能单纯用额定功率直接比较，因为前者速度快、牵引力大，而后者速度慢、牵引力小，所以只能将两者所能满足需要的指标转化成货运量后才能进行比较。

2．消耗费用可比

由于技术方案的技术特性和经济特性不同，所消耗的劳动或支付的费用也不相同。在进行技术经济分析时，应使不同方案的消耗费用不仅包括每年生产运行的消耗费用，而且包括由于劳动力投资和资源的占用所引起的国民经济其他部门消耗费用的增加量；不仅包括方案本身的消耗费用，还应包括与方案密切相关的其他方面的消耗费用。

3．价格可比

产品的价格与价值，在理论上讲应当一致，但在现实生活中两者往往相背离。因此，对技术方案进行技术经济分析时，价格指标的可比性原则是十分重要的。如果实际价格与价值相差过大，应对实际价格进行修正。

4．时间可比

技术方案的经济效益不仅有数量的概念，同时还应具有时间的概念。不同方案在比较时，应具备时间因素的可比性：不同技术方案必须采用相同的计算期作为比较基础；不同的技术方案，必须考虑各方案在人力、物力和资源的投入、占用及发挥效益的时间先后和期限。

对于不具备时间因素的方案，可采用适当的折值方法折算成同一时间因素的量再进行比较。

三、技术经济分析的一般程序

技术经济分析的重心是对实现同一目标的不同方案进行客观的技术经济评价。在评价时一般按以下程序进行。

1. 选择对比方案

对比方案的选择，主要取决于分析的目的。分析目的不同，就需要选择不同的对比方案。如为了评定技术方案的先进程度与合理性，则需选择先进的技术方案来对比；如为了确定新技术的实际效果，那就应与原有方案进行对比。

2. 把对比方案可比化

由于各方案的指标与参数不同，必须将不同的数量和质量指标尽可能转化为统一的可比性指标，一般是转化为货币指标。对不能直接折合货币的质量指标，通常采用达到这一质量指标需要支出的费用比较，或采用评分等办法进行比较。

3. 建立和计算数学模型，比较选择方案

建立经济数学模型是技术经济分析的基础和手段。选择主要经济指标和数据，纳入数学模型中，求出各方案的经济指标具体数值，并进行比较，初步选出方案。

4. 综合分析论证

在对不同方案的指标进行分析计算的基础上，再对其整个指标体系和相关因素进行定量和定性的综合比较和论证，最后选定最优方案。

5. 与既定目标和评价标准相比较

将最后选定的方案同既定目标和技术经济评价标准进行比较，符合的就采纳；不符合的则重新按照此程序进行其他替代方案的分析、评价，直到找出满意的方案为止。

四、资金的时间价值分析

"时间就是金钱"，这在技术经济分析中有着极其重要的意义。资金在生产经营及其循环周转过程中，随着时间的推移而产生增值，称为资金的时间价值。它是社会劳动创造价值能力的一种表现形式。如果把资金存入银行，就会由于时间的变化而产生增值，通常称之为利息；如果把资金投入生产经营，也会由于时间的变化而产生增值，通常称之为盈利或净收益。利息和盈利是资金时间价值的两种表现形式，都是资金时间因素的体现，也是衡量资金时间价值的绝对尺度。

在计算资金时间价值时，通常要应用到下列基本概念。

1. 利率

指单位计算期内利息额占借贷资金额（即本金）的百分比。

2. 等值

指在时间因素的作用下，不同时间绝对值不等的资金具有相等的价值。如今天的 100 元与一年后的 108 元，绝对值不等，但如果在年利率为 8％的前提下，则它们可视为等值。

3. 现值

即资金的现在瞬时价值。

4. 终值

也称为未来值，即资金现值按照一定利率，经过一定时间间隔后的资金新值。

5. 贴现

即按照一定利率，把经过一定时间间隔后收支的资金换算成现值。

6. 年金值

即逐年等额收支的资金金额。

7. 单利法

即本金计息而利息不计息的计算方法。

8. 复利法

即本金及其利息都同样计息的计算方法。

9. 现金流量图

就是把时间标在横轴上，把现金收入（流入）量、支出（流出）量标在纵轴上，即可形象地表示现金流入、流出的关系，称作现金流量图。如图 7-1 所示。

图 7-1　现金流量示意图

第二节　项目可行性研究

一、可行性研究概述

可行性研究是技术经济论证的一种主要的科学方法。它是对各种科学技术方案、工程建设项目、产品开发、技术改造及生产经营方案等的必要性、实施的可能性和经济价值，从技术、社会、经济等方面进行综合分析和全面科学论证，为管理决策提供科学依据的技术研究活动。其目的是为了更好地保证实施项目在技术上先进可行，经济上合理有利，避免或减少决策失误，提高企业投资的综合效果。

可行性研究在 20 世纪 30 年代美国制定开发田纳西河流域工程规划时开始应用，在第二次世界大战后进一步得到发展。1983 年，我国国家计委正式颁布《建设项目可行性研究的试行管理办法》，将可行性研究列为工程项目建设前期的工作内容，纳入基本建设程序。明确规定：一切工业建设项目都要进行可行性研究，凡是没有进行可行性研究或研究深度不够的项目，不应批准其设计任务书。可行性研究的对象，一般包括新建、改建、扩建的工业项目、科研项目、地区开发、技术措施的应用与技术政策的制定等。这里着重介绍工程建设项目的可行性研究。

对工业投资建设项目进行可行性研究，就是对项目的一些主要问题，如市场需求、资源条件、原材料、燃料、动力供应条件、建设规模、厂址选择、设备选型、工艺方法、资金筹措等方面，从技术和经济两个方面进行详细的调查研究，对方案进行计算分析和比较，并对建成后可能取得的经济效果进行预测，从而提出这个项目是否值得投资建设和怎样建设的意见，为投资决策提供可靠的依据。

可行性研究是投资项目建设前期研究工作的关键环节，从宏观上可以控制投资的规模和方向，改进项目管理；微观上可以减少投资决策失误，提高投资效果。其具体作用是：作为投资项目决策的依据；作为投资项目设计的依据；作为向银行贷款的依据；作为向当地政府和环保当局申请建设执照的依据；作为该项目与有关部门互订协议、签订合同的依据；作为工程建设的基础资料；作为科学试验和设备制造的依据；作为项目建成后企业组织管理、机构设置、职工培训等工作的依据。

二、可行性研究的阶段和步骤

1. 可行性研究的阶段划分

一个工程建设项目从开始酝酿、研究到建成投产的全过程，在国际上称为"项目发展周期"。整个周期分为三个时期：投资前时期，即可行性研究时期；投资时期，即项目建设实施时期，包括项目设计、试验试制、施工建设、试运转等；运行时期，即生产时期。每一时期又分为若干阶段，每个阶段各有不同的工作内容和要求。

可行性研究时期或投资前时期的工作至关重要，它是投资时期和生产时期工作的基础，是决定投资项目命运的关键环节。它主要包括以下几个工作阶段。

（1）机会研究阶段　其主要任务是对投资方向提出设想建议，即所谓"项目意向"，选择有利的投资项目。它要求以自然资源调查和市场预测为基础，在一个确定的地区或行业内寻求最有利的投资机会。其主要内容是选择投资项目，笼统估算投资和成本，并将项目设想变为项目投资建议。

（2）初步可行性研究阶段　又叫预可行性研究，是为了节约时间和经费，在详细可行性研究之前，对机会研究认为可行的项目进行初步可行性研究。目的是确定是否需要进行下一步的详细可行性研究；确定有哪些关键问题需要进行辅助性专题研究；判断项目的设想是否具有生命力，能否获得较大的经济效益，发现不可行时应及时放弃。

（3）可行性研究阶段　亦称详细可行性研究或最终可行性研究阶段，是在初步可行性研究的基础上，对项目进行确定性分析，其详细程度应达到初步设计水平。它是项目投资决策的关键阶段。其主要任务是对项目进行深入的技术、经济论证，深入研究有关市场需求、厂址选择、工艺技术、设备选型、土木工程、项目总费用以及管理机构等问题，通过进行多方案比较，确定出最优化方案。

（4）评价和决策阶段　其主要任务是对可行性研究报告提出评价意见，最终确定这个项目是否可行，所推荐的方案是不是最佳方案，并做出最终的投资决策。项目评价的主要内容是审核可行性研究报告中反映的各项情况是否确实，分析计算是否正确，从企业、国家和社会等方面综合判断工程项目的可行性，最后写出评价报告。

2. 可行性研究的步骤

可行性研究工作涉及面广、综合性强，在具体进行时需要吸收具有专业知识的各方面专家参加。一般按以下步骤开展工作。

（1）筹划准备　这个时期要了解项目提出的背景、开展可行性研究的主要依据，摸清委托者的目标和意图，讨论研究项目的范围、界限，明确研究的内容，制订工作计划。

（2）调查研究　是指进行实地调查和技术经济研究工作。这一步涉及的项目很多，每项调查研究都要分别做出评价。

（3）优化和选择方案　是把此前阶段项目调查研究的各个不同方面的内容进行组合，设计出各种可供选择的方案，决定选择方案的重大原则问题和选择标准，并经过多方案的分析和比较，推荐最佳方案。对推荐的方案进行评价，对放弃的方案说明理由。

（4）详细研究　是对选出的最佳方案进行更详细的分析研究，复查和核定各项分析材料，明确建设项目的范围、投资、经营费用和收入等数据，并对建设项目的经济和财务特性做出评价。经过详细研究，应能证明所选方案在设计和施工方面是可以顺利实现的，在财务、经济上是有利的，是令人满意的。另外，还要说明成本、价格、销售量、建设工期等不确定因素变化时，对企业收益率所产生的影响。

（5）资金筹措规划　是对建设项目资金来源进行全面筹划，对于项目不同资金筹划方案进行分析和比较，尤其对中外合资项目更应注意做好详细的资金筹措规划。

（6）编写可行性研究报告　即根据可行性研究报告书的形式、结构和内容的规范要求，编写详尽的可行性研究报告书。

三、可行性研究的内容

可行性研究的内容总体来讲可以概括为三个方面：其一是市场研究，这是可行性研究的前提和基础，其主要任务是解决建设项目的"必要性"问题；其二是工艺技术研究，它主要解决建设项目技术的"可行性"或"可能性"问题；其三是研究建设项目的经济效益，这是可行性研究的核心和重点，是解决建设项目在经济上的"合理性"问题。具体内容包括以下几个方面。

1. 项目背景和发展概况

它主要说明项目提出的背景、投资理由、在可行性研究前已经进行的工作情况及其成果、重要问题的决策和决策过程等情况。

2. 市场分析与建设规模

市场分析的重要性在于，任何一个项目，其生产规模的确定、技术的选择、投资估算甚至厂址的选择，都必须在对市场需求情况在有了充分了解之后才能解决，而且市场分析的结果，还可以决定产品的价格、销售收入，并最终影响到项目的盈利性和可行性。在可行性研究报告中，要详细阐述市场需求预测、价格分析，并确定建设规模。

3. 建设条件与厂址选择

即根据产品方案与建设规模中建议的产品方案和规模来研究资源、原料、燃料、动力等的需求和供应的可靠性；并对可供选择的厂址作进一步的技术与经济比较，确定最佳厂址方案。

4. 项目技术方案

它主要研究项目应采用的生产方法、工艺和工艺流程、重要设备及其相应的总平面布置、主要车间组成及建筑物结构型式等技术方案。在此基础上，估算土建工程量和其他工程量，并绘制总平面布置图、工艺流程示意图等。

5. 环境保护与劳动安全

在项目建设中，必须贯彻执行国家有关环境保护和职业安全卫生方面的法律、法规，对项目可能对环境造成的近期和远期影响，对影响劳动者健康和安全的因素，都要在可行性研究阶段进行分析和评价，并提出防治措施。按照国家规定，凡从事对环境有影响的建设项目都必须实行环境影响报告书的审批制度，推荐技术可行、经济和布局合理、对环境的有害影响较小的最佳方案。

6. 企业组织和劳动定员

根据项目规模、组成和工艺流程，提出相应的企业组织机构、劳动定员总数、劳动力来源及相应的人员培训计划。

7. 项目实施进度安排

项目实施时期又称投资时期，是指从正式确定建设项目（批准可行性研究报告），到项目达到正常生产这段时间。它包括项目实施准备、资金筹集安排、勘察设计和设备订货、施工准备、生产准备、试运转直到竣工验收和交付使用等各个工作阶段。这些阶段的各个环节，有些相互影响、前后紧密衔接，有些同时开展、相互交叉进行。因此，在此阶段，需要将项目的各个工作环节进行统一规划、综合平衡，做出合理而又切实可行的安排。

8. 投资估算与资金筹措

是指计算项目所需要的投资总额，分析投资的筹措方式，并制定用款计划。

9. 财务与经济效益评价分析

财务评价是根据国家现行财务和税收制度以及现行价格，分析测算拟建项目未来的效益及费用。考察项目建成后的获利能力、债务偿还能力及外汇平衡能力等财务状况，以判断建设项目在财务上的可行性，即从企业角度分析项目的盈利能力。财务评价采用动态分析与静态分析相结合，以动态分析为主的办法进行。评价的主要指标有财务内部收益率、投资回收期、贷款偿还期、净现值、投资利润率等指标。

10. 可行性研究结论与建议

是指根据前面的研究分析结果，对项目在技术上、经济上进行全面的评价，对建设方案进行总结，提出结论性的意见和建议。

可行性研究的内容，虽然不同行业和不同项目各有侧重，但基本内容必须完整，文件必须齐全，其深度和质量应能达到国家规定的标准，满足该项目投资决策的要求。可行性研究报告应该全面反映可行性研究的基本内容。

第三节　决策概述

一、决策的概念与特征

决策的含义可以从两个角度来理解。从狭义上理解，是指对行动方案的确定或选择，即人们通常所说的"拍板"；从广义上理解，是指人们为了达到一定的目的，对行动方案的提出、选择和实施的全过程。本章讲的是广义的决策。

决策用之于管理就称为管理决策，用之于经营就叫经营决策。美国现代决策论的创始人西蒙指出：决策是管理的同义语。决策贯穿于整个管理过程的始终，是管理的基础和核心。决策具有四个特征。

其一，决策总是为了解决某一问题，因此，决策具有针对性。

其二，决策是行动的指南，因此，决策又具有现实性。

其三，决策是在一些可行方案中选择一个最满意的方案，因此，决策具有择优性。

其四，决策是为了解决将要发生的问题，而将要发生的问题不一定是我们所能控制的，因此，决策还具有风险性。

这四个特征是衡量决策行为的标志。

二、决策的分类

1. 按决策的重要程度分

可分为战略决策、战术决策和业务决策。

（1）战略决策　是指事关企业未来发展的全局性、长期性和方向性的重大决策。战略决策一般由企业最高管理层制定，故又称为高层决策。如企业经营目标和方针的决策、新产品开发决策、投资决策、市场开发决策等，都属于战略决策。

（2）战术决策　是指为实施战略决策，在对企业人、财、物、时间、技术和信息等资源进行合理配置方面，做出的决策。战术决策又称管理决策，它基本上是企业内部的执行性决策，它一般由企业中层管理者做出，故又称为中层决策。如生产计划决策、设备更新改造决策等，都属于此类决策。

（3）业务决策　是指在一定的管理体制下，为提高企业内部工作效率，而做出的决策。它主要解决日常业务中的问题，包括两个方面：一是经常性的工作安排，如每天的任务分配和设备使用等；二是生产过程中出现非正常情况的偶然事件时如何解决，如设备发生故障、原材料供应不上、零部件不齐全等。这类决策问题一般由企业基层管理者做出，故又称为基层决策。战略决策、战术决策和业务决策之间没有绝对的界限，尤其是战术决策和业务决策，在一些小型企业中往往很难截然分开。制定决策的各级管理层次也并非不可逾越，通常，为了发挥各级管理人员的积极性，提高决策的质量和效用，各管理层在重点抓好本层的决策时，三个层次的决策者都应或多或少地参与相邻管理层决策方案的制订。

2. 按决策问题能否用数量表达划分

可分为定性决策与定量决策。

（1）定性决策　它是从某种认识论、方法论出发，根据以往的经验和一定的思维方法，对决策对象进行综合评判，从而做出分析决策。如组织机构的设置或改变，干部的选拔和调动，以及是否生产新产品，是否引进新设备等诸如此类的决策，都属于定性决策。这类决策主要依赖于决策者的经验和分析判断能力。

（2）定量决策　它是依据历史和现实的有关数据资料，使用相应的数量计算方法，对研究对象进行量值的测算，根据量值做出分析决策。如产品产量的决策、产品价格的决策、产品成本的决策等，都属于定量决策。

在实际工作中，要把定性决策和定量决策结合起来使用。

3. 按决策问题所处的条件分

可分为确定型决策、风险型决策和不确定型决策

（1）确定型决策　是指对未来的自然状态知道得比较确切，每一个方案所达到的效果是唯一的，可以确切计算出来，从而可以根据决策目标做出肯定性的决策。这类决策问题具有反复和经常出现的特点，处理这种问题的过程和方法也是固定的程式和标准方法，每当遇到这类决策问题时，只要按固定的程式和标准方法，就可做出正确的决策。确定型决策常用的方法有：量本利分析法、线性规划法、排队法及技术经济分析的静态和动态评价法等。

（2）风险型决策　是指对未来的自然状态知道得不太清楚，不能肯定能否发生，但通过调查和统计资料分析，能知道其发生的概率，则可根据概率大小进行决策。这种决策虽有概率作依据，但仍然要冒风险，因为对未来自然状态只能知道个大概，不能完全断定未来的状况，故称为风险型决策。风险型决策，常用的方法有：决策树法、损益矩阵法、最大概率法、边际分析法、比较优势法等。

（3）不确定型决策　是指对未来可能出现的多种自然状态，完全不知道哪种会出现，也无法知道其发生的概率，它是最具风险的一种决策。这类决策一般是没有先例的、一次性的，没有固定的处理程序。处理这类决策问题，没有规律可循，一般要依靠决策者的智慧和经验。不确定型决策常用的方法有：收益值大中取大法（或损失值小中取小法）、收益值小中取大法（或损失值大中取小法）、后悔值大中取小法、折中法等。不确定型决策通常采用列表的方法进行决策，其决策方法也可称为决策表格法。

三、决策的程序

决策的一般程序，包括如下四个步骤。

1. 确定决策目标

决策的最终目的就是要达到既定的目标。目标确定得不明确或不合理，决策就会失误。企业在经营活动中，往往会同时面临很多问题需要解决，这时选择哪些问题作为决策目标，就是决策者首先要解决的问题。

2. 探索拟定可行方案

可行方案是指能够保证决策目标的实现，具备实施条件的方案。可行方案的拟订，必须满足四个要求：第一，能够保证经营目标的实现；第二，企业外部环境与内部条件都具有可行性；第三，方案之间具有质的区别；第四，必须尽量将所有的可行方案都考虑到。可行方案制订的数量和质量，决定着决策方案的选择余地和合理性。

3. 方案的评价与选择

方案的评价与选择，就是对可行方案进行比较、评价，并最终选定行动方案的过程。在评

价和选择时注意两个问题：一个是评价的标准；另一个是选择的方法。

（1）方案的评价标准 通常以经营目标的一些指标作为评价标准。评价指标可分为两类：一类是耗费性指标，如投资费用指标、使用成本指标、占用费用指标等；另一类是效益性指标，如劳动生产率提高指标、成本降低指标、质量品种改善指标、销售增长率指标、利润增长率指标等。

（2）方案的选择方法 方案的选择方法可分为三类，即经验判断法、数学分析法和实验法。经验判断法，是依靠决策者的经验进行判断，选择方案的方法。它往往取决于决策者的经验、阅历、感情、个人素质等。数学分析法，是应用决策论以及自然科学中一些定量化的方法进行判断和选择行动方案的方法。它往往取决于所采用数据资料的科学性和准确性，以及决策模型选用是否恰当。实验法，是在缺乏资料和经验，无法定量分析问题时，通过典型试验取得经验和数据，然后对方案评选的方法。

4. 决策方案的实施与检查

行动方案一经选定，就要制定具体措施，将目标分解，层层落实到基层和个人，明确责任，规定完成期限；同时在方案实施过程中，要进行监督、检查，发现问题和偏差，及时处理，还要把信息反馈到决策指挥系统，以保证目标的优化和实现。

四、决策的要求

什么样的决策是科学的？什么样的决策是不科学的？由于时代不同、国情不同、决策者所处的环境、所具备的条件不同，以及决策者所追求的目标千差万别，对此问题无法给出一个统一的答案。一般认为，科学的决策是指在决策的全过程中，每一个步骤都有充分的科学依据，以保证决策的正确性。具体说，科学的决策应满足以下要求。

1. 目标准确

（1）决策目标符合客观规律 规律是不以人的意志为转移的客观过程。人们在实践中的自由程度取决于对规律的认识和利用程度。当我们选择决策目标时，应当首先考虑决策目标是否符合事物发展的客观规律。

（2）决策目标要从实际出发 决策目标的制定，既要考虑需要，也要考虑实现的可能性；既要看到有利条件，又要看到约束条件。使目标适合本企业、本单位的情况，适应事物发展过程中必经阶段的要求。

（3）决策目标要抓主要矛盾 要防止两种错误倾向：一种是把主要矛盾固定化，即认为不论什么时候，什么情况下主要矛盾与次要矛盾都不会互相转化；另一种是中心不突出，目标分散。表现为眉毛胡子一把抓，整天忙忙碌碌，却成效甚微。因此，决策目标要反映主要矛盾，要把实现决策目标的过程，变成解决主要矛盾的过程，从而推动客观事物的前进。

2. 决策方案整体最优

要做到决策方案的整体最优，就必须在制定和选择方案时，遵循全面衡量、整体最优的原则。具体来说，要满足如下条件。

（1）技术上相对先进 就是从战略上看，要朝着采用世界上最先进的技术方向努力，但在战术上不一定一下子就采用最先进的技术，而是根据企业自身的条件，采用尽量先进、步步先进的方针。否则，不但资金、人力、物力达不到，而且未必能够消化、吸收应用，到头来可能得不偿失。

（2）经济上合理合算 就是最充分、最合理地发挥人、财、物等资源条件和作用，适应现有生产力、生产关系的水平，符合本企业、本单位劳动组织、技术力量和管理方式的要求，从而取得良好的经济效益和社会效益。

（3）实践上切实可行 就是指其措施具体得当，易于被企业广大职工认识和掌握。一般情况下，决策实施的条件不需要长期的准备或大量的外援。

（4）战略上衔接有利　就是指决策方案要瞻前顾后，立足整体，通盘考虑，充分注意到决策活动的连续性，既做到为本项经营决策服务，又尽可能考虑到下一项决策的需要和如何顺利地过渡到下一决策。

3. 决策过程要科学

即要求决策的全过程，每一步骤都要有充分的科学依据。具体说，要做到如下两点。

（1）科学逻辑性　决策过程所凭借的根据、方法、步骤都必须可靠、合理，选定的数学模型要符合实际，计算必须准确、科学，具有逻辑性。

（2）选用的决策方法要合理　决策方法很多，同一问题可能有很多的决策方法，选择不同的决策方法，决策的结果可能会不同。因此，决策方法一定要根据问题的实际背景和条件来选择。

4. 决策效益要好

企业决策的最终目的是为了提高经济效益，满足社会需要。企业的经营目标并非以求得最多生产量为目的，也不以获得最大销售量为满足，而是为了取得最大的利润。因此，企业应加强成本管理，降低成本，并根据市场情况，采取适宜的批量、适宜的价格向市场投放商品。

5. 重视时空因素

决策的基本任务是如何安排和使用人、财、物等生产要素，本质上也就是如何分配劳动时间和空间。要把握好决策的时机。什么时候着手决策，什么时候实施决策，都关系到决策的效果好坏。决策实施晚了，则失效；早了，则条件不成熟。恰到好处是大有学问的。我们看到，杰出的决策者总是在发现市场苗头时，就研制新产品，届时以充分供应；平庸的决策者只是在看到什么产品最畅销时，才想到生产，结果时过境迁，产品滞销。

6. 敢于创新和冒险

决策着眼于未来，未来总有不测风云。人们应当在对事物已有认识的基础上，充分发挥主观能动性，以争取对客观事物的驾驭。这就需要创新和冒险。创新，往往能别开天地或者出奇制胜。因循守旧只能拾人牙慧，无所作为。风险是客观存在的，只要对风险程度和所得所失作出清醒的估计，并且做好各种应变准备，是完全能够取胜的。

第四节　风险型决策的代表方法——决策树法

风险型决策，是指对未来的自然状态知道得不太清楚（对未来不完全清楚），不能肯定能否发生，但通过调查和统计资料分析，能知道其发生的概率，则可根据概率大小进行决策。这种决策虽有概率作依据，但仍然要冒风险，因为对未来自然状态只能知道个大概，不能完全断定未来的状况，故称为风险型决策。风险型决策，常用的方法有：决策树法、损益矩阵法、最大概率法、边际分析法、比较优势法等。我们本次课程专门学习一下决策树法。

一、决策树法的含义

决策树法，也称树枝法或决策图法。因为这种方法分析问题和解决问题的思路，如同树枝形状，所以这种方法我们形象地称它为决策树法。所谓决策树，就是把影响各方案的有关因素（如自然状态、概率、损益值等），画成有分枝的树形图。

决策树法是风险型决策常用的一种方法，也是现代管理中一种重要的决策方法。

二、决策树法的决策步骤

1. 绘制决策树图形

决策树的图形，如图 7-2 所示。

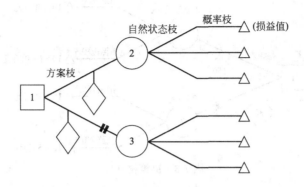

图 7-2 决策树的示意图（1）

图中 □——决策节点，从它引出的分枝为方案枝，分枝数表示可行方案个数；

◇——方案投资符号，填在里面的数值，表示方案的投资额；

○——方案节点，从它引出的分枝为自然状态枝，分枝数表示可能的自然状态数；

△——结果节点，反映某方案在某自然状态下可能达到的结果；

‖——剪枝符号，表示该方案被淘汰；

"1，2，3"——节点编号，一般按由左到右、由上到下的顺序来编。

2. 预计各种自然状态事件可能发生的概率

概率是决策树法的一个重要的决策参数，概率的误差越大，决策的偏差就越大。概率的预计可通过有关人员估算，也可根据有关历史资料推算，还可用特定的预测方法计算。

3. 计算各方案的损益期望值（EMV）

$$EMV = \sum(\text{自然状态的概率} \times \text{相应自然状态下的损益值}) - \text{方案投资}$$

一般将 EMV 值标在相应方案节点的附近。

4. 比较 EMV，选择方案，作出结论

如果决策目标为收益值，则选择收益期望值最大的方案作为行动方案；如果决策目标为损失值，则选择损失期望值最小的方案作为行动方案。对于没有选上的方案，在其方案枝上画上剪枝符号示意。

三、决策树法的应用

【例 7-1】 某公司为生产某种收录机而设计了两个可行方案，即建大厂和建小厂。预计该产品的市场寿命为 10 年，在这 10 年中，销路好的概率为 0.7，销路差的概率为 0.3，两方案的投资额及实施后的年收益情况如表 7-1 所示。问企业如何决策？

表 7-1 两方案的投资额及实施后的年收益情况

方案	投资额/万元	在各种自然状态下利润/(万元/年)	
		销路好(概率 0.7)	销路差(概率 0.3)
建大厂	150	50	−10
建小厂	80	20	5

解： ① 画决策树（图 7-3）

② 计算收益期望值

$$EMV③ = 0.7 \times 10 \times 20 + 0.3 \times 10 \times 5 - 80 = 75(\text{万元})$$

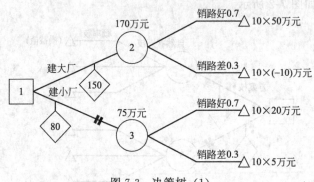

图 7-3　决策树（1）

$$EMV②=0.7×10×50+0.3×10×(-10)-150=170(万元)$$

③ 选择方案。由于建大厂的收益期望值较大，故选"建大厂"方案作为行动方案。

通过以上决策树法的决策应用，我们可以发现，决策树法的优点表现在以下四个方面。

第一，它构成了一个简单的决策过程。可以使决策者有顺序、有步骤地进行决策。

第二，它比较直观。可以使决策者以科学的推理步骤去周密地思考各有关因素。

第三，它便于集体决策。对于要决策的问题可画一个决策树挂在墙上或放在桌面上进行集体讨论。

第四，对于较复杂的决策问题，决策树法更能显示出它的方便与简捷。

本 章 小 结

本章主要论述了企业技术经济分析的基本原理，技术经济分析的基本方法，项目可行性研究的内容和程序等。技术经济分析是项目可行性研究的组成部分，项目可行性研究的范围比技术经济分析要大。

技术经济分析，就是研究在一定的自然条件和经济条件下，采用什么样的生产技术在经济上比较合理，能取得最好的经济效果。为了用较少的劳动消耗获得较大的经济效果，就必须对不同的技术政策、技术方案、技术措施进行经济效果的评价、论证和预测，然后确定技术上先进、经济上合理的最优方案，付诸实施执行，取得最优的经济效果。

可行性研究是技术经济论证的一种主要的科学方法。它是对各种科学技术方案、工程建设项目、产品开发、技术改造及生产经营方案等的必要性、实施的可能性和经济价值，从技术、社会、经济等方面进行综合分析和全面科学论证，为管理决策提供科学依据的技术研究活动。其目的是为了更好地保证实施项目在技术上先进可行，经济上合理有利，避免或减少决策失误，提高企业投资的综合效果。

习 题

一、问答题

1. 什么叫技术经济分析？

2. 进行技术经济分析，其内容一般包括哪些？

3. 什么叫收益类指标？具体包括哪些内容？

4. 什么叫可行性研究？

5. 可行性研究的阶段是如何划分的？

6. 决策是如何分类的?

7. 什么是风险型决策?

二、案例分析题

某企业要将产品运到某地,方案有两个,即汽车公路运输和轮船水路运输。两个方案都面临两种天气自然状态,即下雨和不下雨。如果走公路,则风雨无阻;如果走水路,遇上下雨天,有可能出现洪水,使运输受阻。两方案在各种自然状态下的费用如表7-2所示。问企业应如何决策?

表 7-2 两方案在各种自然状态下的费用

方案	方案在各种自然状态下的费用/元	
	不下雨(概率0.8)	下雨(概率0.2)
走公路	300	400
走水路	150	无洪水 200 (概率0.9)
		有洪水 2500 (概率0.1)

注:有洪水一栏,是指运输被洪水阻断,而延期交货的罚款损失。

三、实训题

有一个县需要修一条公路,县长召集有关人员开会征求意见。有甲乙两个人发表了各自的看法。

甲认为,本县农田资源非常珍贵,修路应该少占农田,同时,路修得应该人性化一些,照顾到每个乡镇、每个村子出行方便,因此路应该修窄一些,如果将来有需要再考虑加宽,并尽量穿过更多的乡镇和村庄。

乙认为,修路应首先考虑车辆通过的效率和流量,应面向未来,一次到位,路应修得又宽又直。

根据以上案例安排实训活动。

1. 实训题目:路到底应修成什么样子。

2. 实训目的:使学生了解科学决策的标准。

3. 实训组织:将全班学生分成甲乙两组,分别代表以上甲乙两人的观点,首先以小组为单位进行讨论,然后进行甲乙两组辩论对抗,由老师主持辩论,结束后进行总结。

4. 实训考核:辩论结束后,每个学生写一份感想,谈谈科学决策的标准。

第八章　新产品开发与价值工程

 引导
案例

奇瑞 QQ 的新产品

奇瑞QQ新产品的目标客户是收入并不高但有知识有品位的年轻人，同时也兼顾有一定事业基础以及心态年轻、追求时尚的中年人。一般大学毕业两三年的白领都是奇瑞QQ潜在的客户。人均月收入 3000 元即可轻松拥有这款轿车。

许多时尚男女都因为QQ新产品的靓丽、高配置和高性价比就把这个可爱的小精灵领回家了，从此与QQ成了快乐的伙伴。

奇瑞公司有关负责人介绍说，为了吸引年轻人，奇瑞QQ除了轿车应有的配置以外，还装载了独有的"I-say"数码听系统，成为"会说话的QQ"，堪称目前小型车时尚配置之最。据介绍，"I-say"数码听是奇瑞公司为用户专门开发的一款车载数码装备，集文本朗读、MP3播放、U盘存储多种时尚数码功能于一身，让QQ与电脑和互联网紧密相连，完全迎合了离开网络就像鱼儿离开水的年青一代的需求。

现在，北京街头已经能经常看到"奇瑞QQ"的靓丽身影了，虽然只是 5 万元的小车，但是"奇瑞QQ"那艳丽的颜色、玲珑的身段、俏皮的大眼睛、邻家小女孩儿般可人的笑脸，在滚滚车流中是那么显眼，仿佛街道就是她一个人表演的 T 型台！

思考题：

奇瑞QQ为什么能吸引年轻人？

【案例分析】

价格低、耗油少、配置高、新型的外观是吸引年轻人的重要条件。

第一节　新产品开发

一、新产品的概念与分类

新产品是指在一定地域内从未试制生产过的、具有一定独创性的产品。它相对于老产品来说，无论在产品的原理、结构、性能、用途，还是在采用的材料、元件及制造的工艺方法、技术特征等方面，均有显著改进和提高或独创。

新产品按照制造技术和性能等特点，可分为下列几类。

1. 改进的新产品

指在原来老产品的基础上，采取各种改进技术，对产品的功能、型号、用途、外观、式样进行局部改善而形成的一种新产品。

2. 换代新产品

指产品的基本原理不变，由于采用了新材料、新元件、新技术，从而使产品性能有显著提高的新产品。

3. 新用途的新产品

指为适应新用途、新市场的特殊需要，而具有特殊的产品性能的新产品或新系列。

4. 创新的新产品

指采用科学技术的新发明所生产的与原产品原理、结构、技术、材料等不同的产品。

按照技术开发方式特点，新产品又可分为独立研制新产品、技术引进新产品、联合开发新产品、独立研制与技术引进结合的新产品等。

二、新产品开发的方向和主要方式

1. 新产品开发的方向

（1）轻型化　随着现代工业的发展，人们对自然资源合理利用和保护的意识不断加强，追求节能、节材的轻型化新产品愈加受到全社会的重视。

（2）节能化　由于能源价格的不断提高与治理环境的需要，开发节能产品成为现代新产品开发的一大趋势。

（3）多样化　产品的品种、规格、型号和门类的多样化，追求系列、成批、成套地满足供应。

（4）简便化、多能化、智能化　现代生活要求的产品不仅仅是性能好、效率高、经久耐用，而且要能满足一些特殊的需要，实现一机多用，一物多用，操作方便。

（5）大型化或微型化　为适应现代大生产发展的需要，成套化、大型化的生产装置、运输设备、发电机组等类型的新产品集中反映了整体化、高效率的现代化特点。而许多消费类新产品则在向携带方便、使用灵活的微型化方向发展。

（6）美学化　追求产品的形态美是现代生活对产品需求的又一大特点。现代产品不能单纯讲求实用，还要在精神上给人以美的享受。

2. 新产品开发的方式

（1）自行开发　自行开发又可分为三种情况：第一种是从基础理论研究到应用技术研究，再到产品开发研究的全部过程，都由本企业完成；第二种是利用社会上已有的基础理论研究成果，企业只负责进行技术应用及产品开发研究；第三种就是利用已有的技术成果，企业只进行产品开发研究。三种情况难度依次减小，第一种情况难度和风险最大。从整体上讲，自行开发新产品是一种自主型战略，开发出的新产品往往能独占市场，但需要雄厚的人才基础和坚强的财力后盾，适用于技术力量较强的大、中型企业。

（2）技术引进　指企业通过技术合作、技术转移、补偿贸易、购买专利和先进设备及成熟的制造技术，以此来实现新产品开发的方式。这种方式可大大缩短产品开发的研制周期，节约企业的科研人力、物力、财力，迅速接近先进水平，加速企业的技术发展。但这种方式引进的技术是别人已经采用过的，别人已占领一定的市场份额，这将造成竞争中一定的劣势。因此，技术引进一定要注重引进—消化—吸收—创新，最后要做到超过技术输出方的水平，更好地发挥引进技术的作用。

（3）科技协作，联合开发　指联合企业内部和外部的科研力量、技术力量进行产品开发的方式。这种方式可使联合双方相互取长补短，效果好，见效快，因此应用十分广泛，无论是中小企业还是大企业都很重视这种方式。

三、新产品开发的程序

企业新产品开发一般可分为以下几个阶段。

1. 调查研究阶段

新产品开发的调查研究包括技术调查和市场调查。技术调查主要是收集技术信息、掌握产品的技术现状和发展趋势，进行技术预测，了解用户对产品的技术要求，为制订产品的技术方案提供依据。新产品开发的市场调查在于了解国内外市场对新产品的需求，掌握同类产品的市场情况，根据市场情况和资料，作出市场评价，预测市场变化和新产品发展前景。

2. 新产品开发的构思阶段

新产品开发的构思是新产品孕育、诞生的开始，是新产品开发的一个极其重要的步骤，也是具体进行新产品创新的阶段，这种构思不是偶然的发现，而是一种有计划的探索。新产品构思的来源很多，主要有：用户的需求；用户对所使用的老产品的改革建议；本企业职工提出的新产品创意；专业科技人员、信息部门、贸易部门的意见和设想等。具体进行新产品开发构思的方法主要包括产品属性列举法、强行关系法、用户问题的分析法、开好主意会法、群辩法、新技术跟踪法等。

3. 新产品开发构思的筛选阶段

企业根据有效的构思来源收集具体的构思方法，能够产生许多新产品的构思，但这些构思有些具备开发条件，可以作为开发方案；有些不具备开发条件，不能或者暂时不能进行新产品开发。所以必须对新产品开发的构思进行筛选，选出具备开发条件的方案来。新产品构思筛选主要是分析其现实性和合理性两个方面。

4. 新产品开发决策和编制设计任务书阶段

这一阶段要把入选的构思方案形成几个新产品开发方案，对采用的新资源、新结构、新材料进行理论研究、试验，掌握必要的参数；对不同方案进行技术经济保证与比较，从中考察、选择最佳方案。这是新产品开发过程中的重要决策步骤。在此基础上编制设计任务书，提出新产品结构、性能、技术规格、产品用途、使用范围、可靠性、经济性的总体设想、开发这个产品的理由和根据等。

5. 新产品设计阶段

企业根据批准的设计任务书进行新产品设计工作。通过新产品设计，把新产品的构思方案改为现实产品，就是从技术上、经济上将社会需要及用户需求具体化。新产品设计包括初步设计、技术设计和工作图设计。通过新产品设计，具体解决研制中的理论和技术问题，规定新产品的结构、型号，确定使用的材料，加工方法，加工工艺等，并研制各种技术文件。

6. 新产品的试制、鉴定和定型阶段

新产品设计出来以后要进行试制。新产品试制分为样品试制和小批量试制。试制结束后，进行产品鉴定，对设计和试制进行检验。通过试制、鉴定、对产品设计、工艺方法、工艺路线等进行全面检验，看其是否符合要求，能否达到预期的目标。若达不到要求，就要进行改进和调整。在此基础上对新产品进行定型，为大批量生产作准备。

7. 新产品的市场开发阶段或商业化阶段

这一阶段是新产品开发的终点，包括新产品的市场分析、样品试用、市场试销及产品正式投放销售等内容。

四、新产品开发的经济评价

1. 评价内容

新产品开发经济评价的内容很多，概括起来有以下三方面。

（1）新产品开发的可行性评估　主要评估新产品的市场需求状况、市场营销环境、技术力量及设备状况、资金及储运的水平、开发风险分析等。一句话，评估产品是否值得开发，是否有能力开发。

（2）新产品开发的经济性评价　内容主要是：开发费用、新产品成本、经济寿命、价格、销量及获利能力、各项经济效益指标的计算、预测和对比评价。

（3）新产品开发的现实性评价　就是通过试销情况，进一步预测新产品的销量、市场占有率及利润率，并寻求最佳营销组合。

2. 评价方法

（1）技术经济综合评分法　通过分析新产品在技术水平、经济效益、实用价值、社会效益等方面所处的水平，打分判断是否值得开发。这是一种以定性分析为主的评价方法。

（2）经济定量评价法　这种方法以开发期及新产品寿命期内所发生的全部费用为基础，计算出新产品的各项经济指标，再与基准指标比较，然后决定方案取舍。定量分析的方法分为动态、静态两种，前者考虑资金时间价值，后者不考虑。而不管是动态还是静态评价法，都可按评价的经济指标分为投资回收期法、现值法、净现值法、工艺成本法等。

（3）综合效益评价法　产品综合效益包括三部分：第一类经济效益，指新产品为企业和国家带来的利润、税金；第二类经济效益，指新产品为用户带来的节约；第三类为非经济效益，指新产品对社会需求和人们需要的满足程度及普及面。

第二节　价值工程

一、价值工程的基本原理

（一）价值工程的含义

所谓价值工程，就是以产品功能分析、功能评价为手段，科学规定产品的必要功能，并以产品的最低总成本，实现其必要功能为目的的有组织的活动。这一概念包含了以下三层含义。

① 以最低总成本，获取产品的必要功能，是价值工程的目的。

② 对产品进行功能分析和评价，从而寻求实现功能的最佳途径，是价值工程的核心。

③ 价值工程是一项有组织的活动，需要通过集体的智慧和努力才能达到预定的目标。

（二）价值工程的三要素

构成价值工程有三个要素，即功能、成本、价值。

1. 功能

所谓功能，是指产品的用途、功用和效用。例如，衣服的功能是御寒、美观；电灯的功能是照明；化妆品具有护肤功能；工艺品具有观赏功能等。功能是产品相互区别的重要标志，也是产品存在和发展的必要条件。人们需要产品，实质上是需要其功能，而不是产品本身。无论是产品还是零部件都有自己的一种或多种功能。产品功能的多少与好坏，完全取决于产品的设计。

功能从不同的角度研究，可以有不同的类别。从使用的角度分类，功能可划分为必要功能和不必要功能；从生产的角度分类，功能可划分为基本功能和辅助功能；从功能性质的角度分类，可划分为使用功能和美学功能。

2. 成本

价值工程中的成本是指为实现和使用产品的功能所支付的全部费用，即产品寿命周期成本，包括生产成本（C_1）和使用成本（C_2）。生产成本包括产品研制、设计、制造等环节的费用；使用成本包括用户在使用过程中能源消耗、维修费用、管理费用等。

价值工程中所研究的成本，之所以是产品寿命周期的总成本，是因为用户在购买能满足某种需要的产品时，不仅要考虑产品售价，还要考虑产品购买后在使用过程中需要支付多少费用，经权衡后才能做出是否购买的选择。因此，企业在设计和生产产品时，既要考虑到产品本身的价格合理，生产成本较低，还要顾及到产品在使用过程中所耗费用也较小，即使用成本较低。只有这样，产品才对用户有吸引力。

一般情况下，产品寿命周期总成本的高低，与其功能有密切的联系。在一定技术经济条件下，功能的提高、增多，会带来生产成本的上升和使用成本的下降。例如，一些节能型电冰箱比一般的非节能型电冰箱价格要高。这是由于功能增加生产成本提高的缘故，但因其具有节电功能，使用成本就比非节能型电冰箱要小。

3. 价值

价值工程中的"价值"有其特定含义，它既不同于政治经济学中的"价值"概念，也不同于日常生活中人们所说的价值（价格），这里的价值，是指"所费与所得"的一种评价尺度，确切地说，是指产品的功能与成本的比值，即

$$V = \frac{F}{C} \tag{8-1}$$

式中，V 为价值；F 为功能；C 为寿命周期成本。

这一评价尺度可从两个方面进行考察。一方面，对用户来说，价值更接近于"合算不合算"的评价标准。用户用较少的货币"所费"，购入（所得）产品的必要功能较高，就觉得"值得"、有价值；反之，就觉得"不合算"、价值低。另一方面，对企业来说，价值是投入与产出的评价尺度。企业产出一定量的产品，需要投入生产成本，企业输入的成本越低，输出这一定量的产品的必要功能越高、越多，企业的经济效益就越好，则该企业实现的价值就越大；反之，输入成本高，输出一定量产品的功能低下，企业效益低下，甚至亏损，则这个企业实现的价值就小，甚至无价值可言。

用户作为消费者，企业作为生产者，两者对"价值"这一评价尺度的理解角度虽然各有侧重，但两者是统一的。第一，企业用较少的成本，产出较高功能的产品，是用户以较少费用，获得较高功能产品，实现其较高价值的基础；第二，企业面向用户，尊重用户的价值，是其实现较高价值的前提，否则，尽管企业生产的产品功能较高，成本较低，但该产品的功能不为用户所接受，企业的"价值"还是不能实现。

因而，价值工程所研究的"价值"的核心，对企业来说，就是研究如何花费较少的成本，产出更多的为用户所接受的具有必要功能的产品。

（三）价值工程的特征

1. 着眼于提高价值

价值工程有明确的目标，这就是提高价值，也就是以最低的产品寿命周期费用，可靠地实现其必要的功能。这就是价值工程的目标性特征。

由式(8-1)可以看出，影响价值大小有功能和成本两大因素，围绕这两大因素来提高价值，有以下五种途径。

(1) 维持成本不变，致力于提高功能 在不追加成本的前提下，改进产品结构、外观、包装等方面，从而提高产品的使用功能或美学功能，以提高价值。如不改变喷漆工艺，将同一品种电冰箱漆成不同颜色，以满足不同审美观点的消费者的要求。

(2) 功能不变，采取措施降低成本 通过对产品结构、工艺、材料等方面的优化，在不改变原有功能的前提下降低产品制造成本以降低售价；也可以在产品功能和售价不变的前提下，

企业通过实行保修保换，免费上门维修等措施，以降低用户的使用成本。

（3）既提高功能，又降低成本　这是提高产品价值最理想、最有效的途径。这一途径一般都必须通过开发、研究，运用新技术、新材料、新工艺才能实现。如在电视机生产中用晶体管取代电子管，又用集成电路取代晶体管，进而又用大规模集成电路取代集成电路，不仅使功能提高，而且使成本大幅度降低，使产品价值大大提高。

（4）适当增加成本，大幅度提高功能　消费者对产品提出了新的要求，如缝纫机增加绣花功能，自行车增加变速功能，手表增加日历、星期指示功能等，要满足这些要求，就必须适当增加成本以实现新功能。在使用这个途径时，要注意把握功能的增加要大于成本的增加这一条原则。

（5）适当降低过剩或次要功能，使成本大幅度下降　一方面，对那些原设计方案中本身存在着虚设结构、过剩功能的产品，可剔除多余功能使产品成本大幅度下降；另一方面，由于不同的消费者对同一种产品的要求不一致，在不影响产品使用功能的前提下，针对部分消费者的特殊要求，适当降低一些次要功能，不仅可以降低成本，而且还能扩大销路。例如，把普通玻璃由镀银改为镀铝，附着力指标略降，但成本降低很多，价格降低从而扩大销售。

2. 侧重于功能分析

价值工程要求实现以最低的寿命周期成本，确保产品的必要功能，以提高其价值。要达到这个目的，必须借助功能分析这一基本方法。因为功能分析过程，一是将产品的功能与用户所需功能联系起来分析，通过分析，既能避免产品功能不足，又能去掉不必要的过剩功能，使产品功能大小与用户需求恰到好处；二是将产品功能与成本结合起来分析，通过分解产品结构，了解各零部件的必要功能，并按其功能大小配置最合理的成本，从而降低产品成本，提高价值的目的。因此，价值工程侧重于功能分析，将功能分析贯穿于价值工程活动的始终，是价值工程方法上的显著特征。

3. 注重研制设计阶段

注重于研制设计阶段，是价值工程活动领域的重要特征。价值工程活动之所以注重于研制设计阶段，是因为从产品研制、规划、设计、试制到产品的生产、使用和寿命终结的整个过程中，价值工程活动起点越早，经济效益越明显。研究表明，产品成本的 $70\% \sim 80\%$ 定形于设计阶段，一旦设计完成，产品投产后，再推行价值工程，想要大幅度降低产品成本，是相当困难的。原因是：第一，产品的改进涉及设备、工艺的更新与改造等诸多因素，需要支付较多的费用，经济效益的提高必然受影响；第二，在不变更产品设计的情况下，单靠改善加工方法、增加产量、降低管理费用等，使降低成本遇到一个不可逾越的界限——设计定形的最低材料消耗，而利用价值工程改进设计，则可以突破这一界限，把材料费用降低到原设计水平之下。因此，在设计阶段，应用价值工程，就能大幅度地降低产品成本。

4. 依靠集体智慧，群策群力

依靠集体智慧，群策群力，是价值工程活动开展的组织特征。价值工程的应用需要各方面的人才和知识。价值工程从对象选择、功能分析、方案的创造与评价及最后付诸实施，要依靠各类人才的集体智慧和许多部门的配合，才能体现到产品上去，达到提高价值的目的。

二、价值工程活动的程序

价值工程活动的过程是不断地提出问题和解决问题的过程，它的基本程序包括如下步骤。

（一）选择价值工程活动对象

1. 选择价值工程活动对象的原则

简单来说，就是要使活动的效果显著，使产品价值大幅度提高。具体细则见表8-1。

表 8-1　选择价值工程活动对象的原则

考虑因素	产品的特征
设计方面	结构复杂,零部件数量过多 设计水平落后 体积大、重量大、用料多 使用维护不方便
制造方面	生产批量大 工艺难度大、工序数目多、制造工作量大 质量差、废品率高
成本方面	产品寿命周期成本高于同类产品 原材料消耗量大、品种过多
销售方面	市场需求量大、竞争激烈,利润偏低 用户有减价要求或同类产品已经减价

2. 选择价值工程活动对象的方法

（1）ABC 分析法　它又称帕雷托（Pareto）分析法，它是意大利经济学家帕雷托早年研究人口与社会财富分配关系时提出的，其基本思想为"关键的少数与次要的多数"。由于该方法的基本原理不仅符合社会、经济等领域的实际，而且普遍存在于管理领域。因此，被成功地应用于质量管理、库存控制等方面，成为一种科学有效的重点管理方法。在价值工程中，运用ABC 分析法确定改进对象，首先要将所研究对象按零件核准成本并由高到低排序，依次计算零件累计数、成本累计数以及零件、成本的累计百分数（表 8-2）；其次，以横坐标表示零件累计百分数，以纵坐标表示成本累计百分数，绘制帕雷托曲线（图 8-1）。最后按照表 8-3 的标准将全部零件划分为 A、B、C 三类。A 类零件是亟待改进的重点对象。

表 8-2　产品零部件成本数量表

零件	件数	件数累计 件数	件数累计 百分比/%	成本 /元	成本累计 金额/元	成本累计 百分比/%	分类
01	1	1	2.4	38.76	38.76	25.4	A
02	1	2	4.8	26.65	65.41	42.9	A
03	1	3	7.1	22.89	88.30	57.9	A
04	1	4	9.8	10.13	98.43	64.5	A
05	1	5	12.2	8.16	106.59	69.9	A
06	1	6	14.3	7.65	114.24	74.9	B
07	1	7	16.7	6.70	120.94	79.3	B
08	1	8	19.0	5.25	126.19	82.7	B
09	1	9	21.4	3.36	129.55	84.9	B
10	1	10	23.8	3.03	132.58	86.9	B
11	1	11	26.8	2.68	135.26	88.7	B
12	1	12	28.6	2.05	137.75	90.3	B
⋮	⋮	⋮	⋮	⋮	⋮	⋮	C
16	2	42	100	0.12	152.41	100	C
合计	42	—	—	152.41	—	—	

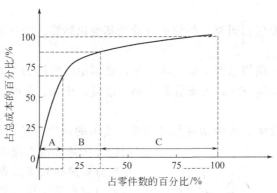

图 8-1　帕雷托曲线

表 8-3　ABC 分类标准参考表

占零件总数的百分比/%	占成本总数的百分比/%	类别
5～15	60～80	A
20～30	20～30	B
60～80	5～15	C

（2）费用比重分析法　这种方法是从产品成本的构成项目出发，以降低某项费用总额为目标，根据产品（零部件）的某项费用占企业（产品）该项费用总额的比例大小来确定价值工程活动的对象。显然，费用比例越大，越应首先列入价值工程活动的对象。费用项目可以是原材料消耗、能源消耗、总工时消耗、总设备台时消耗等。

例如表 8-4 中，通过对某产品原材料消耗的分析，首先选定费用比例最大的 D 产品作为价值活动的对象。

表 8-4　费用比重分析法例表

序号	产品代号	原材料消耗费用/(百元/件)	占原材料消耗总数的百分比/%	按百分比排队	选取对象
1	A	1500	15	3	
2	B	900	9	5	
3	C	1000	10	4	
4	D	3000	30	1	√
5	E	500	5	7	
6	F	700	7	6	
7	G	2000	20	2	
8	H	400	4	8	
合计		10000	100		

（二）搜集情报资料

开展价值工程活动需要围绕所选择的活动对象搜集以下几个方面的情报。

（1）技术情报　指同类产品的结构、性能、质量、可靠性、使用的原材料及工艺方法，新的科研成果等。

（2）经济情报　指同类产品的投资、成本、物资消耗定额、劳动定额、价格、利润等，用于确定新方案的目标成本。

（3）生产情报　主要包括同类产品生产企业的生产能力、产品发展方向，生产设备以及生产数量等。

（4）销售情报　主要包括同类产品的销售量及其变化趋势、用户的要求与意见、替代产品的生产和销售情况等。

情报资料的搜集是一项繁杂而又重要的工作，必须组织专门的人力，制定详细计划，研究并规定各种资料的统计处理方法，力求资料可靠、准确、全面、及时。

（三）功能分析

功能分析是通过对价值工程活动对象的功能与成本的对比分析，从而确定其价值的过程。功能分析是价值工程的核心内容。价值工程靠功能分析来达到降低成本的目的。通过功能分析可以对产品应具备的功能加以确定，并加深理解；通过功能分析，搞清楚各类功能之间的关系，适当调整功能比例，使产品的功能结构更加合理。功能分析的内容包括功能定义、功能整理和功能评价。

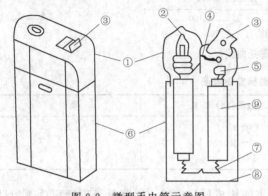

图 8-2　微型手电筒示意图

1. 功能定义

功能定义就是用简明准确的语言对产品及其零部件和各种功能进行描述，其目的在于加深对功能的理解，明确各功能之间的区别，为选择方案提供依据。功能定义通常采用一个动词和一个名词相搭配的动宾词组形式。

【例 8-1】　传递力矩、夹持工件、防止振动、减少摩擦、增加美观、提供光源等。其中，名词要求尽量具体，动词一般比较抽象，以激发设计者的创造性，有利于开阔思路，使设计者具有从实现某一功能的众多方式中选择出最优方案的主动性。例如，图 8-2 中各零件的功能可列于表 8-5 中。

表 8-5　微型手电筒零件功能表

代号	零件名称	功　　能
①	盖	固定导体,形成外观
②	灯泡	发出光亮,支撑灯丝,通过电流
③	开关	连接接点,切断接点
④	开关弹簧	构成接点,形成回路,通过电流
⑤	止动弹簧	构成接点,形成回路,通过电流
⑥	外壳	容纳电池,固定底板,形成外观
⑦	底簧	保持接触,通过电流
⑧	底板	支撑底簧,形成外观
⑨	电池	供给电力

2. 功能整理

功能整理是把定义过的功能按其内在的联系加以系统化，明确各功能之间的关系，完成产品的功能系统图。对应于产品结构，存在着一个功能结构。产品结构由零件、组件、部件而组成；功能结构由功能、功能区组成。在功能结构中，各项功能之间存在着一定的内在联系和逻辑关系。其中，凡是表示目的的功能称为上位功能；凡是作为实现目的功能的手段功能称为下位功能；为了实现同一个目的功能的两个以上的、处在同等地位的手段性功能，称为并列功能。

功能整理的目的在于，对所定义功能的上下位关系、并列关系进行深入研究和区分，发现现有功能系统所存在的不必要功能、不足功能或功能定义不合适等问题，从而剔除不必要功能，加强不足功能，进一步明确和修改功能定义。常用的功能整理方法是功能分析系统技术（Function Analysis System Technique，FAST）。FAST 的特点是根据基本原则将定义过的功能依次区分为基本功能和辅助功能，然后按照基本功能在左，辅助功能在右的顺序自左向右排列。具体步骤如下。

第一步，将定义过的功能进行区分，确定基本功能和辅助功能。基本功能的标志如下。

① 它的作用是必不可少的。

② 它的作用是它的主要目的。

③ 如果改变它的作用，其制造工艺及零部件需要全部改变。

满足以上三个条件时，该功能则为基本功能。

辅助功能的标志是：它对某项功能起辅助作用；它的作用处于相对次要的地位。若同时满足以上两个条件，该功能则为辅助功能。

第二步，确定功能之间的逻辑关系并排列功能系统图。基本功能是目的，辅助功能是手段。在功能系统中，基本功能与辅助功能表现为目的与手段、上位功能与下位功能的相对逻辑关系。根据功能间的逻辑关系，按照上位功能在左、下位功能在右的原则将功能进行有序排列，形成功能系统图。功能系统图的形式如图 8-3 所示。

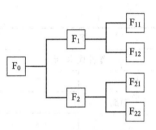

图 8-3 功能系统图的一般形式

根据功能系统图的一般形式要求，我们可以画出微型手电筒的功能系统图，如图 8-4 所示。

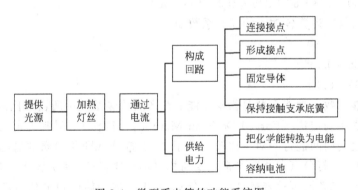

图 8-4 微型手电筒的功能系统图

从功能系统图中，我们对功能之间的关系以及它们所处的地位可以一目了然地看到。价值工程的重要观点之一就是"目的是主要的，手段是可以广泛选择的"。这样就可以从上位功能的定义出发，抛开原有结构，广泛设想实现这一功能的各种途径。

第三步，检查调整。对初排结果进行检查，对找不到合适位置的功能进行分析并采取相应的措施加以调整，对功能不足部分采取措施加强，对整个功能系统进行优化，以确保功能整理目的的实现。

3. 功能评价

功能评价是对功能由定性描述转为定量分析的关键环节。功能评价就是通过功能与成本的比较，计算功能的价值，从而认定功能的合理程度，确定价值工程活动的重点对象及预期目标。功能评价首先要设法使成本和功能具有可比性，然后才能计算其价值并评价。具体做法如下。

（1）计算成本系数 成本系数是指某项功能的成本在总成本中所占的比例。设某产品具有 m 项功能，各项功能的现实成本为 C_i （$i=1,2,\cdots,m$），则有

$$CI_i = \frac{C_i}{\sum C_i} \qquad (8\text{-}2)$$

式中，CI_i 为功能 i 的成本系数；C_i 为功能 i 的现实成本；$\sum C_i$ 为产品的现实成本。

在工业企业财务成本账户中，常常仅有零部件及产品的成本资料，没有功能成本数据。对此，可采用比例折算法加以处理。

【例 8-2】 已知某产品由 4 种零件组成，具有 3 项功能。各零件的现实成本及其承担各项功能的比例如表 8-6 所示。试求各项功能的成本系数。

表 8-6　零件成本功能比重表

零件		A	B	C	D	产品成本
零件成本/元		100	25	60	150	335
功能	1	1/2	0	1/3	1/5	100
	2	1/4	1	1/3	2/5	130
	3	1/4	0	1/3	2/5	105

解：各功能的成本计算如下。

$C_1 = 1/2 \times 100 + 1/3 \times 60 + 1/5 \times 150 = 100$ （元）

$C_2 = 1/4 \times 100 + 25 + 1/3 \times 60 + 2/5 \times 150 = 130$ （元）

$C_3 = 1/4 \times 100 + 1/3 \times 60 + 2/5 \times 150 = 105$ （元）

由 $CI_i = C_i / \sum C_i$ 计算各功能的成本系数如下。

$CI_1 = 100/335 = 0.30$

$CI_2 = 130/335 = 0.39$

$CI_3 = 105/335 = 0.31$

（2）确定功能系数 功能系数是指某功能 i 在产品功能系统中所占的比例。确定功能系数最常用的方法是强制确定法（Forced Decision Method，FD 法）。强制确定法是将所有功能排列成矩阵，功能之间两两进行一对一比较，采用 0—1 打分（即相对重要者给 1 分，相对不重要者给 0 分）或 0—4 打分（即相对非常重要与相对不重要者按 4：0 给分；相对较重要与较次要者按 3：1 给分；二者同等重要按 2：2 给分），评出每项功能的得分值（F_i）及全部功能得分总值（$\sum F_i$），再计算功能系数，如下式：

$$FI_i = \frac{F_i}{\sum F_i} \qquad (i=1,2,\cdots,m) \qquad (8\text{-}3)$$

式中，FI_i 为功能 i 的功能系数；F_i 为功能 i 的得分值；$\sum F_i$ 为全部功能得分总值。

若采用 0—1 打分法，为了避免某项必要功能得零分的情况，在对比时，凡属必要功能先给 1 分。

（3）计算功能的价值系数 当功能的成本系数和功能系数确定后，便可以计算功能的价值系数。由式(8-1)得

$$VI_i = FI_i / CI_i \qquad (i=1,2,\cdots,m) \qquad (8\text{-}4)$$

式中，VI_i 为功能 i 的价值系数；FI_i 为功能 i 的功能系数；CI_i 为功能 i 的成本系数。

【例 8-3】　某种自行车具有载人、行驶、控制、挡泥、载货、外观六种功能。价值工程小组采用强制确定法并按 0 或 1 打分，计算出各项功能的功能系数、成本系数及价值系数，见表 8-7。

表 8-7　某自行车功能评分表

功能评价	载人	行驶	控制	挡泥	载货	外观	功能得分 (F_i)	功能系数 (FI_i)	功能成本 (C_i)	成本系数 (CI_i)	价值系数 (VI_i)
载人	1	1	1	1	1	1	6	0.29	30.5	0.27	1.074
行驶	0	1	1	1	1	1	5	0.24	48.2	0.43	0.558
控制	0	0	1	1	1	1	4	0.19	10.0	0.09	2.111
挡泥	0	0	0	1	0	1	1	0.05	2.0	0.02	2.500
载货	0	0	0	1	1	0	2	0.09	2.5	0.02	4.500
外观	0	0	0	1	1	1	3	0.14	20.1	0.17	0.824
合计							21	1.00	113.3	1.00	—

（4）确定价值工程活动的重点　由式(8-4)可知，功能的价值系数存在如下三种情况。

① $VI_i = 1$，即功能重要度与该功能的现实成本重要度相符，则认为该功能的现实成本是合理的。

② $VI_i < 1$，即该功能的重要度相对较低而其现实成本的付出相对较高，可以解释为"成本过高"，它是价值工程活动的改进重点。

③ $VI_i > 1$，即实现某项功能的所费小于其所得，可以解释为"功能过剩"。但是，对这种情况要具体分析：其一，可能是由于原设计方案中存在虚设功能而造成本质意义上的功能过剩，此时，必须采取措施剔除多余功能，从而使功能更趋合理；其二，原设计方案采取了某些科学方法使该功能的成本较低，这是我们所希望的，这种情况就不需要列入价值工程的改进对象。

然而，任何一个由多种零部件组成的产品，经过功能评价，其价值系数 $VI_i = 1$ 的情况极少，而价值工程不可能也不必要对每一种 $VI_i \neq 1$ 的情况都进行改进。为了突出重点且节约价值工程费用，必须对那些 $VI_i \neq 1$ 但接近 1，或者该功能的成本绝对值较小因而"油水"较少的功能，应有所"宽容"。

（四）方案创造及评价

新方案的提出是一个创造性思维过程，必须运用科学的方法组织有关专家、技术人员、销售人员、管理人员分别从设计、工艺、材料、使用等方面分析研究，集思广益。尽可能征集多种可行方案，根据评价标准对所有可行方案进行技术经济评价，最后确定出满意的方案组织实施。对那些达不到价值工程目标的设计方案或工艺方案，要推倒重来。

（五）价值工程活动评价

价值工程活动评价主要指决策方案实施后的经济效果评价，这是一个总结经验的过程。常用的评价指标有全年节约额、单位产品成本降低率、价值工程投资效果系数等。

第三节　生产技术准备

开发新产品或改进老产品，都需要在生产前做好生产技术准备工作，这项准备工作的内容按照工作性质可以概括为设计准备、工艺准备、试制和鉴定。

一、设计准备

设计准备是生产技术准备工作的第一步，包括从明确设计任务开始到确定产品的具体结构为止的一系列工作。该阶段的工作质量不仅直接影响产品质量和生产过程的经济性，而且也影响后续的其他准备工作。为了成功开发产品，首先，要根据新产品开发目标，确定新产品开发方案。其次，要编制设计任务书。设计任务书是指导产品设计的基础性文件，要经过批准才能实施。设计任务书的主要内容包括：新开发产品的结构、特征、技术规格，新产品的用途和使用范围，与国内外同类产品的分析比较，开发产品的依据等。最后，进行产品设计。产品设计一般分为初步设计、技术设计和工作图设计三个阶段。

1. 初步设计

这一阶段的主要任务是对新开发产品的结构方案、组成整机的零部件及与之相关的新原理、新工艺等方面进行专题试验研究，以取得设计时必要的参数；或通过试验证实某些方案实现的可能性。

另外，在初步设计中，还要画出产品结构草图，确定产品的轮廓尺寸及相关基本要求，确定产品各组成部件和组件以及它们的结合方式和尺寸。重要产品的初步设计还要进行必要的技术经济论证，在方案比较的基础上选择理想的方案。

2. 技术设计

是新产品的定形阶段，是在初步设计的基础上，确定新产品各个部件、组件的详细结构、尺寸及其配合关系和技术条件；画出产品总图、部件和组件的结构装配图，传动系统图、润滑系统图以及电气原理图等；计算产品主要技术参数；对新产品进行技术经济分析；检查其性能、成本是否达到技术开发的要求。技术设计完成后，还要组织有关部门对产品结构的先进性、工艺性及使用操作性进行审查，改进设计。

3. 工作图设计

是产品设计的最后一步，其任务是提供试制和生产所需的全套图样，提供试制、制造和使用所需的全部技术文件。其主要内容包括：绘制零件工作图（包括详细尺寸、公差、材料、热处理及其技术要求）和部件图、总图；编制零部件、备件及附件明细表；提供通用件、标准件、外协件、自制件以及原材料、毛坯等综合明细表；编制产品说明书及使用、维护、保养和操作规程等。工作图设计完成后，须经有关部门和人员审核批准。

产品设计程序反映了设计工作内部的客观联系，严格遵循该程序的要求才能保证设计质量。当然，根据产品设计的种类、产品的复杂程度以及设计人员的水平，可以适当合并或简化。

二、工艺准备

工艺准备是保证新产品试制和正式生产达到设计要求、指导工人操作、保证产品质量、降低生产成本、提高劳动生产率、决定产品制造经济效果的一项重要的生产技术准备工作。其主要内容包括以下几项。

1. 分析和审查产品设计的工艺性

这是根据工艺技术上的要求、企业的设备能力以及外协的可靠性，来评定产品设计是否合理，能否保证企业在制造产品时获得良好的经济效果。产品设计工艺性分析与审查的项目包括：产品结构的继承性、工艺性、标准化与规格化程度是否合理；零件的结构与几何形状是否合理；产品精度、粗糙度及技术要求是否合适；工艺基准面的选择是否方便可靠；材料选择是否合适，是否经济，是否符合标准规格，是否适合本企业生产设备条件，是否便于采用高效率加工方法等。

工艺性分析与审查工作应当在设计工作阶段进行，所有的设计图样都必须经过工艺性分析与审查，并经工艺师和标准化组同意签字后，才能成为工艺设计的依据，才能投入生产使用。

2. 编制工艺方案

工艺方案是新产品开发研制工作中组织工艺准备的总纲，是进行工艺设计工作的指导性文件。其内容包括：新产品的性能、主要精度及其特点和特殊要求；产品的投入方式；试制中的各种关键问题、关键件及其解决措施；工艺路线（即产品零件加工车间的划分）的安排原则；工艺规程的制定原则、形式和繁简程度；装配与试车的要求；工艺装备系数及工艺装备的设计原则（采用联动、多位和万能组合夹具等）；劳动总工时以及经济效果的分析等。

编制工艺方案时，主任工艺师（产品工艺师）应参加新产品技术任务书的讨论审查以及设计图样的会审会签工作，从中了解产品性能、精度和技术条件等，预先摸清试制中的工艺关键，掌握编制工艺方案的主要依据。另外，要广泛听取工艺员、工装设计员、车间技术员（施工员）、检验员、老工人的意见。

工艺方案编制的一个重要内容是正确确定工艺装备系数。工艺装备系数就是为制造某种产品而设计的专用工艺装备的种数与所制造产品的专用零件种数之比。它主要是用来保证产品制造质量及效率的。工艺装备系数大，专用工艺装备多，有利于保证质量，提高劳动生产率，降低消耗，但要增加工艺装备的设计、制造和维修费用，延长技术准备周期。在产量不多的情况下，会提高产品成本。一般来说，产品产量大，标准化、通用化程度低，工人技术水平低的企业，工艺装备系数应大一些；反之，工艺装备系数应小一些。

3. 编制工艺文件

工艺文件是指导企业生产活动的基本技术文件，是安排计划，进行生产调度、质量控制、劳动组织和材料供应等工作的主要技术依据。它包括工艺规程、检验规程、工艺装备图、劳动定额表、原材料和工具消耗定额表，以及其他表格卡片等。在大批量生产时，还包括设备负荷计算、设备布置设计、劳动组织和工作地设计、运输方案设计及其他服务于工艺过程的辅助设施的设计。在工艺文件中，最主要的是工艺规程。它包括产品及其各个部分的制造方法与顺序、设备和切削用具的选择、工艺装备的确定、劳动量的确定、设备调整方法、产品装配与零件加工的技术条件等。工艺规程的主要形式有工艺路线卡（又称工艺过程卡）、工艺卡（又称零件卡）、操作卡（又称工序卡）及工艺守则。此外还有检查卡、调整卡等辅助性文件形式。

为了加速工艺设计工作，应尽量组织工艺规程的典型化，就是在对零件进行分类的基础上，为同类型零件编制通用的工艺规程。这不仅可以减少工艺工作量、缩短工艺准备周期、降低工艺准备费用、简化工艺文件，而且可以把工艺人员从整天忙于编制工艺规程中解脱出来，集中精力于研究改进现有工艺，提高工艺水平。

4. 工艺装备的设计与制造

工艺装备一般可分为通用和专用两种。通用工艺装备有专业厂生产，企业可以订购。专用工艺装备一般需要企业自己设计与制造。专用工艺装备设计与制造是根据工艺规程要求进行的。在实际工作中，主任工艺师早在编制工艺规程之前就要提出关键的专用工艺装备设计任务书，以便及早动手进行准备。一般的专用工艺装备设计任务书由产品零件工艺员在编制工艺规程过程中分批提出。

各类工艺装备设计完成后，应根据工艺装备在试制和生产时的使用要求列出工艺装备清单。在清单中注明零件名称、使用工序编号、工装名称、复杂等级、工艺装备设计出图日期和工艺装备需用日期。工艺装备清单是向工具制造部门办理厂内订货的依据，也是工具制造部门安排生产计划的依据。

组织好工艺装备的设计和制造工作，对于缩短技术准备周期和提高企业的经济效益都有重要影响。积极开展工艺装备的"三化"工作，大力推广组合夹具，是节省工艺装备设计和制造费用、缩短工艺装备制造周期的重要措施。

5. 日常工艺管理

日常工艺管理主要有三项内容。一是教育职工遵守工艺纪律，严格执行工艺文件。这就要组织职工学习工艺文件，教育职工养成"三按"（按图样、按工艺、按操作规程办事）的优良作风和习惯，并把"严格按工艺文件操作"列入岗位责任制。二是及时整顿和改进工艺。三是保证工艺文件的完整统一。

三、试制和鉴定

产品图样、工艺等技术文件设计出来后，能否达到预期的质量和经济效果，只有通过试验才能得到证明。因此，在新产品或改进的老产品正式投入生产前，必须有一个试制过程。通过试制，一方面对产品设计、工艺文件、工艺装备等进行验证，经过修改使之定型；另一方面使广大职工熟悉和掌握新产品，从而为顺利投入正常生产创造条件。

1. 新产品试制

新产品试制一般分为样品试制和小批试制两个阶段。

样品试制的目的是考核产品设计质量，考验产品结构、性能及主要工艺，验证和修正设计图样，使产品设计基本定型，同时也要验证产品结构的工艺性，审查主要工艺存在的问题。为此，必须严格地按照设计图样和试制条件进行。样品试制一般在试制车间进行，试制数量可以是一台，也可以是几台。

小批试制的主要目的是考验产品的工艺，检查图样的工艺性，验证全部工艺文件和全部工艺装备，并对设计图样再一次进行审查修改，是验证工艺文件及工装在正常生产条件下保证所规定的技术条件、质量和良好的经济效果的能力。因此，小批试制要在正式生产线上进行，要使用设计所要求的各种工艺装备，并采用正常的生产组织和劳动组织。

2. 新产品鉴定

新产品鉴定是指在样品试制和小批试制阶段，对新产品从技术上、经济上作全面评价。通过产品的评价鉴定，能及时发现问题，采取措施加以解决。特别是一些重要的新产品，往往需要经历多次反复评价、鉴定和改进，才能最后形成设计定型和生产定型。鉴定时，产品设计部门要制定鉴定大纲，工艺部门要编制试验规程，并会同有关部门准备好所需的工具、仪器和设备。与此同时，还应由车间主任、主任设计师、主任工艺师、技术检查员和装配工人等组成试验（试车）小组，负责新产品试验，并做出总结，交企业鉴定委员会进行鉴定。企业鉴定委员会由企业领导人员、质量管理、设计、工艺等科室以及有关车间人员和使用单位代表组成。

新产品鉴定的内容一般包括：检查产品是否符合已批准的技术文件和国家、行业、企业的技术标准；检查工艺文件、工艺装备是否先进合理；检查零部件和成品的质量，评价产品的一般性能：使用性能、安全性能、环境性能、可靠性、工艺性以及对产品进行技术经济分析等。

新产品鉴定后，企业应根据批准的鉴定书，消除产品缺陷，做好转入下一阶段试制或正式生产的准备。有些产品鉴定后，还需要经过一定范围和一定时间的使用考验，广泛听取用户意见，发现缺陷，加以改进后，才能得出全面定型结论，投入正式生产。

本 章 小 结

本章主要论述了新产品与价值工程的原理和方法。应用价值工程进行新产品开发，能够在保证用户功能要求的同时大大降低产品的成本，给用户带来实惠，提高产品的市场竞争力，给企业带来效益。

新产品是指在一定地域内从未试制生产过的、具有一定独创性和新质的产品。它相对于老产品来说，无论在产品的原理、结构、性能、用途，还是在采用的材料、元件及制造的工艺方法、技术特征等方面，均有显著改进和提高或独创。新产品开发的方式包括自行开发、技术引进、科技协作联合开发等。

习 题

一、问答题

1. 什么叫新产品？可分为几类？
2. 新产品开发的方向是什么？
3. 企业新产品开发一般可分为几个阶段？
4. 什么叫价值工程？其含义有哪些？
5. 什么叫功能分析？
6. 什么叫工艺准备？包括哪些内容？

二、案例分析题

NOKIA（诺基亚）——市场细分引领潮流

诺基亚的新产品策略使它第一个打破了每两年发布一个新产品的业界规律，而代之以平均一个多月就有一个新品种问世。它的系列移动电话在优化基本功能的同时，从小处着眼不断创新，填补了一个又一个市场空白。如诺基亚5110一进入中国市场就深受年轻人的喜爱。他们注重实用和品质，追求时髦与个性，但他们口袋里的钱不算太多，因而也不要求更多的商务功能。针对这一消费群体诺基亚推出了创新的"随心换"彩壳，并制定了相应的低价位策略。借此，诺基亚在市场中占尽先机，并掀起一轮手机销售的热潮。

诺基亚不但善于发现技术和当前市场的结合点，当其技术已领先市场时，它还能创造市场，引导市场向其技术转变，从而开拓出崭新的成长空间。如具有革命性的诺基亚7110媒体电话的诞生，就是要把上亿的互联网用户和移动电话用户转变为在此之前还不存在的媒体电话用户。诺基亚为什么坚信这种转变会成功呢？这是因为它早已洞察了这一新技术将给用户带来巨大的使用价值和增值服务。正如移动通信为什么重要？因为它可以给大家带来沟通的自由，这就是它的价值所在。

诺基亚电信部门领导人和员工都很年轻，都有很强的创造性。公司提倡创新和进取精神，鼓励技术人员发挥特长，大胆设想，把重点放在研制性能好、可靠性高，携带方便的产品上，每隔几个月，诺基亚就推出新型号的产品供用户选择，型号的更新速度犹如时装的变化，使人应接不暇。诺基亚新机型的开发周期平均仅为35天！

思考题：

诺基亚的新产品策略与引领潮流有哪些联系？

提示：

诺基亚能从一个不出名的小公司发展到跨国电信集团公司，成功的秘诀之一就是不断适应市场的变化，不失时机地调整长远发展战略，根据市场需求作出重大产业结构变革的决策。可以说诺基亚的历史就是一个不断抓住机遇、不断创新的历史。

三、实训题

项目：价值工程在企业中的应用

1. 实训项目

访问某企业管理办公室负责人。

2. 实训目的

通过访问某企业管理办公室负责人，了解该价值工程的应用情况，培养学生关注实际，积极思考与不断进取的良好习惯，帮助学生树立团队观念。

3. 实训内容

（1）了解该企业技术管理情况，掌握该企业新产品开发的策略与方式，关注新产品开发程序。

（2）了解该企业领导人员、技术人员、销售人员等在新产品开发中所起的作用。

（3）了解该企业价值工程运用情况，注意比较价值工程活动前后的经济效益。

4. 实训组织

将全班学生分成三个小组，以小组为单位，分别走访不同的企业。

5. 实训考核

（1）要求每个学生写出实训报告，包括实训目的和实训内容。

（2）教师评阅后写出实训评语，评定实训成绩。

（3）各小组负责人在全班交流实训内容和实训总结。

第九章 企业生产运作管理

【知识目标】
1. 掌握企业生产运作管理的内涵
2. 了解生产过程组织的基本内容
【技能目标】
1. 全面掌握生产计划的编制
2. 掌握先进生产计划与制造系统

制造企业生产类型与 ERP 选型的关系

在 ERP 的选型中，企业总是迟迟不能做出决定，为什么大家对 ERP 不敢轻易投入，选型而不敢定型呢？除了像 ERP 这样的大型应用系统对企业发展的影响太大之外，还由于企业对应用系统中企业类型及功能的了解不够而导致的担心。

制造业采用的生产类型，从总体上可以分为两大类：离散型和连续型。从极端的离散型生产到完全的连续型生产，又可以细分为六种生产类型。

1. 按订单设计或按项目设计

在这种生产类型下，一种产品在很大程度上是按照某一特定客户的要求来设计的，所以说支持客户化的设计是该生产流程的重要功能和组成部分。因为绝大多数产品都是为特定客户度身订制，所以这些产品可能只生产一次，以后再也不会重复生产了。在这种生产类型中，产品的生产批量很小，但是设计工作和最终产品却往往非常复杂。在生产过程中，每一项工作都要特殊处理，因为每项工作都是不一样的，可能有不一样的操作，不一样的费用，需要不同的人员来完成。属于此种生产类型的行业有：飞机制造业、国防产品制造业、出版业、机械设备和发电设备制造业。

2. 按订单装配或按订单制造

在这种生产类型中，客户对零部件或产品的某些配置给出要求，生产商根据客户的要求提供为客户订制的产品。所以，生产商必须保持一定数量的零部件的库存，以便当客户订单到来时，可以迅速按订单装配出产品并发送给客户。属于此种生产类型生产的产品有：个人计算机和工作站、电话机、发动机、房屋门窗、办公家具、汽车、某些类型的机械产品以及越来越多的消费品。满足这种生产类型的 ERP 软件必须具有以下关键模块：产品配置、分包生产、车间管理和成本控制、高级的工艺管理与跟踪功能、分销与库存管理、设计界面以及集成模块。

3. 按库存生产

在按库存生产类型中，客户基本上对最终产品规格的确定没有什么建议或要求，他们的投入很少。生产商生产的产品并不是为任何特定客户订制的。典型的属于按库存生产类型的产品有：家具、文件柜、小批量的消费品、某些工业设备等。按库存生产类型是大多数 MRP II 系统最初设计时处理的典型生产类型，因此，基本上不需要特殊的模块来处理。

4. 重复生产

重复生产又被称作大批量生产，是那种生产大批量标准化产品的生产类型。属于重复生产类型的产品有：笔、用于固定物品的装置（如拉链）、轮胎、纸制品、绝大多数消费品。重复生产类型往往用倒冲法来计算原材料的使用。所谓倒冲法是根据已生产的装配件产量，通过展开物料清单，将用于该装配件或子装配件的零部件或原材料数量从库存中冲减掉。它基于通过计算得出的平均值，而不是实际值。重复生产类型需要计划生产的批次，留出适当的间隔，以便对某些设备进行修理。

5. 批量生产

在批量生产类型中，处于生命周期的初始阶段的产品可能会有很大变化。在纯粹离散型生产中产品是根据物料清单装配处理的，而在批量生产类型中，产品却是根据一组配方或是原料清单来制造的。产品的配方可能由于设备、原材料、初始条件等发生改变。此外，原材料的构成和化学特性可能会有很大的不同，所以得有制造一个产品的一组不同的配方。而且，后续产品的制造方法往往依赖于以前的产品是如何造出来的。在经过多次批量生产之后，可能会转入重复生产类型。

6. 连续生产

在连续生产类型中，单一产品的生产永不停止，机器设备一直运转。连续生产的产品一般是企业内部其他工厂的原材料。产品基本没有客户化。此类产品主要有：石化产品、钢铁、初始纸制品。适合于连续型生产的 ERP 系统的关键模块有：并发产品和副产品、连续生产、配方管理、维护、多度量单位。

思考：

结合所学知识分析以上案例，思考不同的生产类型对 ERP 软件要求是什么？进而思考生产运作管理的内涵。

【案例分析】

不同的生产类型对 ERP 软件有着不同的要求，而不同 ERP 软件供应商的产品也往往支持不同的生产类型，或在某种生产类型上有优势。因此，对于计划实施 ERP 的客户来说，明确自己企业的生产类型，定义清楚该生产类型对 ERP 软件的具体要求，然后在满足这些要求的 ERP 软件中挑选最合适的供应商，是首先而且必须完成的工作。

第一节　生产运作管理与生产过程概述

一、生产运作管理的概念

生产运作是指将一系列的输入按照特定的要求转化为一定输出的过程。

生产运作管理是指对企业生产/服务活动进行计划、组织、控制的总称。它包括生产系统设计与运行管理。

生产系统设计是对厂址选择（包括工厂、配送中心、门店等的选址）、能力规划、生产部门布置、产品和服务计划、设备布置等的决策过程。

生产系统运行管理主要涉及计划、组织和控制三个方面，具体工作内容主要有需求管理、预测编制生产计划和能力计划、库存控制、人员调配、作业调度、质量保证等。

生产运作管理的目标就是要使输出要素（产品或服务）在交货期、质量、成本、柔性和服务等几个方面都取得最优效果。

（1）确保交货期　包括交货日期和交货期限两层含义。

（2）减少在制品占用量　最有效的措施是减少加工过程中零件的停放时间、合理设计零件在生产过程中的移动方式。

（3）提高生产效率　主要是提高人与设备的工作效率。

（4）降低生产成本　是生产运作管理的重要目标，只有按低于社会平均劳动消耗的成本水平在市场上销售，企业才有可能盈利。

（5）提高质量　高质量的产品和服务是赢得用户信赖的基本条件，是提高企业竞争力的基础。

二、生产过程的概念与构成

工业企业的生产过程可以从两个方面来研究，一方面是产品生产过程；另一方面是企业（工厂）生产过程。

1. 产品生产过程

工业产品的生产过程，是指从产品生产准备开始，经投料加工，直到把产品生产出来的全部过程。有的产品加工还需要借助于自然力的作用，如铸件的时效、木材的干燥、锻件的冷却等。所以，产品生产过程是劳动过程和自然过程的总和。劳动过程是利用劳动手段作用于劳动对象，使之成为产品的全部过程；而自然过程是借助于自然力，改变加工对象的物理和化学性能的过程。机械产品的生产过程一般包括：工艺过程、检验过程、运输过程、自然过程和储存等待过程。

（1）工艺过程　是指直接改变劳动对象的性质、形状、大小的过程。它是产品生产过程最基本的构成部分。机械产品的工艺过程分为毛坯准备、加工、装配等工艺阶段。毛坯准备阶段指下料、铸造、锻造等；加工阶段是对毛坯进行切削、冲压、冷却和热处理等；装配阶段是把零件装配成部件，再把部件装配成产品。每个工艺阶段还可分为若干道工序。如铸造可分为配料、浇注、扣箱、清砂等。

（2）检验过程　是对加工的毛坯、零件或成品进行检查和验证工作。目前多是借助于仪器和标准物件来进行的。

（3）运输过程　即指劳动对象在工序间的转移。要求运输路线要短，以便缩短生产周期，降低产品成本。

（4）自然过程　是指铸件的时效、锻件的冷却、油漆的干燥等。它是借助自然力来完成的。

（5）储存等待过程　是指由于工艺上的要求和组织管理等原因而安排的，也有人为的，如停电、停工待料等。以上这些过程，工艺过程是最基本的过程。但是其他过程也有各自的作用。

2. 工业企业生产过程

工业企业生产过程，是指工业企业制造产品的各个生产环节。它由生产技术准备过程、基本生产过程、辅助生产过程、生产服务和副业或附属生产过程等环节所组成。

（1）生产技术准备过程　是指产品在投入生产之前所进行的各种准备工作。如产品设计、工艺设计、工装设计和制造、材料和工时定额的制定、劳动组织的调整以及新产品的试制、鉴定等。

（2）基本生产过程　是指直接完成企业主要产品所进行的生产活动。如生产机床所进行的铸、锻、焊、机械加工、装配等生产活动。

（3）辅助生产过程　是指为了保证基本生产过程的正常进行所需的辅助产品和劳务的生产过程。如动力供应、工装制造、设备维修等。

（4）生产服务过程　是指为基本生产和辅助生产所进行的各种服务活动。如原材料、零部件的运送和保管，成品的包装发运等。

（5）副业或附属生产过程　是指企业利用基本生产的边角余料进行的生产，或为基本生产提供辅助材料的生产过程。如飞机制造厂利用铝材边角余料生产日用品等。

产品生产过程和工业企业生产过程是两个不同的概念，二者既有区别又有联系。产品生产过程指的是制造整个产品的全过程。而工业企业生产过程指的是一个企业的生产过程。现代工业生产，分工愈来愈细，专业化程度愈来愈高，一个企业不一定包括制造整个产品的全过程，而可能只进行某些零件或工艺阶段的加工。但也有一个企业包括几个产品的生产过程。

三、合理组织生产过程的要求

合理组织生产过程的目的，是使产品在生产过程中行程最短，时间最省，耗费最少，效益最好。为此，生产过程的组织必须满足以下条件。

1. 生产过程的连续性

它是指劳动对象在生产过程中，始终处于运动状态，在加工、装配检验或运输途中，没有或很少有中断时间。连续性可以缩短产品的生产周期；减少在制品，减少资金占用，加速流动资金的周转；减少零部件保管、停放损失和变质损坏；节约仓库面积和生产面积；有利于产品质量的改善，从而获得较好的经济效益。提高连续性的办法有：提高生产过程机械化、自动化水平；采用先进的生产组织形式，如流水线、自动线；工厂布置符合工艺流向，使运输路线最短；合理安排工序，使上下工序紧密衔接，减少停放时间；做好生产技术准备工作和服务工作，减少停工待料、待工具、待图纸等。

2. 生产过程的平行性

它是指组成生产过程的各个环节，尽可能组织平行作业。其主要体现在：产品的各种零件在配套的前提下，尽可能组织平行生产，一批相同零件同时在不同工艺阶段上加工，一批相同零件同时在不同工序上加工。这样，才能缩短生产周期，减少在制品，为连续生产创造条件。

3. 生产过程的比例性（协调性）

它是指在生产过程中，各阶段、各工序之间在生产能力上要保持适当的比例关系，克服薄弱环节。生产过程的比例性，可以使企业的人力、设备、资金、生产面积等，得到充分的利用；使生产过程协调、均衡、连续。

生产过程的比例性，在很大程度上取决于工厂设计的正确性。建厂时，应仔细分析产品结构及其特点，并根据其技术要求来确定基本生产车间的规模和各种设备的需要量，再根据基本生产的要求来确定辅助生产的规模和各种设备需要量，以满足生产的需要。开工后，在日常生产组织中，安排任务时，不仅要看需要，而且要看可能性，做好综合平衡工作，强化计划调度工作，克服薄弱环节。生产过程的比例性，并非固定不变。随着科学技术的发展，新技术、新材料、新工艺的采用新产品的开发，工人技术水平的提高，生产组织和劳动组织的改善，厂际协作关系的变动等，都会破坏原来的比例关系，出现新的不平衡。管理者必须适应新情况，采取技术组织措施，在不平衡中寻求新的平衡，建立新的比例关系。

4. 生产过程的均衡（节奏）性

它是指企业各生产环节，都按生产计划的要求，在相等的时间里，出产相等或递增数量的产品，或者完成相等或递增数量的工作量，使各工作地的负荷保持相对稳定，不发生时松时紧的现象。生产过程的均衡性，有利于保证设备、人力均衡负荷提高设备利用率和工时利用率；有利于建立正常的生产秩序和管理秩序，保证产品质量和安全生产；有利于节约物资消耗，减少在制品，加速资金周转，降低产品成本。所以，组织均衡生产是社会化大生产的要求。搞突击、搞会战，有时是必要的（如抢修设备），但不是普遍规律，只能是辅助方式。

组织均衡生产，一方面需要不断提高生产管理水平，搞好生产作业计划的安排，加强调度工作和在制品的管理工作等；另一方面，要争取外部条件的支持和配合，建立比较稳定的供应渠道和密切的协作关系，保持原材料，外购件，外协件能够按质、按量、及时地供应。

5. 生产过程的柔性

它是指企业生产过程，对产品的变动，应具有较强的应变能力。随着科学技术的进步和生产的发展，人民生活水平的提高，市场需求具有多变性。要求多品种小批量、交货迅速、服务周到，迫使企业不断开发新产品。因而，不能不考虑产品变动这一因素，对合理组织生产过程所带来的问题和影响。如何朝着多品种、小批量、灵活应变的方向发展，是当前许多企业面临的问题。为此，必须采取新的组织方法和组织形式，如成组技术、多品种混流生产等。

上述五项要求，既有区别，又有联系，有时还会出现矛盾。如某新产品急需提前上市，需要加班加点，这就出现适应性与均衡性之间的矛盾。处理这些矛盾，要权衡利弊，不要轻易强调某一要求而否定另一要求。这些要求的目的都是为了提高经济效益。

四、生产类型

生产类型是生产系统结构类型的总称，是产品的品种、产量和生产的专业化程度在企业生产系统的技术、组织、经济效果等方面的综合表现。生产类型可按不同的标志进行划分，常采用的标志如下。

1. 按生产工艺特点划分

可分为采掘提取型、合成型、分解型、调制型和装配型。

（1）采掘提取型 是从地下或海中采掘、提取产品。如采矿企业、石油企业等。

（2）合成型 是指把不同成分的原材料合成产品。如水泥企业、化工企业等。

（3）分解型 是指原材料加工处理后，分解成多种产品。如炼油企业、焦化企业等。

（4）调制型 是指通过改变加工对象的形状和性能而制成的产品。如橡胶厂、轧钢厂等。

（5）装配型 是指把零部件组装成产品。如机械制造企业等。

2. 按接受任务的方式划分

可分为订货生产方式和存货生产方式。

（1）订货生产方式 它是根据用户的订货要求进行生产，生产完成后就立即交货，产品不存在库存问题。

（2）存货生产方式 它是预先对市场需求进行预测，在此基础上制订生产计划，然后进行生产，产品有库存。

3. 按生产的连续程度划分

可以分为连续性生产和离散性生产。

（1）连续性生产 在生产过程中，物料均匀、连续地按一定工艺顺序运动。又称流程式生产。如化工（塑料、药品、肥皂、肥料等）、冶金、炼油、冲洗胶片等。

（2）离散性生产 由离散的零部件装配而成的，零部件以各自的工艺过程通过各个生产环节，物料运动呈离散状态。因为这类制成品都是先加工出零件，再将零件装配成产品，所以又称加工-装配式生产。如汽车、柴油机、电视机、洗衣机等。

4. 按工作地的专业化程度划分

可分为大量生产、成批生产和单件生产。

（1）大量生产类型 其特点是：产品固定，品种少，产量大，工作地专业化程度高。因而要求详细划分工序，按零件编制工艺规程，广泛使用专用设备和专用工装。由于它机械化、自动化程度较高，因而减少了劳动量。专业化生产缩小了工人的加工范围，只固定完成少数几道工序，容易掌握加工工艺，提高熟练程度，对工人的技术等级要求相对较低。由于采用了先进的流水生产形式，各生产环节的生产能力经过详细核算，生产过程的比例性、连续性、平行性和节奏性得到了全面体现，因而具有较高的劳动生产率和较低的产品成本。属于大量生产类型的企业，通常有汽车制造厂，自行车制造厂等。

（2）单件生产类型 其特点是：品种多且不稳定，产量少甚至单件生产，工作地专业化程度低。单件生产的产品多属于市场需要量极少，用途不广和通用性不强的专用产品。由于单件生产很不稳定，很少重复生产，所以，通常只能采用通用设备和通用工装进行生产，工艺规程编制简单，定额制定粗略。在产品制造过程中劳动消耗量大，手工操作比重大，生产效率低，材料消耗多，工人技术等级要求高，保证产品质量难度大。为了适应单件生产的品种变换，在生产过程的空间组织上，通常采取工艺专业化形式；在时间组织上，通常采用顺序移动方式。单件生产其生产过程的比例性、连续性、平行性都较差，因此，生产周期长，流动资金周转慢，产品成本高。属于单件生产类型的企业，通常有造船厂，飞机制造厂，锅炉厂制造等。

（3）成批生产类型　其特点是：产品品种相对稳定，品种较少，有一定的批量，工作地成批轮番生产几种产品，工作地专业化程度相对较高。由于成批生产具有一定的稳定性和重复性，可以编制较详细的工艺规程，采用一定数量的专用设备和专用工装，提高了生产的机械化水平，减少了生产的劳动量。同时有可能采用对象专业化形式和平行顺序移动方式。生产过程的连续性、平行性较好，因此，有利于缩短生产周期，加速流动资金周转，降低产品成本。成批生产按批量大小，又可分为大批、中批和小批生产，大批生产的特点接近于大量生产，小批生产的特点接近于单件生产。因此，在实际工作中，常把某些企业称为"大量大批生产"企业，或"单件小批生产"企业。中批生产则较典型地反映了成批生产的特点。属于成批生产的企业，通常有机床制造厂、柴油机厂等。

第二节　生产过程组织的基本内容

一、生产过程的空间组织

生产过程的空间组织是指在一定的空间内，合理地设置企业内部各基本生产单位（车间、工段、班组），使生产活动能高效地顺利进行。这里主要从生产车间的设备布置角度加以说明。生产过程的空间组织有以下两种典型的形式。

1. 工艺专业化形式

工艺专业化又称为工艺原则，就是按照生产过程中的各个工艺阶段的工艺特点来设置生产单位。在工艺专业化的生产单位内，集中着同种类型的生产设备和同工种的工人，完成各种产品的同一工艺阶段的生产，即加工对象是多样的，但工艺方法是同类的，每一生产单位只完成产品生产过程的部分工艺阶段和部分工序的加工任务，产品的制造完成需要各单位的协同努力。如机械制造业中的铸造车间、机加工车间及车间中的车工段、铣工段等，都是工艺专业化生产单位。

工艺专业化组织形式的优点是：适应性强，可以适应企业中不同产品的加工要求；便于充分利用设备和生产面积；利于加强专业管理和进行专业技术指导；个别设备出现故障或进行维修，对整个产品的生产制造影响小。

它的缺点是：产品加工过程中运输路线长，运输数量大，停放、等待的时间多，生产周期长；增加了在制品数量和资金占用；生产单位间的协作复杂，生产作业计划管理、在制品管理、成套性进度管理等诸项管理工作，量大而且复杂。

工艺专业化形式适用于企业产品品种多、变化大、产品制造工艺不确定的单件小批生产类型的企业。它一般表现为按订货要求组织生产，特别适用于新产品的开发试制。

2. 对象专业化形式

对象专业化又称为对象原则，就是按照产品（或零件、部件）的不同来设置生产单位，即根据生产的产品来确定车间的专业分工，每个车间完成其所负担的加工对象的全部工艺过程，工艺过程是封闭的。在对象专业化生产单位（如汽车制造厂中的发动机车间、底盘车间、机床厂中的齿轮车间、底盘车间、机床厂中的齿轮车间等）里，集中了不同类型的机器设备、不同工种的工人，对同类产品进行不同的工艺加工，能独立完成一种或几种产品（零件、部件）的全部或部分的工艺过程，而不用跨越其他的生产单位。

对象专业化形式的优点是：生产比较集中，生产周期短，运输路线短，周转量小；计划管理、库存管理相对简单；在制品占用量少、资金周转快，协作关系少；有利于强化质量责任和成本责任，便于采取流水生产等先进生产组织形式，提高生产效率。

它的缺点是：对市场需求变化适应性差，一旦因生产的产品商场不再需求而进行设备更换，则调整代价大；设备投资大（由于同类设备的分散使用，会出现个别设备负荷不足，生产能力不能充分利用）；不利于开展专业化技术管理。

对象专业化形式适用于企业的专业方向已定，产品品种稳定、工艺稳定的大量大批生产，如家电、汽车、石油化工品生产等。

在实际生产中，上述两种专业化形式往往是结合起来应用的。根据它们所占比例的不同，专业化形式又可分为：在对象专业化形式基础上，局部采用工艺专业化形式；在工艺专业化形式基础上，局部采用对象专业化形式。

二、生产过程的时间组织

时间组织主要研究劳动对象在车间之间、工段之间及工作地之间的运动，在时间上如何配合与衔接，以最大限度地提高生产过程的连续性和节奏性，达到提高生产率，降低成本，缩短生产周期的目的。

合理组织生产过程，不仅要求生产单位在空间上密切配合，而且要求劳动对象和机器设备在时间上紧密衔接，以实现有节奏的连续生产，达到以提高劳动生产效率和设备利用率、减少资金占用、缩短生产周期的目的。

生产过程在时间上的衔接程序，主要表现在劳动对象在生产过程中的移动方式。劳动对象的移动方式，与一次投入生产的劳动对象数量有关。以加工零件为例，当一次生产的零件只有一个时，零件只能顺序地经过各道工序，而不可能同时在不同的工序上进行加工。如果当一次投产的零件有两个或两个以上时，工序间就有不同的移动方式。一批零件在工序间存在着三种移动方式，这就是顺序移动、平行移动、平行顺序移动。

1. 顺序移动方式

顺序移动方式指一批零件在前一道工序全部加工完毕后，整批转移到下一道工序进行加工的移动方式。其特点是：一道工序在工作，其他工序都在等待。

顺序移动方式的优点是：一批零部件连续加工，集中运输，有利于减少设备调整时间，便于组织和控制。其缺点是：零件等待加工和等待运输的时间长，生产周期长，流动资金周转慢。

2. 平行移动方式

平行移动方式指一批零件中的每个零件在每道工序加工完毕以后，立即转移到后道工序加工的移动方式。其特点是：一批零件同时在不同工序上平行进行加工，因而缩短了生产周期。

采用这种移动方式，不会出现制件等待运输的现象，所以整批制件加工时间最短，但由于前后工序时间不等，当后道工序时间小于前道工序时间时，后道工序在每个零件加工完毕后，都有部分间歇时间。

3. 平行顺序移动方式

平行顺序移动吸收了上述两种移动方式的优点，避开了其短处，但组织和计划工作比较复杂。其特点是：当一批制件在前道工序上尚未全部加工完毕，就将已加工的部分制件转到下道工序进行加工，并使下道工序能够连续地、全部地加工完该批制件。为了达到这一要求，要按下面的规则运送零件：当前一道工序时间少于后道工序的时间时，前道工序完成后的零件立即转送下道工序；当前道工序时间多于后道工序时间时，则要等待前一道工序完成的零件数足以保证后道工序连续加工时，才将完工的零件转送后道工序。这样就可将人力及设备的零散时间集中使用。

在选择移动方式时，应结合具体情况来考虑，灵活运用。一般对批量小或重量轻，而且加工时间短的零件，宜采用顺序移动方式，反之宜采用另外两种移动方式；按对象专业化形式设置的生产单位，宜采用平行顺序移动方式或平行移动方式；按工艺专业化形式设置的生产单位，宜采用顺序移动方式；对生产中的缺件、急件，则可采用平行或平行顺序移动方式。

第三节　生产过程的高效组织形式

一、流水生产

流水生产又叫流水作业或流水线。它是把高度的对象专业化生产组织和劳动对象的平行移动方式有机地结合起来的一种先进的生产组织方式。所谓流水生产，是指劳动对象按一定的工艺路线和统一的生产速度，连续不断地通过各工作地，顺次地进行加工并生产产品（零件）的一种生产组织形式。现代流水线生产方式起源于福特制。福特（1914～1920年）创立了汽车工业的流水线，适应了大规模生产的要求。

1. 流水生产线的特征

① 工作地专业化程度高，即专业性。

② 生产具有明显的节奏性，按节拍进行生产，即节奏性。

③ 劳动对象流水般地在工序间移动，生产过程具有高度的连续性，即连续性。

④ 各工序工作地（设备）数量与各工件单件加工时间的比值相一致，即一致性。

⑤ 工艺过程是封闭的，即封闭性。

⑥ 工作地按工艺顺序排列成链索形式，劳动对象在工序间单向移动，即顺序性。

2. 流水生产的形式

① 按生产对象是否移动，分为固定流水线和移动流水线。

② 按生产品种数量的多少，分为单一品种流水线和多品种流水线。

③ 按生产的连续性，分为连续性和间断性流水线。

④ 按实现节奏的方式，分为强制节拍和自由节拍流水线。

⑤ 按对象的轮换方式，分为不变流水线、可变流水线和混合流水线。

⑥ 按机械化程度，分为自动、机械化和手工流水线。

3. 组织流水线生产的条件

① 产品结构和工艺要相对稳定，以保证专用设备和工艺装备能发挥出潜在效益。

② 产品产量要足够大，以保证流水线上各个工作地处于正常负荷状态。

③ 工艺过程能划分为简单的工序，便于根据工序同期化的要求进行工序的合并与分解，且各工序的工时不能相差太大。

④ 厂房建筑和生产面积容许安装流水线的设备和运输装置。

二、成组技术

成组技术（Group Technology）也叫群组技术，20世纪50年代初起源于苏联。它是一种先进的生产与管理技术，随着成组技术的广泛应用和不断完善，不仅对采用成组工艺和成组工艺装备、提高零件批量生产具有重大意义，而且对改进产品设计，使产品系列化、零部件标准化和通用化有着积极的推动作用。当今，成组技术与数控技术相结合，已成为制造技术向柔性自动化、全能制造系统等先进生产技术发展的手段。

1. 成组技术的概念

成组技术是组织多品种、小批量生产的一种科学管理方法。它把企业生产的各种产品和零件，按结构、工艺上的相似性原则进行分类编组，并以"组"为对象组织和管理生产。所以说成组技术是一种基于相似性原理的合理组织生产技术准备和产品生产过程方法。

2. 成组技术的内容

从被加工零件的工艺工序的相似性出发，考虑零件的结构、形状、尺寸、精度、光洁度和毛坯种类等不同特点，成组技术的内容如下。

① 依照一定的分类系统进行零件的编码和划分零件组。

② 根据零件组的划分情况，建立成组生产单元或成组流水线。

③ 按照零件的分类编码进行产品设计和零件选用。

3. 成组技术的优点

为了提高多品种中小批生产的技术经济效果，推行成组技术是一种有效措施，其优点有如下几个方面。

① 简化了生产技术准备工作。

② 增加了生产同类型零件的批量，有利于采用先进的加工方法，从而提高生产效率。

③ 缩短了生产周期。

④ 有利于提高产品质量，降低产品成本。

⑤ 简化了生产管理工作。

4. 零件分类编码

分类是依据零部件的相似性。相似性存在于各个方面，例如在结构方面，具有形状、尺寸和精度等相似特征；在材料方面，具有材料的种类、毛坯形式和热处理等相似特征；在工艺方面，具有加工方法、工序顺序和设备与夹具等相似特征。识别零件的相似性，是一项工作量很大且复杂的工作，为此出现了零件分类编码系统。零件分类编码系统是数字、字母或符号对零部件的特征进行描述和标识，形成一套特定的规则，按规则对零部件进行编码。

零部件的分类方法有很多，通常采用以下两种方法。

① 目测和经验法。目测法是一种直观地划分零件的方法，也是最简单的分类方法。这种方法是凭经验和目测，把形状、尺寸和工艺方法等相似的零件归为一类进行加工。

② 分析法。分析法是分析工厂全部零部件的工艺过程，按所用机床的类似性，把工序相同的零部件归成零部件组。

5. 成组技术的生产组织形式

（1）成组加工中心（GT-Center）　成组加工中心是把一些结构相似的零件，在某种设备上进行加工的一种比较初级的成组技术的生产组织形式。采用此形式，由于相似零件集中加工，可以减少设备的调整时间和训练工人的时间，有利于工艺文件编制工作合理化，且能逐步实现计算机辅助工艺设计。

（2）成组生产单元（GT 单元）　成组生产单元是指按一组或几组工艺上相似、零件共同的工艺路线，配备和布置设备，它是完成相似零件全部工序的成组技术的生产组织形式，单元中零件的加工是按类似流水线的方式进行。一般按成组技术配备的生产单元，需具备以下特征。

① 生产单元中工人数约为 10~15 人。

② 工人数比机床数应尽可能少，每个工人应学会尽可能多的技能，甚至熟悉单元中全部

工作。

③ 单元在管理工作上有一定的独立性。

④ 单元应集中在一块生产面积内，单元内基本上保证工序的流水性，生产过程尽可能不被跨组加工工序所打断。

⑤ 要保证有稳定和均衡的生产任务，单元的产品品种和规模要与工艺能力和生产能力相适应。

⑥ 工夹具应尽可能在本单元内。

⑦ 单元输出的是最终加工好的零件或成品。

（3）成组流水线（GT 流水线） 这类零件的工艺共性程度高。它是根据零件组的工艺流程来配备设备，工序间的运输采用滚道或小车。因此，它具有大批流水线所固有的特点。其主要区别是所流动的不是固定的一种零件，而是一组相似零件。

三、自动生产线

1. 自动线的特征

自动线是将按工艺顺序排列的若干台自动设备，用一套自动控制装配和自动传送装置联系起来的自动作业线。它是一种高度连续、完全自动化的流水线，是流水线的高级形式。

自动线与一般流水线不同之处在于：一般流水线上虽然也可采用部分自动设备，但其基本工序的生产离不开工人的操作和服务性工作；而自动线上的基本工序及上料、检验和运输等工作是自动完成的。自动线具有以下一些特征。

① 较一般流水线效率更高。

② 生产过程具有高度的连续性和节奏性。

③ 有利于稳定产品质量。

④ 能从事人体所不能胜任的特殊工作。

⑤ 有利于降低产品制造成本。

⑥ 生产过程是完全自动进行的。

2. 组织自动线的条件

自动线虽具有以上优越性，但也存在一些缺点，如生产的灵活性较差，一次投资大，经营风险大等。因此，在采取自动线时，应考虑适用条件。在符合一般流水生产线的条件外，还要考虑以下几个方面条件。

① 在加工对象方面，要求有很高的标准化、通用化水平，零件的结构便于自动装配运输和加工。

② 在工艺方面，必须采用先进的工艺方法和设备，采用的工艺规程应尽量减少装配次数。

③ 在劳动组织方面，对自动线上的劳动力进行必要的挑选和培训，使其具备正确调整、诊断设备故障的能力。

④ 在生产管理、原材料供应、设备维修、环境卫生和工具更换方面，提出了更严格的要求。

3. 自动线的形式

① 按零件是否通过机床上的装夹器具，可分为通过式自动线和非通过式自动线。

② 按零件运输方式，可分为直接运输自动线、间接运输自动线、悬挂运输自动线和工件升起运输自动线。

③ 按加工设备的联接方式，可分为刚性连接自动线和柔性联接自动线。

④ 按设备排列方式，可分为顺序排列的自动线、平行排列的自动线和顺序平行混合排列的自动线。

⑤ 按布局形式，可分为直线式自动线、折线和封闭式自动线。

4. 自动线的发展趋势

自动线的发展是向着柔性化、扩大工艺范围、进一步提高加工精度和自动化程度和自动线与计算机融为一体等的方向发展。其发展趋势表现在以下几方面。

① 通过提高柔性化程度，以适应多品种生产的要求。

② 扩大工艺范围，以实现全部加工工序的自动化。

③ 进一步提高加工精度，以更稳定地保证产品质量。

④ 通过提高自动化程度，着重解决装卸、检测、控制和装配的自动化。

⑤ 自动线与计算机紧密结合，进一步优化了自动控制系统，使企业成为一个整体自动化的企业。

第四节　生　产　计　划

一、生产计划系统概述

（一）生产计划于生产计划工作

生产计划是关于工业企业生产系统总体方面的计划。它所反映的并非某几个生产岗位或某一条生产线的生产活动，也并非产品生产的细节问题以及一些具体的机器设备、人力和其他生产资料的使用安排问题，而是工业企业在计划期（计划期为 1 年）应达到的产品品种、质量、产量和产值等生产方面的指标，并在时间上对产品出产进度作出安排。它是指导工业企业计划期生产活动的纲领性方案。

生产计划工作是指生产计划的具体编制工作。它可通过一系列综合平衡工作，为生产系统的运行提供一个优化的生产计划。所谓优化的生产计划，必须具备以下三个特征。

① 有利于充分利用销售机会，满足市场需求。

② 有利于充分利用盈利机会，并实现生产成本最低化。

③ 有利于充分利用生产资源，最大限度地减少生产资源的闲置和浪费。

（二）生产计划的主要指标

生产计划是由生产指标表现的，为了有效地和全面地指导工业企业计划期的生产活动，生产计划应建立包括产品品种、产品质量、产品产量及产值四类指标为主要内容的生产指标体系。

1. 产品品种指标

产品品种指标是指企业报告期内规定生产产品的名称、型号、规格和种类。它不仅反映出企业对社会需求的满足能力，还反映了企业的专业化水平、生产管理水平。产品品种的确定在生产计划中占有十分重要的位置，处于首要地位。

2. 产品质量指标

产品质量指标是衡量企业经济状况和技术发展水平的重要标志之一。产品质量受若干个质量控制参数控制。对质量参数的统一规定就形成了质量技术标准。在执行质量标准上有几种形式，即国际标准、国家标准、部颁标准、企业标准、企业内部标准等。产品质量指标包括两大类：一类是反映产品本身内在质量的指标，主要是产品平均技术性能、产品质量分等；另一类是反映产品生产过程中工作质量的指标，如质量损失率、废品率、成品返修率等。

3. 产品产量指标

产品产量指标是指企业在一定时期内生产的并符合产品质量要求的实物数量。以实物量计算的产品产量，反映企业生产的发展水平，是制定和检查产量完成情况，分析各种产品之间比例关系和进行产品平衡分配，计算实物量生产指数的依据。

4. 产值指标

产值指标应包括以下三种。

（1）商品产值　是指用货币表示的商品产量。是企业在一定时期内生产的预定发售到企业外的工业产品的总价值，是企业可以获得到的货币收入。利用商品产值和企业的销售实际收入比较，可以体现出企业生产与市场需求的吻合程度。显然，两者差距越少，说明生产越符合市场需求。商品产值包括：企业利用自备材料生产成品价值；利用订货者的来料生产成品的加工价值；完成承接的外单位的工业性作业价值等。

（2）总产值　是指以货币表示的企业在计划期内预定完成的工业生产成果的总量。它包括全部商品价值、工业性作业价值、自制半成品、自制设备、在产品期末期初结存差额价值。价格根据不同需要采用可变价格或不变价格。

（3）净产值　是指企业在计划期内工业生产活动新制造的价值。它可通过总产值扣除所有的物资消耗价值得到。

（三）生产计划工作的主要内容

生产计划工作成果，应表现在为各项生产计划指标确定一个合理的水平，具有前面所讲的优化特征。为此，需做好以下几方面的工作。

① 编制生产计划的准备。这项准备工作是预测计划期的市场需求，核算企业自身的生产能力，为确定生产计划提供外部需要和内部可能的依据。

② 确定生产计划指针。根据满足市场需要、充分利用各种资源和提高经济效益的原则，在综合平衡的基础上，确定和优化生产计划指标。

③ 安排出产进度。妥善安排商品出产进度计划，既要从时间上保证生产指标的实现，保证产销衔接，又要能保证企业生产秩序和工作秩序的稳定。

④ 在做好以上工作的基础上，填制生产计划表。

（四）生产计划的准备工作

充分而准确的信息资料是编制生产计划的基础。因此，生产计划准备工作主要指各方面资料的收集。这些资料大致分为两部分。一部分是反映企业外部环境和需要的，包括经济形势、国家方针政策、竞争者情况、原材料及其他物资的供应情况、订货合同协议、市场需求等。另一部分是反映企业内部条件和可能的水平，包括劳动力及技术力量水平、生产能力水平、各种物资的库存水平、流动资金和成本水平、服务销售水平及上期计划完成情况等。而在上述资料中，尤其重要的是反映外部需要的市场需求量和反映内部可能的生产能力两方面的资料。它们需要分别通过生产预测和生产能力核算取得。

1. 生产预测

生产预测属于市场预测范畴，是一种侧重（年度和年度以内）以一个企业作为基本出发点的微观预测。在预测时，要重视对计划期需求特征的描述，分清是线性趋势，还是季节性变化，是独立需求还是从属需求。

2. 生产能力的核定

生产能力是指在一定的生产组织和技术水平下，直接参与生产的固定资产在一定时期内所能生产的产品总量或所能加工的原材料总量。企业的生产能力是一个动态指标，它随着企业生产组织状况、产品品种结构、原材料质量等因素的变化而变化。它一般用实物量来表示，包括设计能力、查定能力、计划能力三种。

（1）设计能力　是指企业的设计任务书和技术设计文件中所规定的生产能力。由于条件限制，设计能力一般需建厂一段时间后才能达到。

（2）查定能力　是指在没有设计能力或虽有设计能力，但由于企业的生产组织、技术、水平、品种结构等发生了变化而不能正确反映企业的生产水平的情况下，根据企业的生产组织情况和技术水平审查核定的生产能力。

（3）计划能力　是指工业企业在计划期内，根据现有的技术水平，所应该达到的生产能力。

以上三种表现形态的企业生产能力，其适用情况有所不同。查定能力类似于设计能力，是确定企业的生产规模，编制企业的长期计划，决定改扩建方案，安排基本建设项目和采用重大技术举措的依据。计划能力是编制企业年度生产计划的主要根据。

企业生产能力的大小受多种因素的影响，如设备、工具、生产面积、工人人数、工人的技术水平、工艺方法、原材料质量和供应情况、生产组织、劳动组织等。但是，影响企业生产能力的主要因素有以下三个方面。

① 固定资产的数量，是指企业在计划期内用于生产的全部机器设备数量、厂房和其他生产性建筑物的面积。

② 固定资产工作时间，是指企业按现行工作制度计算的机器设备全部有效工作时间和生产面积的有效利用时间。

③ 固定资产的生产效率，是指单位机器设备或单位生产面积在单位时间内的产量定额或单位产品的台时占用定额。在固定资产数量和固定资产工作时间一定的情况下，固定资产的生产效率对企业的生产能力有决定性的作用。

生产能力的核定，是指对企业的实际生产能力进行核算和确定的工作。生产能力的核定一般是从基层开始，自下而上进行。

二、生产作业计划

生产作业计划是生产计划的具体执行计划。它把生产计划中规定的月度生产任务具体分配到各车间、工段、班组以至每个工作地和个人，规定他们在月、旬、周、日以至轮班和小时内的具体生产任务，并按日历顺序安排生产进度，从而保证按品种、质量、数量、期限和成本完成企业的生产任务。生产作业计划是建立企业正常生产秩序和管理秩序的主要手段，是企业计划管理的重要环节。

（一）作业计划标准

作业计划标准又称期量标准，是指为制造对象（产品、部件、零件等）在生产期限和生产数量方面所规定的标准数据。期量标准是编制生产作业计划的重要依据和组织均衡生产的有力工具。企业的生产类型不同，生产过程组织也不同，因而形成了不同的期量标准。

1. 批量和生产间隔期

批量是指一次投入（出产）相同制品的数量。生产间隔期是指相邻两批同种制品投入（出产）的时间间隔。其相互间关系可以用下式表示。

$$批量＝生产间隔期×平均日产量$$
$$生产间隔期＝批量/平均日产量$$

2. 生产周期

生产周期是指产品或零件从原材料投入生产起一直到成品出产为止所经历的全部日历时间。它是确定产品在各个工艺阶段的投入期和出产期的主要依据。产品的生产周期由各个工艺阶段的生产周期组成。

3. 生产提前期

生产提前期是指产品（或零件）在各个工艺阶段出产（投入）的日期比成品出产日期要提前的时间。生产提前期有投入提前期和出产提前期。提前期是编制生产作业计划，保证按期交货，履行订货合同的重要期量标准。

提前期是根据车间和生产间隔期计算的，同时要考虑一个保险期。提前期是按反工艺顺序连续计算的，其计算公式如下。

$$某车间投入提前期＝本车间出产提前期＋本车间生产周期$$
$$本车间出产提前期＝后车间投入提前期＋保险期$$

4. 在制品定额

在制品定额是指在一定技术组织条件下，为了保证生产连续而均衡地进行所必需的最低限度的在制品数量。一定数量的在制品是保证生产正常进行的客观需要，但在制品过多，就会增加生产面积和资金占用，影响经济效益；如果在制品过少，往往导致生产脱节，设备停歇。因此，必须把在制品定额控制在适当的水平上。在制品、半成品定额计算公式如下。

$$车间在制品定额＝平均每日出产量×车间生产周期＋保险储备量$$
$$库存半成品定额＝后车间平均每日需要量×库存定额天数＋保险储备量$$

（二）生产作业计划的编制

编制生产作业计划包括编制分车间的作业计划及分工段或分小组的作业计划。这两步工作的方法原理是相同的，区别是计划编制的详细程度和责任单位有所不同。分车间的作业计划由厂部编制，它解决车间与车间之间生产数量及时间衔接等平衡问题。对于对象专业化车间，因各个车间平行地完成各种不同产品的生产任务，按照车间的产品分工，生产能力和各种具体生产条件直接分配给各车间。对于工艺专业化车间，因各个车间之间依次提供半成品，则应根据生产类型和其他情况采用下列方法。

1. 在制品定额法

在制品定额法适用于大量大批生产类型。这类企业生产品种比较单一，产量比较大，工艺和各车间的分工协作关系密切稳定，只要把在制品控制在定额水平上，就可以保证生产过程协调正常地进行。采用在制品定额法，就是运用预先制定的在制品定额，按照产品的反工艺顺序，从出产成品的最后车间开始，连续地计算各车间的出产量和投入量。其计算公式如下。

$$某车间出产量＝后车间投入量＋本车间半成品外销量＋（库存半成品定额＋$$
$$期初库存半成品预计结存量）$$
$$某车间投入量＝车间出产量＋本车间废品量＋（车间在制品定额＋$$
$$期初车间在制品预计结存量）$$

2. 提前期法

提前期法适用于成批生产的企业。这类企业各种产品轮番生产，各个生产环节结存的在制品的品种和数量经常不一致。但是各种主要产品的生产间隔期、批量、生产周期和提前期都比较固定，因此，可以采用提前期法来规定车间的生产任务。所谓提前期法，就是将预先制定的提前期标准转化为提前量，来规定车间的生产任务，使车间之间由"期"的衔接变为"量"的衔接。其计算公式如下。

$$提前量＝提前期×平均日产量$$

采用提前期法，对生产的产品应实行累计编号，所以又称累计编号法。所谓累计编号，是指从年初或从开始生产这种产品起，依成品出产的先后顺序，为每一单位产品编上一个累计号码。最先生产的那一单位产品编为1号，以此类推，累计编号。因此，在同一时间上，越是处于生产完工阶段上的产品，其编号越小；越是处于生产开始阶段的产品，其累计编号越大。在同一时间上，产品在某一生产环节上的累计号数，同成品出产累计号数相比，相差的号数就叫提前量。

3. 生产周期法

生产周期法适用于单件小批生产企业。这类企业的生产任务多数是根据订货合同来确定的，生产的品种、数量和时间都很不稳定，产品是一次性生产或不定期重复生产。因此，各车间的生产在数量上衔接比较简单，关键是合理搭配订货，调整处理类似品种多变与保持车间均衡负荷之间的矛盾。

采用生产周期法规定车间的生产任务，就是根据订货合同规定的交货期限，为每一批订货编制出产品生产周期进度图，然后根据各种产品的生产周期进度表，确定各车间在计划月份应该投入和出产的订货项目，以及各项订货在车间投入和出产的时间。通过产品投入和出产进度表，就可以保证各车间的衔接，协调各种产品的生产进度和平衡车间的生产能力。

三、生产作业控制

生产作业控制，是指在生产作业计划的执行过程中，对有关产品或零部件的数量和生产进度进行控制，它是实现生产作业计划的保证。

1. 生产调度

生产调度，是指对执行生产作业计划过程可能出现的偏差及时了解、掌握、预防和处理，保证整个生产活动协调进行。它是实现生产作业计划的一种手段，是企业生产作业计划的继续。

生产调度工作内容庞杂，一般来说，应包括以下几个方面：检查各个生产环节、零部件、半成品的投入和出产进度，及时发现生产作业计划执行过程中存在的问题，并积极采取措施加以解决，控制生产进度和在制品流转；检查、督促和协助各有关部门做好各项生产作业准备工作，包括生产技术准备和生产服务工作，检查设备运行状况，作好物资供应工作，合理配备劳动力，调整厂内运输；组织厂部和车间生产调度会议，监督有关部门贯彻执行调度决议，对轮班、昼夜、周、旬或日计划的完成情况进行统计分析工作。

2. 生产进度管制

营业部门依与工厂所协商的产能负荷作为每个月接受订单的依据。营业部门依接订单及工厂产能，并协商生产部门排定销货计划（总数及细目之订单号、产品、数量、交期）。生产部门依工厂产能及营业部门所协商确定的销货计划，排定季、月、周生产计划。物控人员依生产计划，材料表（BOM）及物料库存表分析物料需求及提出申购，并协商采购做进料计划。采购部门依物料申购单转成向厂商的订购单，并协商进料日期（计划）。物控人员与采购人员跟催及控制进料计划。物料仓储部门依制单时间提前备好所需物料，遇有不足迅速向物控反应。生产部门控制产能并依生产计划进行生产进度状况回馈并加予控制及调整。

常见的生产进度管制工具如下。

（1）管制图　如生产计划表内之甘特图（Gantt Chart）。

（2）管制看板　利用管制看板管制生产线及全厂订单控制。

（3）制造命令单　将制造命令单依不同的月份给予不同的颜色，易于区别。

（4）生产日报表　生产日报表为管理上重要工具之一，能体现整个工作状况，并依状况采取必要的措施。

（5）传讯设备　如计算机等传讯设备。

 案例

生产调度精确到分钟

绍兴市蓝天仪表有限公司是一家专业生产仪器仪表设备的股份制民营企业。虽然企业不大，但由于体制灵活、产品适销对路，企业发展蒸蒸日上，目前已在绍兴市袍江工业区建起了新厂房，即将在年底前乔迁新居。

随着企业的日益壮大，企业老总越来越感到企业管理的力不从心。产品、半成品、原材料、客户、供应商等的不断增加，特别是原材料已经上升到数千种，库存情况难以把握。虽然用 Excel 的统计已经做得相当好，不光是在 Excel 中设置了各种计算公式，还把许多 Excel 表进行了关联，但总觉得许多信息不够及时、难以共享、难以掌握。这时，企业老总想到了应用信息化管理软件来摆脱困境、提升企业管理水平。

通过对绍兴市内多家软件开发和供应商的对比、筛选，最后老总拍板与绍兴"企明星"软件公司建立了合作关系，开发出一套既具有先进的管理思想，又满足该企业切实需要的企业信息化综合管理系统。

系统成功实施后，接着就上比较复杂的生产管理系统。

经过两个月左右的时间，先后上马了产品生产作业单、半成品生产作业单、生产调度、工资和超产奖等模块。在相关的基础档案数据，如作业分类、作业组工人数、对应作业、工作秒数、难度系数等都设置完成后，就进入生产调度界面，输入上下班时间、各作业段起始时间，每一张未完工的生产作业单的各种需要生产的商品，在各个工作组、各道工序中、在某年某月某日某时某分的完工时间，都能被相当精确地预测出来，可以根据需要实时调整生产作业单次序，以及各个工作组和工序，真正实现了键盘上的生产调度。

以前，由于生产调度极其复杂而且准确度要求很高，因而调度工作都是由总经理亲自部署。现在有了生产管理系统，总经理就可放心地把生产调度工作交给生产调度人员直接处理了。而且，相对于手工调度方式，生产管理系统调度的整体性、实时性和准确性都有了大幅提高。

思考：

结合所学知识分析以上案例，生产作业控制的意义是什么？

第五节　先进生产计划与制造系统简介

一、物料需求计划（MRP）

物料需求计划（Material Requirements Planning，MRP）是 20 世纪 60 年代发展起来的一种计算物料需求量和需求时间的系统。

所谓"物料"，泛指原材料、在制品、外购件以及产品。

最初的 MRP 仅仅对物料进行计划，但随着计算机能力的提高和应用范围的扩大，MRP 涉及的领域也同时随之拓宽。20 世纪 80 年代出现了既考虑物料又考虑资源的 MRP，被称之为 MRP II，制造资源计划（Manufacturing Resource Planning）。MRP II 不仅涉及物料，而且涉及生产能力和一切制造资源，是一种广泛的资源协调系统。它代表了一种新的生产管理思想，是一种新的组织生产的方式。一个完整的 MRP II 程序大约包括 20 个左右的模块，这些模块控制着整个系统：从订货录入到作业计划、库存管理、财务、会计等。MRP 包含在 MRP II 中。

MRP II 可以在各种生产型企业广泛应用。一个企业内有很多系统，如生产管理系统、财务管理系统、销售管理系统、供应管理系统、设备管理系统、技术管理系统、人事管理系统等，它们通常各自独立运行，协调性差，在各个系统发生联系时，常常互相扯皮，互相埋怨。而且，各个部门往往要对同样类型的数据或类似的工作进行处理，但往往是同一对象，各部门的数据不一致，或做许多重复性的数据收据与整理工作，造成管理上的混乱及效率低下。其根本原因是由于缺乏一个统一而有效的系统。企业是一个有机整体，它的各项活动相互关联，相互依存，因此应该建立一个统一的系统，使企业有效地运行。由于 MRP 能提供一个完整而详尽的计划，所以可使企业内各部门的活动协调一致，形成一个整体。各个部门享用共同的数据，消除了许多重复工作和数据上的不一致，也使得各部门的关系更加密切，提高了整体的效率，决策的准确性得以提高。

二、企业资源计划（ERP）

（一）ERP 的概念

ERP（Enterprise Resource Planning，企业资源计划系统）是指建立在信息技术基础上，以系统化的管理思想，为企业决策层及员工提供决策运行手段的管理平台。ERP 系统集中信息技术与先进的管理思想于一身，成为现代企业的运行模式，反映时代对企业合理调配资源，最大化地创造社会财富的要求，成为企业在信息时代生存、发展的基石。

ERP 的核心管理思想就是实现对供应链的有效管理。

（二）ERP 系统与 MRPⅡ 的区别

ERP 是在 MRPⅡ 基础上进一步发展起来的企业管理信息系统，ERP 与 MRPⅡ 之间的区别主要表现在以下方面。

1. 在资源管理范围方面的差别

MRPⅡ 主要侧重对企业内部人、财、物等资源的管理，ERP 系统提出了供应链概念，即把客户需求和企业内部的制造活动以及供应商的制造资源整合在一起，并对供应链上的所有环节进行有效管理。

2. 在生产方式管理方面的差别

MRPⅡ 主要适用于离散型制造企业，ERP 不仅能支持离散型制造业，也支持连续型生产和服务型企业。

3. 在管理功能方面的差别

ERP 增加了支持整个供应链上物料流通体系中供、产、需各个环节之间的运输管理和仓库管理；支持生产保障体系的质量管理、实验室管理等。

4. 在跨国（或地区）经营事务处理方面的差别

ERP 可以支持跨国经营的多国家地区、多工厂、多语种、多币制应用需求。

（三）实施 ERP 的基本条件

ERP 是一种在市场经济条件下组织现代化大生产的技术，一种科学的管理工具。它的实施在宏观上有赖于市场经济的完善。

在微观层面上，实施 ERP 除需要计算机硬件、软件系统以外，还需要具备以下基本条件。

① 客观需要是企业实施 ERP 的动力。企业要实施 ERP 系统必须有明确的目的和需求，才能有的放矢地引入所需要的系统并坚持实施。

② 组成以企业主管领导为首的决策机构，是实施成功的重要条件。

③ 完整和准确的数据是 ERP 实施的基础。

④ 教育培训提高职工队伍素质，是实施 ERP 的重要保证。

三、准时生产（JIT）

准时生产方式（Just In Time，JIT），是日本丰田汽车公司在 20 世纪 60 年代实行的一种生产方式。1973 年以后，这种方式对丰田公司渡过第一次能源危机起到了突出的作用，后引起其他国家生产企业的重视，并逐渐在欧洲和美国的日资企业及当地企业中推行开来，现在这一方式与源自日本的其他生产、流通方式一起被西方企业称为"日本化模式"。其中，日本生产、流通企业的企业模式对欧美的企业产生了重要影响。近年来，JIT 不仅作为一种生产方式，也作为一种通用管理模式在企业、电子商务等领域得到推行。

准时生产方式基本思想可概括为"在需要的时候，按需要的量生产所需的产品"，也就是通过生产的计划和控制及库存的管理，追求一种无库存，或库存达到最小的生产系统。准时生产方式的核心是追求一种无库存的生产系统，或使库存达到最小的生产系统。为此而开发了包括"看板"在内的一系列具体方法，并逐渐形成了一套独具特色的生产经营体系。

对生产制造的影响表现在以下几个方面。

1. 生产流程化

即按生产所需的工序从最后一个工序开始往前推，确定前面一个工序的类别，并依次恰当地安排生产流程，根据流程与每个环节所需库存数量和时间先后来安排库存和组织企业。尽量减少物资在生产现场的停滞与搬运，让物资在生产流程上毫无阻碍地流动。

2. 生产均衡化

生产均衡化是实现适时适量生产的前提条件。所谓生产的均衡化，是指总装配线在向前工序领取零部件时应均衡地使用各种零部件，生产各种产品。为此在制订生产计划时就必须加以考虑，然后将其体现于产品生产顺序计划之中。在制造阶段，均衡化通过专用设备通用化和制定标准作业来实现。所谓专用设备通用化，是指通过在专用设备上增加一些工夹具的方法使之能够加工多种不同的产品。标准作业是指将作业节拍内一个作业人员所应担当的一系列作业内容标准化。生产中将一周或一日的生产量按分秒时间进行平均，所有生产流程都按此来组织生产，这样流水线上每个作业环节上单位时间必须完成多少何种作业就有了标准定额，所在环节都按标准定额组织生产，因此要按此生产定额均衡地组织物资的供应、安排物品的流动。因为 JIT 生产方式的生产是按周或按日平均，所以与传统的大生产、按批量生产的方式不同，JIT 的均衡化生产中无批次生产的概念。

3. 资源配置合理化

资源配置的合理化是实现降低成本目标的最终途径，具体指在生产线内外，所有的设备、人员和零部件都得到最合理的调配和分派，在最需要的时候以最及时的方式到位。

就设备而言，资源配置合理化包括相关模具实现快速装换调整。例如，丰田公司发明并采用的设备快速装换调整的方法是 SMED 法。丰田公司所有大中型设备的装换调整操作均能够在 10 分钟之内完成，这为"多品种、小批量"的均衡化生产奠定了基础。

在生产区间，需要设备和原材料的合理放置。快速装换调整为满足后工序频繁领取零部件制品的生产要求和"多品种、小批量"的均衡化生产提供了重要的基础。但是，这种频繁领取制品的方式必然增加运输作业量和运输成本，特别是如果运输不便，将会影响准时化生产的顺利进行。合理布置设备，特别是 U 型单元连结而成的"组合 U 型生产线"，可以大大简化运输作业，使得单位时间内零件制品运输次数增加，但运输费用并不增加或增加很少，为小批量频繁运输和单件生产、单件传送提供了基础。

4. 准时生产（JIT）与看板管理

在实现 JIT 生产中最重要的管理工具是看板，看板是用来控制生产现场的生产排程工具。具体而言，是一张卡片，卡片的形式随不同的企业而有差别。看板上的信息通常包括：零件号码、产品名称、制造编号、容器形式、容器容量、看板编号、移送地点和零件外观等。

JIT 生产方式中，看板的功能如下。

（1）生产以及运送的工作指令 看板中记载着生产量、时间、方法、顺序以及运送量、运送时间、运送目的地、放置场所、搬运工具等信息，从装配工序逐次向前工序追溯，在装配线将所使用的零部件上所带的看板取下，以此再去前工序领取。"后工序领取"以及"JIT 生产"就是这样通过看板来实现的。

（2）防止过量生产和过量运送 看板必须按照既定的运用规则来使用。其中一条规则是：

"没有看板不能生产，也不能运送"。根据这一规则，看板数量减少，则生产量也相应减少。由于看板所表示的只是必要的量，因此通过看板的运用能够做到自动防止过量生产以及适量运送。

（3）进行"目视管理"的工具　看板的另一条运用规则是："看板必须在实物上存放"，"前工序按照看板取下的顺序进行生产"。根据这一规则，作业现场的管理人员对生产的优先顺序能够一目了然，易于管理。通过看板就可知道后工序的作业进展情况、库存情况等。

（4）改善的工具　在 JIT 生产方式中，通过不断减少看板数量来减少在制品的中间储存。在一般情况下，如果在制品库存较高，即使设备出现故障、不良品数目增加也不会影响到后道工序的生产，所以容易把这些问题掩盖起来。而且即使有人员过剩，也不易察觉。根据看板的运用规则之一——"不能把不良品送往后工序"，后工序所需得不到满足，就会造成全线停工，由此可立即使问题暴露，从而必须立即采取改善措施来解决问题。这样通过改善活动不仅使问题得到了解决。也使生产线的"体质"不断增强，带来了生产率的提高。JIT 生产方式的目标是要最终实现无储存生产系统，而看板提供了一个朝着这个方向迈进的工具。

四、计算机集成制造系统（CIMS）

计算机集成制造系统（Computer Integrated Making System，CIMS）又称计算机综合制造系统。

1. CIMS 的特征

① CIMS 融合了管理科学、系统工程、计算机技术、通信网络技术、软件工程和制造技术，是高新技术的高度综合体。

② CIMS 将市场预测、经营决策、产品和工艺设计、加工制造和销售、经营集成为一个良性循环系统，是一个大型一体化的管理系统。

③ CIMS 将企业、技术信息流和管理信息流集成一体，呈现高度数据共享。

2. CIMS 的组成系统

CIMS 包含以下四个分系统。

（1）管理信息分系统　管理信息分系统具有生产计划与控制、经营管理、采购管理、财务管理等功能，主要处理生产任务方面的信息。

（2）信息技术分系统　它包括计算机辅助设计、计算机辅助工艺规程编制及数控程序编制等功能，主要处理产品设计及工艺准备及有关产品问题。

（3）制造自动化分系统　它运用各种不同自动化程度的制造设备和分系统，实现信息流对企业的控制，完成企业的转换，用来支持企业的制造系统。

（4）计算机辅助质量管理分系统　它通过制订质量管理计划，实施质量管理。为实现CIMS 各个分系统的信息集成，还要设置数据管理分系统和网络分系统。

五、柔性制造系统（FMS）

随着科学技术的发展，人类社会对产品的功能与质量的要求越来越高，产品更新换代的周期越来越短，产品的复杂程度也随之提高，传统的大批量生产方式受到了挑战。这种挑战不仅对中小企业形成了威胁，而且也困扰着大中型企业。因为，在大批量生产方式中，柔性和生产率是相互矛盾的。众所周知，只有品种单一、批量大、设备专用、工艺稳定、效率高，才能构成规模经济效益；反之，多品种、小批量生产，设备的专用性低，在加工形式相似的情况下，频繁的调整工夹具，工艺稳定难度增大，生产效率势必受到影响。为了同时提高制造工业的柔性和生产效率，使之在保证产品质量的前提下，缩短产品生产周期，降低产品成本，是终使中小批量生产能与大批量生产抗衡，柔性自动化系统便应运而生。

1. 柔性制造系统的类型

柔性制造是指在计算机支持下，能适应加工对象变化的制造系统。柔性制造系统有以下三种类型。

（1）柔性制造单元　柔性制造单元由一台或数台数控机床或加工中心构成的加工单元。该单元根据需要可以自动更换刀具和夹具，加工不同的工件。柔性制造单元适合加工形状复杂，加工工序简单，加工工时较长，批量小的零件。它有较大的设备柔性，但人员和加工柔性低。

（2）柔性制造系统　柔性制造系统是以数控机床或加工中心为基础，配以物料传送装置组成的生产系统。该系统由电子计算机实现自动控制，能在不停机的情况下，满足多品种的加工。柔性制造系统适合加工形状复杂，加工工序多，批量大的零件。其加工和物料传送柔性大，但人员柔性仍然较低。

（3）柔性自动生产线　柔性自动生产线是把多台可以调整的机床（多为专用机床）联结起来，配以自动运送装置组成的生产线。该生产线可以加工批量较大的不同规格零件。柔性程度低的柔性自动生产线，在性能上接近大批量生产用的自动生产线；柔性程度高的柔性自动生产线，则接近于小批量、多品种生产用的柔性制造系统。

2. 柔性制造系统的构成

就机械制造业的柔性制造系统而言，其基本组成部分有以下几个。

（1）自动加工系统　指以成组技术为基础，把外形尺寸（形状不必完全一致）、重量大致相似，材料相同，工艺相似的零件集中在一台或数台数控机床或专用机床等设备上加工的系统。

（2）企业系统　指由多种运输装置构成，如传送带、轨道—转盘以及机械手等，完成工件、刀具等的供给与传送的系统，它是柔性制造系统主要的组成部分。

（3）信息系统　指对加工和运输过程中所需各种信息收集、处理、反馈，并通过电子计算机或其他控制装置（液压、气压装置等），对机床或运输设备实行分级控制的系统。

（4）软件系统　指保证柔性制造系统用电子计算机进行有效管理的必不可少的组成部分。它包括设计、规划、生产控制和系统监督等软件。柔性制造系统适合于年产量 1000～100000 件的中小批量生产。

3. 柔性制造系统的优点

柔性制造系统是一种技术复杂、高度自动化的系统，它将微电子学、计算机和系统工程等技术有机地结合起来，理想和圆满地解决了机械制造高自动化与高柔性化之间的矛盾。具体优点如下。

① 设备利用率高。一组机床编入柔性制造系统后，产量比这组机床在分散单机作业时的产量提高数倍。

② 在制品减少 80％左右。

③ 生产能力相对稳定。自动加工系统由一台或多台机床组成，发生故障时，有降级运转的能力，物料传送系统也有自行绕过故障机床的能力。

④ 产品质量高。零件在加工过程中，装卸一次完成，加工精度高，加工形式稳定。

⑤ 运行灵活。有些柔性制造系统的检验及维护工作可在第一班完成，第二、第三班可在无人照看下正常生产。在理想的柔性制造系统中，其监控系统还能处理诸如刀具的磨损调换以及运行过程中不可预料的问题。

⑥ 产品应变能力强。刀具、夹具及物料运输装置具有可调性，且系统平面布置合理，便于增减设备，满足市场需要。

4. 柔性制造系统的发展趋势

柔性制造系统的发展趋势大致有两个方面。

一方面是与计算机辅助设计和辅助制造系统相结合，利用原有产品系列的典型工艺资料，组合设计不同模块，构成各种不同形式的具有物料流和信息流的模块化柔性系统。

另一方面是实现从产品决策、产品设计、生产到销售的整个生产过程自动化，特别是管理层自动化的计算机集成制造系统。在这个大系统中，柔性制造系统只是它的一个组成部分。

本 章 小 结

本章主要论述企业生产运作管理的概念、生产过程组织的基本内容、生产过程的高效组织形式、生产计划、先进生产计划与制造系统等。

生产与运作管理是指对企业提供产品或服务的系统进行设计、运行、评价和改进的各种管理活动的总称。生产与运作系统的设计包括产品或服务的选择和设计、运作设施的地点选择、运作设施的布置、服务交付的系统设计和工作的设计。生产与运作系统的运行，主要是指在现行的运作系统中如何适应市场的变化，按用户的需求生产合格产品和提供满意服务。生产与运作系统的运行主要涉及生产计划、组织与控制三个方面。

习 题

一、简答题

1. 生产运作管理的目标是什么？
2. 机械产品的生产过程一般包括哪些？
3. 合理组织生产过程的要求有哪些？
4. 工艺专业化组织形式有哪些优缺点？
5. 组织流水线生产的条件有哪些？
6. 优化的生产计划，必须具备哪些特征？
7. 实施 ERP 的基本条件有哪些？

二、案例分析题

某煤机有限公司制造系统优化策略

公司背景简介：某煤机有限公司是中国最大的煤矿专用设备制造公司之一，其主要产品为刮板输送机、转载机、破碎机、刨煤机以及一些非煤机专业机械产品，主要有提升机用链条、铸石刮板输送机、减速机、料液搅拌机、各种自卸车、装载车用工程液压缸、套筒辊子和链条等。产品主要销往全国各矿务局及地方煤矿，国内市场占有率为 70％，部分产品出口印度、越南、土耳其、俄罗斯等国家。

公司占地面积 85 万平方米，在册职工人数 6000 人，其中工程技术人员 700 人，管理人员 600 人，生产方式为订货型，生产类型为单件小批量生产，产品为结构较复杂的大型煤矿机械设备。合同任务的 90％以上需要改型或重新设计，因此，设计工作量大，制造周期较长，在生产经营管理方面具有明显的管理过程复杂、成本与进度控制难度大的特征，对公司的组织机构功能、计划模式与控制机制提出了很高的要求。

公司改制后的组织结构仍为直线职能制，结构层次基本合理，能适应计算机化信息管理的扁平化要求，总经理层职能分工合理。职能部门划分与职能、职责分工基本合理。

公司原为部属，长期保留着计划经济管理的一些特征，一度影响了公司的发展。近年来，企业紧紧围绕"满足用户，提高效益"的方针，进行了技术改造和引进技术消化吸收，大大缩短了与国际先进水平的差距，使产品综合水平达到国际 20 世纪 90 年代初、中期水平。公司后来归属地方后，面临的外部环境发生了实质性变化，完全市场经济机制的客户关系、对公司产生了很大的冲击，经济效益出现明显滑坡。在这种情况下，公司及时进行了改制，使组织结构趋于扁平化、精简化，将计划处更名为规划发展部，强化了规划计划功能；将销售部改为市场营销部，强化了市场预测、客户管理功能；将人事部改为人力资源部，强化了人才引进、职工技术与管理培训以及人事档案管理功能。同时，领导主抓，在产品促销、合同签订等工作方面投入了大量的精力，取得了显著的成效。然而目前遇到的最大困难是，设计工作量大，效率低，周期长，生产系统与生产组织落后，生产进度与成本控制不得力，导致制造周期长，产品不能按期交货；产品制造成本不清，对竞争对手策略不清，合同定价盲目，严重影响着公司的经济效益和竞争实力的提高。

在公司的"十五"计划中，确立了"以技术创新为动力，大力调整产品结构；以管理进步为依托，构建符合科学管理要求的企业管理模式，建立现代企业制度；增强企业综合实力，保持企业可持续发展。"的方针，制定了面向煤矿、面向社会、面向世界"三个面向"的发展战略；横向开发煤专产品，培育新的非煤机产品结晶点，大力开拓国际市场；构建具有企业特色的科学管理模式；实现跻身世界煤机"三强"的经营战略目标。为大幅度提高管理工作效率，适应 21 世纪发展需要，适应我国进入 WTO 新环境的需要，公司将推行具有本企业特色的科学管理模式，实施 CIMS 二期工程纳入了"十五"计划，并提出了在实施 ERP 之前，进行公司范围的业务流程再造（BPR）研究与实施，从根本上提高管理水平，提高经营效益。

问题：市场好，订单多，用户要求交货期短，但企业设计制造周期长，怎样优化，达到提高企业对市场的快速反应，不失去订单，不失去市场？

思路：

1. 矩阵组织结构、团队式组织结构；

2. 并行工程、成组技术；

3. 控制机制（员工行为控制；企业的进度、质量与成本控制）。

三、实训题

1. 实训目的：使学生对企业生产运作管理有个整体的感性认识。

2. 实训方式：实地调研企业的生产运作管理内容和生产管理方法。

3. 实地调研的内容包括：

（1）企业是如何开展企业生产运作管理的；

（2）企业在企业生产运作管理中存在的问题有哪些。

4. 实训考核

（1）要求每个学生写出调研报告；

（2）要求每个学生提出企业开展生产运作管理的改进意见。

第十章 生产现场管理

【知识目标】
1. 掌握企业生产现场管理的内涵
2. 了解生产现场工艺管理的基本内容

【技能目标】
1. 全面掌握5S管理
2. 了解安全管理的内容

某家电企业 5S 案例

一、项目背景

某著名家电集团（以下简称 A 集团），为了进一步夯实内部管理基础、提升人员素养、塑造卓越的企业形象，希望借助专业顾问公司全面提升现场管理水平。集团领导审时度势，认识到要让企业走向卓越，必须先从简单的 ABC 开始，从 5S 这种基础管理抓起。从 2010 年 11 月开始，A 集团邀请专家聂顾问、余顾问前往企业连续进行三场的 5S 培训，培训覆盖了总部核心成员、各地分公司领导，获得了巨大反响和圆满成功。此后，集团领导与顾问公司进一步协商"卓越现场 5S 管理"辅导项目。

二、现场诊断

通过现场诊断发现，A 集团经过多年的现场管理提升，管理基础扎实，某些项目（如质量方面）处于国内领先地位。

现场问题主要体现为以下三点。

1. 工艺技术方面较为薄弱。现场是传统的流水线大批量生产，工序间存在严重的不平衡，现场堆积了大量半成品，生产效率与国际一流企业相比，存在较大差距。

2. 细节的忽略。在现场随处可以见到物料、工具、车辆搁置，手套、零件在地面随处可见，员工熟视无睹。

3. 团队精神和跨部门协作的缺失。部门之间的工作存在大量的互相推诿、扯皮现象，工作更缺乏主动性，而是被动地等、靠、要。

针对以上三类问题，顾问提出了"好素养、新形象"为主题的"现场 5S 与管理提升方案书"。

三、解决方案

现场 5S 与管理提升方案书提出了以下整改思路。

1. 将 5S 与现场效率改善结合，推行效率浪费消除活动和建立自动供料系统，彻底解决生产现场拥挤混乱和效率低的问题。

2. 推行全员的 5S 培训，结合现场指导和督察考核，从根本上杜绝随手、随心、随意的不良习惯。

3. 成立跨部门的专案小组，对现存的跨部门问题登记和专项解决；在解决的过程中梳理矛盾关系，确定新的流程，防止问题重复发生。

根据这三大思路，从人员意识着手，在全集团内大范围开展培训，结合各种宣传活动，营造了良好的5S氛围；然后从每一扇门、每一扇窗、每一个工具柜、每一个抽屉开始指导，逐步由里到外、由上到下、由难到易，经过一年多的全员努力，5S终于在A集团每个员工心里生根、发芽，结出了丰硕的成果。

四、项目收益

经过一年多的全员努力，现场的脏乱差现象得到了彻底的改观，营造了一个明朗温馨、活性有序的生产环境，增强了全体员工的向心力和归属感。

员工从不理解到理解，从要我做到我要做，逐步养成了事事讲究，事事做到最好的良好习惯。

在一年多的推进工作中，从员工到管理人员都得到了严格的考验和锻炼，造就一批能独立思考、能从全局着眼，具体着手的改善型人才，从而满足企业进一步发展的需求。

思考：

结合所学知识分析以上案例，说明5S管理的重要性。

【案例分析】

5S管理，夯实了基础，提高了现场管理水平，塑造了公司良好社会形象，最终达到提升人员品质的目的。

第一节　生产现场工艺管理

一、工艺纪律管理

企业生产从产品投料到产出整个生产制造过程，是一个以工艺活动为核心的生产系统工程，在这个过程中，为有利于保证产品质量，所有涉及的人员、物品及环境等，都必须要遵循一定的工作秩序及控制标准，也就是要有一个全面的基础制约力，即工艺纪律。

违反工艺纪律就会影响产品质量，甚至造成质量事故，不但要花费大量的返修费用，也影响企业的信誉。

1. 工艺文件的重要性

工艺文件是保证产品质量的基础，它规定了经济合理地达到产品质量的要求、方法、手段和测试工具。

工艺是经验的积累，是科学的总结。一项工艺成果、一种工艺方法、一个工艺参数，有的需要经过长期的工艺试验或工艺评定，甚至经过多次反复才能获得，其结果形成纸面工艺文件后，生产者只有严格按工艺生产及各有关职能部门严格履行工艺职责才能保证产品质量。

先进的工艺文件，要靠严肃的工艺纪律来保证，没有良好的工艺纪律，再好的工艺手段也体现不了好的工艺效果。

2. 生产现场工艺纪律主要内容

工艺纪律范畴比较广，生产现场的工艺纪律主要围绕生产过程中的"4M1E"，即人（Man）、机（Machine）、料（Material）、方法（Method）、环境（Environment）五大要素进行系统地控制。主要有以下内容。

（1）严格"三定"（定人、定机、定工种）生产　生产者需经培训合格，达到相应专业、工种技术等级应知应会要求，具备相应的生产技能后才能顶岗作业，特殊过程、关键过程的操作工，如焊工、热处理工等必须经培训考试合格取得资格证后方可上岗操作。

（2）生产者必须严格执行"三按生产"　即按图纸、工艺文件、技术标准生产，并要保持这些技术文件完整、整洁、有效，不得损坏、丢失及擅自修改。其中工艺文件种类比较多，对直接指导操作的工艺文件，如工艺过程卡、工艺规程、工序标准、工艺守则、操作指导卡等要传递到位。操作者在生产前要熟悉相关技术文件，严格按工艺方法、工艺参数、工艺要求进行生产。

（3）材料管理　原材料的领用、代用严格按规定程序办理，主材分割下料后（包括余料），应做好标识及移植；未经检验或验证合格的原材料、辅料、外购外协件、毛坯及半成品等生产物资不得投入生产使用；焊接材料（焊条、焊丝、焊剂）的储存、烘干、发放、领用、回收要严格按规定执行。

（4）产品的储存与搬运管理　成品或半成品必须储存在工位器具上，不能直接接触地面存放；产品在转运过程中要按工艺要求及有关规定使用必要的起吊、转运器具，并做到轻吊、轻放，防止损坏；机加件的配合表面、密封面、螺纹等精度要求高的部位，在存放及转运时要采取措施予以保护，避免磕碰及锈蚀。

（5）装备管理　生产设备要做好日常的维护、保养，保证安全、可靠运行及性能、参数、使用精度满足工艺要求；现场使用的工装存放和使用要注意保护，防止磕碰及锈蚀。工装要按规定进行周期检定或验证，未经检定、验证及不合格的不允许使用。工装不得擅自拆卸及改变原来结构和精度；量检具、仪器仪表等计量器具的配置及使用精度要满足工艺要求，并定期进行检验，不合格或超期的不得在生产中流通使用。计量器具不得擅自拆卸及改变原来结构和精度。

（6）现场环境管理　生产现场应符合文明生产、定置管理要求，对过程作业环境有温度、湿度、清洁度、光照度等环境条件要求的，现场环境要符合规定要求。

3．工艺纪律的执行

严格工艺纪律是产品质量的根本保证，要做好工艺纪律管理，需要制定一套严密的法规。制定的法规涵盖内容包括系统控制内容、工作职责、责任、职权和考核方法等，内容要周全细致，使各类人员在从事工艺活动时掌握应该注意什么和怎样做，引导和强迫员工在约束条件下进行工艺活动。

工艺工作是企业的一项重要的基础工作，工艺是实现产品设计，保证产品质量，节约能源，降低消耗的重要手段。加强工艺管理，不断提高工艺技术水平是企业实现高质量、多品种、高水平、提高经济效益和市场竞争能力的重要保证。先进的工艺技术依赖于有效的工艺管理和严格的工艺纪律才能得以保证和实现。

巡回检查制度是执行工艺纪律的重要手段和方法，每个岗位操作工都必须以高度的责任感，认真进行巡回检查，按时、按路线、按内容和要求进行检查，确保工艺条件的稳定，对特殊的点、站要多加注意，如易超温点、易超压点、易着火点、易形成假液面的点、易泄漏的点、易堵塞的点等要特别注意，并及时与操作室内人员联系。一般每小时检查一次，巡回检查带三件宝（扳手、听针和抹布），执行五字操作法（听、摸、闻、看、查），随时消除设备的"松、脏、漏"的问题。

二、定置管理

1．定置管理的基本概念

定置管理是企业在生产活动中研究人、物、场所三者关系的一门科学。在生产和工作现场中，人、物、场所三者结合的好坏，主要取决于人与物（包括设备、工具、辅具、毛坯、半成品等）的结合状态。

一般情况下，人与物之间的关系在现场中处于以下三种状态。

A 状态：指人与物处于立即结合的状态。即直接影响产品质量和生产效率的物品。

B状态：指人与物处于待用的状态。即随时转化为A类的物品。

C状态：指人与物失去联系的状态。即现场失去使用价值的一切遗弃物品。

定置管理的目的是要清除C状态，整理改善B状态，使其达到A状态，并使A状态长期保持，以消除人的无效劳动和生产中的不安全因素，从而提高生产效率和产品质量。

通过对生产和工作环境的分析，最终把生产和工作需要的物品按照工艺的需要科学地确定位置，这就叫"定置"。而对生产与工作现场物品定量进行的设计、组织、实施、控制，使现场管理达到科学化、规范化、经常化的全过程，就叫做"定置管理"。所以，在定置管理的研究中，工艺流程设计合理是前提，作业研究是核心，定量方法的规范化、标准化、科学化是基础。

2. 定置管理的类型

定置管理的类型分为生产现场的定置管理和工作现场的定置管理。企业开展定量管理的重点应当是生产现场的定置管理。

（1）生产现场的定置管理

① 设备、工装的定置管理。

② 操作者定置管理。

③ 区域定置管理。

④ 质量检查现场的定置管理。

⑤ 质量控制点定置管理。

⑥ 工件的定置管理。

⑦ 工具箱及箱内物品的定置管理。

⑧ 运输工具、吊具的定置管理。

⑨ 安全设施的定置管理。

（2）工作现场的定置管理

① 仓库定置管理。

② 厂区和道路的区域定置管理。

③ 办公室定置管理。

④ 生活设施的定置管理。

3. 几种主要类型定置管理的内容

（1）设备工装的定置管理　对设备划分类型（精密、大型、稀有、关键、重点等）分类管理；自制设备、专用工装经验证合格交设备部门管理；按照工艺流程，将设备合理定置；对设备附件、备件、易损件、工装，合理定置，加强管理。

（2）操作者定置管理　人员实行机台（工序）定位；因缺员调整操作者的原则是保证生产不间断；培养多面手，搞一专多能。

（3）区域定置管理　"A"类区放置"A"类物品。如在用的工、卡、量、辅具，正在加工、交检的成品，正在装配的零部件等。"B"类区放置"B"类物品。如重复上场的工装、辅具、运输工具、计划内投料毛坯，待周转的半成品，待装配的外配套件以及代保管工装，封存设备，车间待管入库件，临时停滞件等。"C"类区放置"C"类物品。如废品、垃圾、料头、废料等。

（4）质量检查现场的定置管理　检查现场一般划分为：合格区、待检区、返修品区、废品区、等处理品区。区域分类可用字母、颜色或中文予以标记。

（5）质量控制点定置管理　就是把影响工序质量的4M1E五要素有机地结合成一体，并落实到具体工作中去，做到事事有人负责。定置内容包括操作人员定置（定岗）；操作人员技术水平必须具备岗位技术素质的要求；操作人员会运用全面质量管理的方法；操作人员应做到文明生产。

（6）仓库定置管理 各种账、物、卡定量要标准化；材料、零部件、容器摆放不得超高，应有标准；仓库计量器具应有固定位置；安全通道保证畅通；大量生产，又经常领用的物品，定置在发料口较近的位置；笨重物件定置在尽量低的地方；有储存期要求的物品，易燃、易爆品和消防器具实行特别定置。

4. 定置管理程序

① 定量管理的设计：一般经过诊断分析、制定分类标准、设计定置图三个阶段。

② 整理、整顿、清扫、清洁、定置。

③ 建立责任制及标准。

④ 建立定置管理信息系统。

⑤ 按定置率进行考核。计算公式如下。

$$定置率＝\frac{已定置的物品数}{应定置的物品数}×100\%$$

案例

动物园的现场管理

有一家动物园，主要圈养大袋鼠。公园在饲养袋鼠时，袋鼠在篱笆里面跑来跑去，好让所有游客都能清楚地看到袋鼠活动时的情形。但是，动物园的管理人员发现，所有的袋鼠全跑到长颈鹿那边去了，这种现象让所有的动物园管理人员很紧张。

因为袋鼠的身高是1.5米，而篱笆只有2米高，袋鼠用力一跳就可以跳出篱笆。所有的管理员经过仔细研究以后，决定把篱笆从2米围到了2.5米高。但是，围起来的第二天，袋鼠又统统都跑出去了。所以管理人员打电话询问澳洲的动物学家：袋鼠最高到底能跳多高？澳洲的动物学家告诉动物园管理员一个事实：袋鼠最高只能跳到2.5米。所以篱笆应该没有问题，可能是篱笆本身的结构存在问题。管理人员马上将篱笆拍照，迅速传真到澳洲。澳洲的动物学家发现，果然是篱笆本身的结构不对。因为动物园管理人员没有注意到袋鼠的两只前爪很有力，篱笆不是铁栏杆的，而是网格做成的，袋鼠就是通过网格爬出去了。

因此，管理员在加高篱笆的同时向内弯折。因为一旦折进去，袋鼠爬到最上面时自然就会掉下来。当管理人员完成篱笆改造后，第二天，又发现所有的袋鼠又都跑出去了。管理人员更加奇怪了，百思不得其解，只好将所有的篱笆再加高，并且再加第二道、第三道篱笆，这样的抗争持续了很久。但是，一个月之后，管理人员发现袋鼠又全跑到长颈鹿那边去了，于是管理人员绝望了。

为什么现在篱笆的高度已经有10米多高了，甚至已经比长颈鹿还要高，而且管理人员还在开会研究要不要把篱笆再继续加高，或者像鸟笼一样关起来。其实后来发现问题出在管理人员每次喂完袋鼠之后，往往总是忘记了关门。

实际上，在工厂的生产中，大家在设法解决生产问题时也经常容易犯同样的错误。没有真正找到问题产生的根源，使得问题越来越严重和复杂。在分析、解决问题时，经常遗漏了最为关键的事情。

思考：

结合所学知识分析以上案例，生产现场管理的意义是什么？

第二节 5S 管理

一、5S 管理的概念

5S 是指整理（Seiri）、整顿（Seiton）、清扫（Seiso）、清洁（Seiketsu）、教养（Shitsuke），5S 是以上五个词语的日语罗马拼音的第一个字母"S"而组成的。如图 10-1 所示。

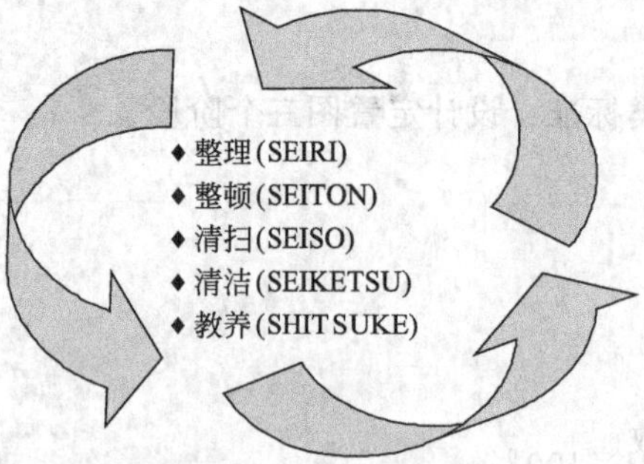

◆ 整理 (SEIRI)
◆ 整顿 (SEITON)
◆ 清扫 (SEISO)
◆ 清洁 (SEIKETSU)
◆ 教养 (SHITSUKE)

图 10-1　5S 的含义

（一）整理 (Seiri)

将工作场所内的物品分类，并把不要的物品坚决清理掉。将工作场所的物品区分为：经常用的，放置在工作场所容易取到的位置，以便随手可以取到；不经常用的，储存在专有的固定位置；不再使用的，清除掉。其目的是为了腾出更大的空间，防止物品混用、误用，创造一个干净的工作场所。

（二）整顿 (Seiton)

把有用的物品按规定分类摆放好，并做好适当的标识，杜绝乱堆乱放、物品混淆不清，该找的东西找不到等无序现象发生。工作场所一目了然，工作环境整齐明快，可以减少寻找物品的时间，消除过多的积压物品。方法：对放置的场所按物品使用频率进行合理的规划，如经常使用物品区、不常使用物品区、废品区等。将物品分类放在上述场所并摆放整齐。对这些物品在显著位置做好适当标识。

（三）清扫 (Seiso)

将工作场所内所有的地方，工作时使用的仪器、设备、工量夹具、模具、材料等打扫干净，使工作场所保持一个干净、宽敞、明亮的环境。其目的是维护生产安全，减少工业灾害。保证品质，方法：清扫地面、墙上、天花板上的所有物品；对仪器设备、工量夹具等的清理、润滑，对破损的物品进行修理；防止污染，对水源污染、噪声污染进行治理。

（四）清洁 (Seiketsu)

经常性地做整理、整顿、清扫工作，并对以上三项进行定期与不定期的监督检查措施。方法有：5S 工作负责人，负责相关的 5S 责任事项。每天上下班花 3~5 分钟做好 5S 工作。经常性的自我检查、相互检查、专职定期或不定期检查等。

（五）教养 (Shitsuke)

每个员工都养成良好的习惯。遵守规则，积极主动。如遵守作息时间；工作时要精神饱满；仪表整齐；保持环境的清洁等。

二、5S 活动的范围和作用

（一）企业实行 5S 活动的范围

1. 大门

保安人员有礼貌地向你问好，并迅速为你办完登记手续，打开大门为你放行。

2. 厂区

厂区规划合理，行政大楼、生产车间、货仓、宿舍、餐厅、球场、停车房、大道、花园、草地、喷泉等，这些映入你的眼帘，你顿时感觉心旷神怡。

3. 行政办公室

写字间宽敞明亮，办公人员各司其职，办公物品摆放整齐，没有半点喧闹嘈杂。

4. 生产车间

生产现场工作区、通道、物料区、半成品区、不良区、工作柜等合理规划，各种物品摆放整齐并有明显标识，地面上干干净净没有零散物料，生产看板上的图表及时反映生产进度等。

5. 生产人员

员工穿着整洁的厂服，每个人情绪看起来非常饱满，工人动作熟练，装配产品、流水线没有堆积，生产领班不时进行巡查。

（二）5S 的作用

当你作为客户，看到一个环境优美、管理有序、员工状态佳的公司，首先会有好感，对这家公司的产品品质也会产生充分的信心，会很愿意同这样的公司进行合作。而这一切，首先是推行 5S 的功劳。

1. 提升公司形象

整洁的工作环境，饱满的工作情绪，有序的管理方法，使顾客有充分的信心，容易吸引顾客。

5S 做得好，原有的顾客会不断地进行免费宣传，会吸引更多的新顾客。在顾客、同行、员工的亲朋好友中相传，产生吸引力，吸引更多的优秀人才加入公司行列。

2. 营造团队精神

5S 活动能创造良好的企业文化，增强员工的归属感，共同的目标拉近员工的距离，建立团队感情。容易带动员工上进的思想。看到了良好的效果，员工对自己的工作有一定的成就感。员工们养成了良好的习惯，都变成有教养的员工，容易塑造良好的企业文化。

3. 能够减少浪费

经常习惯性的整理整顿，不需要专职整理人员，减少人力。对物品进行规划分区，分类摆放，减少场所的浪费。物品分区分类摆放，标识清楚，找物品的时间短，节约时间。减少人力、减少场所、工作养成认真的习惯，做任何事情都一丝不苟，不马虎，品质自然有保障。

4. 保障品质

养成认真的工作习惯，做任何事情都一丝不苟、不马虎，品质自然有保障。

5. 改善情绪

清洁、整齐、优美的环境带来美好的心情，员工工作起来更认真。上司、同事、下级谈吐有礼、举止文明，给你一种被尊重的感觉，容易融入这种大家庭的氛围中。

6. 有安全上的保障

工作场所宽敞明亮，通道畅通。地上不会随意摆放、丢弃物品，墙上不悬挂危险品，这些都会使员工人身、企业财产有相应的保障。

7. 提高效率

工作环境优美，工作氛围融洽，工作自然得心应手。物品摆放整齐，不用花时间寻找，工作效率自然就提高了。

（三）5S 的推行的步骤

1. 成立组织

成立 5S 推行小组，负责设定 5S 推行的目标；制定 5S 推行的日程计划和工作方法；负责 5S 推行过程中的培训工作；负责 5S 推行中的考核和检查工作。

2. 进行规划

成立组织后，要制定各种 5S 的规范及激励措施。根据企业的实际情况制定发展目标，组织基层管理人员进行调查和讨论活动，建立合理的规范及激励措施。

3. 宣传活动

很多人认为5S太简单,做起来没多大意义;或认为工作重点是品质,将人力放在5S上,纯粹是在浪费时间;或认为工作太忙,搞5S是劳民伤财等。因此,要做好以下宣传:为什么要推行5S,推行5S有什么功效,与公司与个人有什么关系等。并将5S推行目标、竞赛办法分期在宣传栏中刊出,将宣传口号制成标语,在各部门显著位置张贴宣传。

4. 培训

培训的对象是全体干部和员工,主要内容为5S基本知识、各种5S规范,培训的方法可采取逐级培训的方式。

5. 实施

由最高管理层做总动员,全公司正式执行5S各项规范,各办公室、车间、货仓等对照适用于本场所的5S规范严格执行,各部门人员都清楚了解5S规范,并按照规范严格地要求自身行为。

此阶段为推行5S活动的实质性阶段,每个人的不良习惯能否得以改变,能否建立一个良好的5S工作习惯,在这个阶段可以表现出来。其实施的具体办法可以是:样板单位示范办法,选择一个部门做示范部门,然后逐步推广;分阶段或分片实施,按时间分段或按位置分片区的办法;5S区域责任和个人责任制的办法。

6. 监督检查与考核

习惯是相当难以改正的。在执行的过程中,容易碰到这样的问题,5S规范制定不太完整。有人仅做一些形式上的应付,借口工作太忙不认真执行规范,检查完毕后又恢复原样。因此,监督检查要和考核结合起来,不能流于形式,应采取以下方法:定期与不定期检查、红色标签战略、采用查检表、处罚与教育辅导结合。

7. 竞赛

举办一些内容形式丰富的活动。编辑一些5S方面有教育意义的结合实践的小品、相声,5S知识问答比赛。各部门5S实施竞赛等。

(四)5S推行的场所

5S推行的场所主要有:厂区、办公室、生产车间、机器设备、工模夹具、货仓、办公桌台柜、其他地方(包括:宿舍、餐厅、停车场等)。

(五)5S的具体实施

5S具体实施的办法有以下几个。

1. 整理

区分需要使用和不需要使用的物品。主要有:工作区及货仓的物品、办公桌、文件柜的物品、文件、资料等及生产现场的物品。

整理的方法:将经常使用的物品放置于工作场所近处;将不经常使用的物品,放置于储存室或货仓;将不能用或不再使用的物品,做废弃处理。

2. 整顿

清理掉无用的物品后,将有用物品分区分类定点摆放好,并做好相应的标识。方法如下:清理无用品,腾出空间,规划场所,规划放置方法,物品摆放整齐,物品贴上相应的标识。

3. 清扫

将工作场所打扫干净,防止污染源。方法是:将地面、墙上、天花板等处打扫干净,将机器设备、工模夹具清理干净;将有污染的水源、污油管、噪声源处理好。

4. 清洁

保持整理、整顿、清扫的成果,并加以监督检查。检查方法如:红色标签战略、目视管理查检表等。

5. 教养

人人养成遵守 5S 的习惯，时时刻刻记住 5S 规范，建立良好的企业文化，使 5S 活动更注重于实质，而不流于形式。

（六）5S 实施的方法

5S 实施的方法主要有以下几点。

1. 查检表

根据不同的场所制定不同的查检表，即不同的 5S 操作规范，如《车间查检表》、《货仓查检表》、《厂区查检表》、《办公室查验表》、《宿舍查检表》、《餐厅查检表》等。通过查检表，进行定期或不定期的检者，发现问题，及时采取纠正措施。

2. 红色标签战略

制作一批红色标签，红色标签上的不合格项有：整理不合格、整顿不合格、清洁不合格，配合查检表一起使用，对 5S 实施不合格物品贴上红色标签，限期改正，并且记录，公司内按部门、部门内按个人分别绘制"红色标签比例图"，时刻起警示作用。

3. 目视管理

目视管理即一看便知，一眼就能识别，在 5S 实施上运用，效果也不错。

第三节　安　全　管　理

一、安全管理的意义

安全管理是工业企业管理的重要组成部分。在企业的生产活动中，人是最积极的因素，因此，保护劳动者在生产过程中的安全与健康，防止人身事故及设备等事故的发生，是生产得以顺利进行的根本保证。安全管理工作就是为了预防和消除生产过程中的工伤事故、工业中毒与职业病、燃烧与爆炸等所采取的一系列组织与技术措施的综合性工作。

我国是社会主义国家，工业企业应不断地产出合格的产品，以满足人民不断增长的物质文化需要。劳动者是国家的主人，保护劳动者的安全与健康，是我们党的一贯方针，是社会主义企业管理的一项基本原则，它充分体现了社会主义制度的优越性。因此，认真做好安全管理工作，对调动广大群众的积极性，具有十分重要的意义。

在装置性工业生产中，特别是化工企业的生产与其他工业生产相比，又有许多不同。在生产过程中，存在着高温、高压、深冷、噪音、粉尘，震动、有毒物品与腐蚀性物品以及燃烧，爆炸等不安全因素。因此，化工企业的安全管理工作显得更为重要。

二、安全管理的内容

企业的安全管理工作，主要有以下内容。

1. 认真贯彻执行有关劳动保护和安全生产的方针政策以及其他有关的政府法令和规定

安全生产是党和国家领导生产建设事业的一贯方针，安全和生产两者必须同时抓好。要贯彻安全生产的方针，应该注意以下几点。

① 安全生产是与广大群众密切相关的工作，因此必须依靠群众，使之建立在广泛的群众基础之上，安全和生产才有保证。

② 要求安全工作必须树立以预防为主的思想，尽量杜绝各类事故的发生。

③ 安全工作是一项经常的、长期的、艰苦细致的工作，只有认真搞好，才能保证生产的正常进行。

④ 要不断地学习有关安全的科学知识，掌握安全生产的主动权。

劳动保护是安全生产的需要，企业必须采取各种有效措施，保护劳动者在生产中的安全与健康，以促进生产建设的发展。

2. 制定安全生产制度或安全操作规程

在企业中实行的安全生产责任制，是把安全和生产从组织领导上统一起来，把"管生产必须管安全"的原则从制度上固定下来。安全生产责任制是安全管理的一项基本制度，主要指企业的各级生产领导、职能部门和个人对安全生产工作应负的责任的规定，它是企业的重要制度之一。

3. 开展安全生产教育工作

教育职工提高对安全生产的认识，学习安全知识，不断提高生产技术水平，防止在生产过程中发生人身及设备事故，实现企业安全生产。教育的主要内容，是进行生产技术知识教育和遵守安全生产规章制度教育。教育的主要方式和方法有三级教育，即厂级、车间级和岗位级教育；对某些特殊工种的专门训练和安全技术教育，此外还有对各级生产管理人员的培训以及经常的安全教育等。

4. 安全生产检查工作和编制、审查安全技术措施计划

安全生产检查工作，是推动安全生产的一项重要方法，通过检查，及时发现问题，采取有力措施，消除隐患，防止事故的发生。

安全技术劳动保护措施计划，其内容如下。

① 安全技术方面的措施。

② 工业卫生方面的措施。

③ 辅助房屋的设施。

④ 安全生产教育方面的措施等。

要实现这一计划，各项措施应有专人负责，不但要规定实现的时间，还要定期检查。

5. 参加企业因工伤亡事故的统计报告与调查分析处理

伤亡事故，按损伤程度的不同，有轻伤事故、重伤事故、死亡事故。企业发生伤亡事放后，应该及时统计上报。还要对伤亡事故调查情况，找出事故发生的原因，查明责任，从中吸取教训，积极地采取措施，防止类似事故的再发生。

6. 审查设计和基建工程项目是否符合安全生产和防火防爆的要求

为了切实地作好安全管理工作，无论是企业的领导部门，还是车间的班、组，都应有专人负责。

三、石油、化工类企业的防火防爆措施

(一) 引起火灾和爆炸事故的原因

1. 一般原因分析

在工业企业的生产事故中，火灾和爆炸事故的危险是最严重的。不但造成大量财产的损失，而且会引起人员的伤亡。尤其是在石油、化工生产过程中，由于接触的化学危险物质种类多，生产工艺条件复杂，造成火灾与爆炸事故的危险性比其他工业部门更突出，因而石油、化工类企业中的防火防爆工作显得更为重要。

引起火灾和爆炸事故的原因十分复杂，以下列举部分事例，从中得到了解。

(1) 装置内产生新的易燃易爆物质　在正常情况下，某些反应装置和储罐是安全的，但在反应和储存过程中混入某些物质而发生了化学变化，产生出新的易燃或易爆物质。在具备一定的条件时，就可能引起事故。例如，粗煤油中含有较高的硫化氢、硫醇，对油罐造成腐蚀。黏附在构件上的锈垢，其成分主要有硫化铁、氧化铁、硫酸铁等。当天气突变或气温骤降时，油

罐的部分构件因急剧收缩或因风压改变而引起油罐的晃动，如果构件脱落并引起冲击或摩擦，就会因为化学物质的作用而产生火种，导致油罐起火。

（2）高热物料喷出自燃 在生产过程中，有些反应物料的温度超过了自燃点。由于设备损坏，管线泄漏或操作失误等原因，致使物料喷出，与空气接触后起火燃烧。

（3）高温下物质气化分解 许多物质在高温下能自行分解，产生高压而引起爆炸。例如，用联苯醚作载热体的加热过程中，由于管道被结焦物堵塞，局部温度上升。控制仪表失灵而未能及时发现时，将因联苯醚气化分解而产生高压，引起管道爆裂。高温可燃气体冲出后，遇空气发生燃烧。

（4）物料泄漏后接触高温表面或明火 例如，英国某公司己内酰胺工厂的临时管线破裂，大量己内酰胺泄漏，在厂区上空形成可燃性气体的蒸气云。遇明火后发生大爆炸，造成全厂毁灭的严重后果。

（5）反应热骤增 参加化学反应的物料，当原料配比、投料速度和加料顺序控制不当时，会造成剧烈的热反应。当热量不能及时导出时，就会引起超压爆炸事故。

（6）杂质含量过高 有些杂质在化学反应过程中，可以生成危险的副反应产物，不但影响产品质量，而且威胁安全。所以，许多反应过程都要严格控制杂质的含量。例如，乙炔和氯化氢的合成反应，氯化氢中游离氯含量一般控制在 0.005% 以下。若有过量的游离氯存在，氯与乙炔反应会立即燃烧爆炸生成四氯乙烷。

（7）装置内可燃物与生产用空气混合 生产用空气主要有工艺压缩空气和仪表用压缩空气。当空气进入生产系统与易燃物料混合，或生产系统易燃物料混入压缩空气系统时，遇明火后将造成燃烧爆炸事故。

（8）在生产中选用的加热方法和传热介质不当 某些危险物品在生产、使用、装卸、运输、储存过程中没有根据其理化特性给以适当处理，都将可能造成严重事故。

综合上述，可以看出造成火灾和爆炸的原因，可归纳为：物质上的原因，如明火、电火花等；化学上的原因，如可燃物质的自燃，危险品的相互作用；生产管理和设备管理上的原因，如设备缺乏应有的安全防护装置，设备密封不良，或设备失修、使用不当，违反安全操作规程等。

2. 燃烧及其条件

研究火灾产生的原因，就要研究燃烧及其条件。燃烧是一种同时伴有发光发热的激烈的氧化反应。燃烧必须同时具备以下三个条件。

① 有可燃物质存在，如木材、乙醇等。

② 有助燃物质存在，如氧或氧化剂等。

③ 有能导致燃烧的能源，即点火源，如撞击明火、电火花、摩擦、高温表面等。

以上是构成燃烧的三个要素，缺少其中任何一个，燃烧亦不能产生。但是，燃烧反应在温度、压力、组成、点火源等方面都存在着极限值。例如，当某种可燃性物质没有达到一的浓度，助燃物的数量不足，点火源不具备足够的温度或热量，即使具备了三个条件，燃烧也不会发生。对于已经进行着的燃烧，若消除其中任何一个条件，燃烧就会停止，灭火的基本原理就在于此。

3. 自燃和自燃点

自燃是当空气中有氧存在时，可燃物质被加热至一定温度，不需接触火焰即能燃烧的现象。产生自燃（或称受热自燃）的最低温度称为自燃点。

（1）受热自燃 如上所述，可燃物质在外部热源作用下，使其温度升高，当达到自燃点时即着火燃烧。在石油、化工生产中，可燃物质由于接触高温表面、加热或被烘烤过度、冲击摩擦等都可能导致自燃。

（2）自热燃烧　它是在没有外来热源的影响下，由于物质内部所发生的物理、化学或生化过程而产生的热量，在一定条件下逐渐积聚的结果，使得物质温度上升，当达到自燃点时发生燃烧的现象。产生自热燃烧的物质有以下几类。

① 自燃点低的物质，例如磷、硫化氢。

② 遇空气、氧气发热自燃的物质，例如油脂类；金属粉尘及金属硫化物类，如锌粉、铝粉、金属硫化物等；活性炭，木炭、油烟类；其他，如骨粉、原棉等。

③ 自然分解发热物质，例如硝化棉。

④ 产生聚合热、发酵热的物质，例如某些植物类产品如未经充分干燥的草和木等。这些物质由于存在水分、植物细菌活动的结果产生热量。当散热条件差、热量积聚使温度上升到70℃以后，其中的有机物开始分解，析出多孔性炭，再吸附氧气继续放热，即达到一定温度而自燃。

4. 闪燃和闪点

可燃液体受热到一定温度时，其表面或容器内的蒸汽与空气混合而形成混合可燃气体，遇火源即发生燃烧。在形成混合可燃气体的最低温度时所发生的燃烧（瞬间燃烧）现象叫闪燃。引起闪燃时的温度叫做闪点。当可燃液体温度高于其闪点时，则该液体随时都有被火点燃的危险。可见应按各种可燃液体闪点的灾危险性分别采取有效措施，加强管理。

5. 爆炸

爆炸是物质从一种状态迅速转变为另一种状态，并在瞬间释放出大量能量，同时产生巨大声响的现象。爆炸可分为物理性爆炸和化学性爆炸两种。

物理性爆炸是由物理变化而引起的，它是物质因状态或压力发生突变而造成的爆炸现象。例如，压缩气体、液化气体超压引起的爆炸；容器内液体过热气化引起的爆炸；锅炉的爆炸等。

化学性爆炸是由于物质发生极迅速的化学反应，产生高温、高压而引起的爆炸。按所发生的化学变化，化学性爆炸可分为：简单分解爆炸，例如乙炔银、乙炔铜、碘化氮等，这类物质很危险，受轻微振动即可引起爆炸；复杂分解爆炸，例如炸药的爆炸，此类爆炸伴随有燃烧现象；爆炸性混合物爆炸，它是可燃性气体、蒸汽及粉尘与空气混合形成混合物的爆炸。这类物质的爆炸需要一定条件，如爆炸性物质的含量、氧气含量与激发能源等。通常以可燃气体、蒸汽或粉尘在空气混合物中的体积百分比（或每立方米混合气体中含若干克）来表示爆炸极限。

（二）防止火灾与爆炸的基本措施

为了保证安全生产，首先应做好预防工作。消除可能引起燃烧、爆炸的危险因素，这是根本的解决方法。从理论上考虑，使可燃物质不处于着火或爆炸的危险状态，或者消除一切点火源。这两种措施，只要控制其一，就可以防止火灾、爆炸事故的发生。但实际仅采取一种措施是不够的，应当同时考虑两方面的措施，以提高其安全度。此外还应采取各种辅助措施，以便当万一发生火灾爆炸事故时，尽量阻止其扩展，减少其危害。

1. 点火源的控制

引起火灾爆炸的点火源有明火、高热物、高温表面、电火花、静电火花、冲击与摩擦、自然发热、化学反应热及光线等。应采取措施对上述点火源严加控制。

2. 对有火灾爆炸危险物质的处理

在石油、化工生产中，对火灾爆炸危险性比较大的物质，要采取安全措施。首先应通过工艺的改进，在可能的条件下，以危险性小的物质代替易燃易爆的物质。若不具备以上条件，则应根据物质燃烧爆炸的特性，采取相应的措施。例如，密闭设备、加强通风、利用惰性介质保护、降低物质蒸气浓度或在负压下操作等，从而防止燃烧爆炸条件的形成。

3. 工艺参数的安全控制

工艺参数主要指温度、压力、流量及物料配比等，应按工艺要求严格控制工艺参数在安全限度之内。实现自动调节和控制是保证安全的重要措施。

4. 建筑物结构

根据生产中火灾和爆炸危险性大小的分类，按照防火防爆规范的要求，采取不同的建筑物结构。设置防火墙、消防梯、太平门以及防爆墙、泄压轻质屋盖等。

5. 限制火灾爆炸蔓延扩散的措施

设置阻火设备，如安全液封、阻火器和单向阀等，以防止火焰的扩展。在有爆炸危险的设备上采取防爆泄压设施，如采用安全阀、爆破片和放空管等，以防止爆炸的扩展。

（三）灭火方法、灭火器材和消防设施

1. 灭火方法

在扑灭火灾过程中，其灭火方法都是基于除去造成燃烧的条件。一般有隔离法，是将可燃物质取离火场；窒息法，是将燃烧处与空气（或氧）隔绝；减温法，是将燃烧物的温度降至燃点以下。

2. 灭火器材

工厂一旦发生火灾，首先必须弄清失火地点和原因，立即报警，并组织人员灭火和抢救，以减少其损失。为了迅速扑灭火灾，必须根据生产工艺过程的特点、原材料和产品的性质、建筑结构等情况，选择合适的灭火剂。常用的灭火剂有水、水蒸气、泡沫液、二氧化碳、干粉等。

水是消防中普遍应用的灭火剂，在自然界中广泛存在，取用方便、成本低、灭火效果好。一般物料如木材、纤维、纸张及各种混合构件的建筑物失火时，可用水扑灭。水蒸气的灭火作用是使火场的氧气量减少，以阻碍燃烧。但是，与水蒸气反应产生可燃气体的物品不能用水及含水的泡沫灭火。例如，金属钾、钠、碳化钙等。这些物质燃烧时，应以干沙土扑救。易燃液体如苯、甲苯、醇类、酮类、醚类、酯类等可用干粉、二氧化碳、泡沫灭火剂等扑救。对于电器及带电系统的失火可用 CCl_4、N_2、CO_2 等惰性气体扑救。1211灭火剂适用于扑救油类、电器、精密仪器等火灾。

3. 防火设施

在进行石油、化工设计时，必须同时进行消防设计。根据石油、化工生产火灾危险性质，准备相应的、足够用量的灭火剂，并配备相应的灭火装置都是很必要的。

消防设施包括消防给水源、消防管道、消火栓、消防龙头和胶带、各种化学灭火设备（如 CO_2 灭火器、泡沫灭火器等），以及水桶、沙箱等。在失火可能性较大的大型石油、化工企业中，还应当配备有专门的消防车和专职消防人员。

本 章 小 结

本章主要论述了生产现场工艺管理、5S管理和安全管理等。在生产现场工艺管理中包括工艺纪律管理和定置管理；5S管理包括5S管理的概念、5S的效能、5S管理的手段；石油、化工类企业的防火防爆是安全管理的重点内容。以上三个方面的内容相辅相成，共同达到提高产品质量、实现安全生产的目的。作为大学生外出顶岗实习，既要具备生产现场安全知识技能，还应具备生产现场之外安全的基本常识和防范意识。

习　题

一、简答题

1. 什么叫工艺纪律？
2. 什么叫定置管理？
3. 什么叫 5S 管理？
4. 5S 的作用是什么？
5. 安全管理的内容有哪些？
6. 防止火灾与爆炸的基本措施有哪些？

二、案例分析题

大连三洋制冷公司的现场管理法

当人们进入大连三洋制冷有限公司（以下简称三洋制冷）的生产现场时，无不对整洁的厂房、整齐摆放的物料、有序的工作流程、花园式的现场发出由衷的赞叹。大连三洋制冷现场管理的奥秘在哪里呢？

大连三洋制冷成立之初就认识到：拥有引进的先进技术、高精尖的制造和检验设备，并不等于企业的发展就有了保障。三洋制冷的管理者在对国内外优秀企业的管理经验进行分析后认为：衡量企业管理水平高低的一项重要标准是现场管理。现场管理是全面提高企业管理水平的基础保证，三洋制冷确定了"以强化现场管理为突破口，进而带动企业整体经营管理水平全面提高"的方针。三洋制冷首先把日本行之有效的 5S 管理引入到公司的现场管理中，遵循着"整理、整顿、清洁、清扫、素养"等方面的要求，从各方面踏踏实实地做好基础工作，并对内容进行细化分解，对引进的管理知识进行"国产化"，形成三洋制冷特有的各种管理制度。随着企业的发展，员工素质不断提高，不断地把引进的国内外技术标准和优秀企业的管理经验进行消化吸收，使人本管理思想、系统论、ISO 900 2 质量管理体系、ISO 14001 环境管理体系、5S 管理等内容，逐渐地和企业自身的特点相融合，从而形成了具有创新特色，并且在不断发展和完善的三洋制冷的现场管理方法——7SEA 现场管理法。

7SEA 现场管理法的要素包括"素养（Sentiment）"、"整理（Sort）"、"、整顿（Straighten）"、"清扫（Sweep）"、"清洁（Sanitary）"、"安全（Safety）"、"节约（Save）"、"环保（Environmental protection）"和"活动（Activity）"。现场管理是对人、机、料、法、环、信息、制度等生产要素的综合管理，人不仅是诸要素的核心，更是实施各项管理的主体。三洋制冷把高素质的员工作为现场管理的根本，首先对 5S 的顺序进行调整，把"素养"作为 7SEA 的第一条。

7SEA 现场管理法是在 5S 管理的基础上进一步完善发展起来的。它以系统论为模型，把生产现场视为一个动态的系统，以人为本管理思想为核心内容，又融入了 ISO 9002 质量体系的管理要素，以及 ISO 14001 环境管理体系中的管理要素和持续改进概念。倡导精益生产、清洁生产和安全生产的思想，采用现场目视管理法、质量控制方法，构建顾客服务理念和三洋制冷创造无止境的企业文化，最终形成综合动态管理方法。

1. 现场管理与改善

三洋制冷的现场员工在工作实践中进行了多次创新。制造一科异型切割班组发明的"零部件摆放一次定位法"就是一个例子。异型切割班组在切割工件的过程中，发现切割厚的部件经常有飞刺，影响产品质量，不得不进行再加工打磨处理，既影响质量又增加工时。该班组的 QC 小组对这一难题经过反复调研和试验，终于发现是切割机的光电识别系统在对白色图样、黑色背景识别时，因图样平台易于沾染灰尘导致识别误差，影响切割质量。于是他们提出了黑白颠倒的改进方案，从而成功地解决了这一质量难题，并荣获大连市优秀质量管理小组光荣称号。

2. 不断学习与改进

三洋制冷在通过 ISO 14001 环境管理体系认证后，立即组织部分骨干员工专程参观了青岛海尔公司。在海尔工业园里，三洋制冷对海尔的"日事日毕，日清日高"的管理法有了更深刻的认识，并看到了自身的差距，大家认为别人能做到的，自己经过努力也能够做到。参观回来后，三洋制冷肖总经理亲自主持了座谈会，大家从各个方面进行对比，找出了差距和努力方向，并付诸实施。

3. 整理整顿，破旧立新

制造二科筒盖班是为制造三科上下筒体生产提供筒体部件的班组，在活动开始之前，不严格遵守《生产制造计划》，经常提前较长时间，把完成的筒盖送到下道工序旁放置起来，放置时间的长短和本班无关，造成积压，给下道工序增添很多麻烦，也造成了不必要的争论。在推行 5S 活动后，筒盖班认识到存在的问题，他们积极地和上下工序协调，从后向前反向计算所需加工工时，按需生产，从而在下道工序需要时，直接把筒盖吊装到正在组装的产品上，真正做到了准时生产，为下道工序提供了极大的方便。

4. 清扫和清洁

通过清扫活动，可以使现场环境更加整洁。设备得到及时维护保养，确保生产工作的顺利进行。针对集中清扫费时的问题，制造三科上下筒班的员工又提出了"即时清扫法"——在某项工作完成后，利用 3 分钟立即清除周围的杂物，这样还可避免污染的扩散，使 5S 由日常化顺利地过渡到随时化。

5. 预防为主，安全第一

制造三科组合班在寻找安全隐患时，发现电焊机的焊枪风带等拖在地上，人员走动时经常绊脚，有一定危险性。他们试验用蛇皮管将其固定在地面上，因工作场所移动而效果不佳，经认真分析和设备部门的协助，最终使风带和送丝机构通过空中的悬臂机构送到工作场所上空，既解决了安全问题，又解决了现场拥挤的问题。

6. 清洁生产

所谓清洁生产是指将综合预防的环境政策持续用于生产过程和产品中，以减少对人类和环境的风险。三洋制冷在同行业率先通过 ISO 14001 环境管理体系认证之后，再接再厉，不仅获得了环境标志产品的称号，而且进一步在生产现场推行清洁生产，创建绿色工序，从全新的角度诠释了现场管理的内涵。

制造一科机加工班在进行例行的地面扫除时发现，摇臂钻床等加工设备周围的地面因长期被切削液侵蚀，虽然每天都进行清扫，已经出现了一些不良迹象。联想到某些企业的生产车间机加工设备周围地面又脏又黏的状况，几位员工非常着急，绝不能让类似的情况在三洋制冷的生产现场重演。他们经过多次研究后，从日本进口的数控机床的挡液板中得到启发，自行设计和加工了摇臂钻床切削液防护板，安装在设备上，有效地防止了切削液飞溅在地面上，保护了生产现场的环境。

7. 依靠现场团队，持续改善

现场管理差，经常在某些方面出现漏洞，忙于事后补救的救火式管理，会无暇顾及潜在的问题和隐患。三洋制冷从系统的角度来看问题，他们认为现场中的各生产要素哪怕出现微小的异动，都可能隐藏着危机，有可能会对系统的稳定带来不良影响，需要及时给予关注和采取对策。现场管理无小事，如果不对小事加以重视和预防，小事就会发展成大事，就会给企业带来损失，必须依靠现场团队班组进行现场管理。

一次改善的完成并不是整个改善的结束，而是下一次改善的开始。改善活动是一个循环往复、螺旋上升的过程，旧的问题解决了，新的问题又会出现，又需要开始新一轮的改善活动，永无止境。三洋制冷的现场管理活动已经反复地证明了这一点，并将被今后的管理活动继续证明下去和不断完善下去，指导三洋制冷的现场管理不断地跃升到新的高度。

讨论：试说明本案例应用了生产现场管理中的哪些原理和方法。

三、实训题

1. 实训目的：提高学生顶岗实习的安全意识和技能。

2. 实训方式：对全班学生分成四组，讨论在企业顶岗实习时如何注意自身安全。

3. 实训考核

(1) 每组选一名代表进行发言，教师进行讲评。

(2) 要求每个学生写一份到企业实习的安全须知。

第十一章　企业质量管理

【知识目标】
1. 了解质量管理的含义以及提高产品质量的意义
2. 掌握质量保证体系的基本内容
【技能目标】
1. 掌握全面质量管理的基本理论和方法
2. 掌握 ISO 9000 族标准、质量认证的相关程序

76 台电冰箱的启示

20 世纪 80 年代初，青岛电冰箱总厂成为典型的计划经济下的失败企业——债台高筑，职工牢骚满腹，产品质量低下，服务态度恶劣。一天，一位顾客满脸不高兴地来到厂里，抱怨说他买的是台劣质冰箱。这在当时可不是件小事，因为每 1000 家中国城市住房中只有两家拥有这种奢侈品。

当年 36 岁的厂长张瑞敏眼睁睁地看着这位顾客挑了十几台冰箱，挑来挑去都有毛病，最后终于选中一台拉走，算是满意了。但张瑞敏不满意，他到仓库里把所有的冰箱重新检查了一遍，找出了 76 台有质量问题的。他把这些不合格产品放在空地上，召集全厂 600 多名职工，拿出一把大锤，下令："砸掉它们！"工人们犹豫了，但张瑞敏毫不动摇。他说："如果我们把这 76 台冰箱卖出去，就会继续犯错误，最终导致破产。"不一会儿，空地上留下了一堆废铁……十多年后，那把当年砸冰箱的大锤仍挂在生产线的墙上，而这家工厂已成为最引人注目的企业之一，这就是海尔集团。

问题：

1. 砸冰箱这一举动意味着什么？
2. 如果你是企业的一名普通员工，你又如何承担自己的质量责任？

【案例分析】

质量问题是个战略问题，质量水平的高低是一个国家经济、科技、教育和管理水平的综合反映。研究质量战略，把握发展机遇，迎接世纪挑战，已成为当今世界各国经济发展的重大举措。要在 21 世纪初全面实现质量振兴目标任重而道远，既有不可多得的历史机遇，也面临着国际、国内两个市场的严峻挑战。

第一节　全面质量管理

一、质量和产品质量

质量管理中说的质量，是一种广义的概念。按照国际标准和我国国家标准的规定，质量是"产品、过程或服务满足规定的要求的特征和特性的总和"。这里质量不仅指产品的质量，也包括过程质量、服务质量。过程是就若干个程序或环节的连贯整体而言，例如，影响产品质量的设计、工艺、制造、检验、维修等合起来可作为大过程，分开来，如制造过程或工序可看做小

过程。服务，既包括企业内的服务，也包括对社会用户的服务。根据这一概念，质量一般可分为产品质量、工序质量和工作质量。产品质量即为使用价值，是指产品适合一定用途、满足社会和人们一定需要具备的那些自然属性或特性。工序质量又称工程质量，是指工序能够稳定地生产合格产品的能力，通常以工序能力表示。工作质量是指企业为保证和提高产品质量的工作水平，其高低可通过各部门在保证和提高产品质量所表现的工作效率、工作成果来评价，并可用品级率、合格率、返修率、废品率等一系列工作质量指标来衡量。

产品质量、工序质量、工作质量在概念上虽不相同，但它们是相互有机联系的，而产品质量则是各项工作质量的综合反映。

质量的狭义概念就是产品质量。包括产品结构、性能、精度、纯度、物理性能、化学成分等内在质量特性和产品的外观、形状、手感、色泽、气味等外部质量特性。工业产品种类繁多，质量特性各不相同的，概括起来包括性能、寿命、可靠性、安全性、经济性五个方面，总的说来还可概括为一个"适用性"。

"适用性"就是指产品或服务满足顾客的要求的程度。对此，国际上的一些知名专家作了诠释。把"适用性"具体化为 13 个方面的含义。

① 产品性能。

② 附加功能。

③ 产品与服务的可靠性。

④ 一致性，即产品符合社会产品说明书的程度。

⑤ 耐久性，即达到规定使用寿命的概率。

⑥ 维护性，即是否容易维护与修理。

⑦ 美学性。

⑧ 感觉性，即是否能使人产生美好的联想。

⑨ 价值，即满足顾客希望的程度。

⑩ 响应程度，即产品有满足顾客需要的反应程度。

⑪ 人性，包括对顾客热情、礼貌的态度与沟通。

⑫ 安全性。

⑬ 资格，即有关人员具备必备的能力知识，能提供一流的服务。

产品质量是指满足用户使用要求的程度。对于产品不同的人，从不同的角度理解是不同的。有的人把产品归集到生产的实物结果上，而有的人把产品上升到哲学的境界。目前，比较集中的理解为"过程的结果，包括硬件、软件、服务和流程性材料"。硬件和流程性材料类的产品通常是指有形产品，也被称为货物。硬件与流程性材料的差别在于量的特性，前者有计数的特性，后者有连续性的特性。软件和服务类的产品通常是指无形产品，前者由信息组成，后者通常是供方和顾客接触面上的一项或多项活动的结果。所以对产品概念的认识是一件复杂的事情，有一个逐步认识、不断深化的过程。如果在产品概念上存在模糊的认识，那么，对于质量的认识也会受到很大的影响。

产品质量特性需要加以数量化，有些难以直接定量的特性，如外观、使用性能等，也可以进行分析比较，并根据用户意见来评价。对产品质量特性，以一定尺度、技术参数或技术经济指标规定必须达到的水平，形成技术文件，这就可以定为质量标准，它是检验产品是否合格的技术依据。产品质量虽然根据质量标准来衡量，但是，产品质量归根到底是指满足用户使用要求的程度。有时用户使用要求并不能完全在质量标准中反映出来，因此，企业不能只满足于达到现行质量标准，而应该根据用户要求不断提高产品质量。质量标准仅是根据一定时期科学技术水平而制定的。以国家标准或部颁标准而言，由于程序等原因，不能随意修改。企业应从实际出发，根据用户的要求，制定企业标准和合理标准。凡是符合质量标准的产品就是合格产品，而合格品又按其满足于标准的程度，分为不同的等级；凡不符合质量标准的产品就是不合格产品，不合格产品又分为废品、返修品、回用品、代用品等；质量标准会随社会有关因素的变化而不断提高。

二、全面质量管理的含义

质量管理是企业为了保证和提高产品质量或工作质量所进行的调查、计划、组织、协调、控制、监督、调节、处理等活动的总称。

我们通常是指 ISO 8402—1994 对质量管理作了权威定义：质量管理是指"确定质量方针、目标和职责，并通过质量体系中的质量策划、质量控制、质量保证和质量改进致使其实现的所有管理职能的全部活动"。质量管理最成功的体系就是全面质量管理。

全面质量管理是指企业为保证和提高产品质量，组织全体职工和各部门参加，综合运用现代科学和管理技术成果。对影响产品质量的全过程和各种因素实行控制。用最经济的手段，生产出用户满意的产品系统管理活动。它的核心是强调人的工作质量、保证和提高产品质量，达到和提高社会经济效益的目标。

全面质量管理的广泛开展，对市场经济和企业的发展有十分重要的意义。

① 全面质量管理的开展是扩大企业声誉、提高经济效益，促使产品满足市场需求的根本途径。

② 全面质量管理的推广，也是建立社会主义市场经济的需要。随着人民生活水平的日益提高，人们对产品的质量要求也越来越高。

③ 全面质量管理，对提高企业管理水平，有决定性的意义。全面质量管理的要求，实际上贯穿于企业管理的全过程。抓好这一环节，就必然促使调查研究、产品设计、工艺设备等部门都不断提高工作质量。

三、质量管理的特点

全面质量管理是一种全面性、全过程、全员的管理思想。

1. 质量管理的综合性

表现为"三全"，即全过程的质量管理、全企业的质量管理及全员的质量管理。

（1）全过程的质量管理　其对象是产品质量产生、形成和使用的全过程。从市场调查、到研究试制、生产技术设备、生产、销售，直到售后服务的全过程进行质量管理。

（2）全企业的质量管理　这里的"全企业"主要是从组织管理的这个角度来理解的。每个企业都可能分成上层、中层、下层管理，其中每一层都有自己的质量管理活动，不同的各级活动的重点不同。上层侧重于质量决策并协调和统一。各部门的质量管理活动，保证实现企业经营管理的最终目的。中层侧重于执行其质量职能。基层则侧重于严格按规定的技术标准进行生产。

（3）全员的质量管理　产品与服务质量都是靠人去提高的。全面质量高度重视人的积极性与创造性的发挥。仅靠少数人参与是不够的，要把企业全体人员都纳入质量管理的体系之中。

2. 质量管理的科学性

科学性就是要采用各种技术、专业技术和其他一切适应的方法，并强调所采用方法的多样性和运用的综合性。

3. 全面质量管理的社会性

实行全面质量管理，单靠企业内部是不行的，必须有整个社会的推动。除了自身的努力外，需要整个社会重视质量管理，树立全面质量意识，并完善立法、认证、监督等工作，建立适应企业发展，满足消费者需求的全社会的质量管理体系。

除此之外，要把全面质量管理提高一步，还需要在质量管理的服务性、预防性上多做努力工作。

四、全面质量管理的基础工作

扎实的企业质量管理的基础工作，是企业质量体系顺利运作和不断发展的保证。企业质量管理的基础工作主要包括质量教育工作、标准化工作、计量工作、质量信息工作和质量责任制。

1. 质量教育工作

质量管理"始于教育，终于教育"。质量教育工作包括三个方面：质量意识教育、质量管理知识教育和专业技术与技能教育。质量意识教育的目的在于提高企业领导和全体员工的质量"觉悟"；质量管理知识教育的目的是让各层次、各部门的人员掌握质量及质量管理的概念、方法和工作职责；专业技术和技能教育的目的是更新各级人员的知识和提高业务能力，从而保证质量管理工作的有效开展。

2. 标准化工作

没有规矩不成方圆。企业要有效地开展质量管理，保证产品质量，绝不能没有"标准"，因此必须做好标准化工作。企业质量管理中的标准包括技术标准和管理标准。标准的内容不仅针对产品、工艺，还包括管理制度、规章、程序等。企业质量管理中的标准化工作，就是企业的技术和管理两个方面：制定标准、学习和掌握标准、实施标准，不断地修改标准的活动过程。无论是技术标准，还是管理标准，都是企业开展质量管理活动的基础和依据。

3. 计量工作

计量是指运用技术和法律手段，实现单位统一、量值准确一致的测量，是企业质量管理的基础工作之一。计量工作要保证企业投入使用的计量器具达到规定的质量水平；操作计量器具的人员达到规定的素质要求；计量法律、法规得到正确贯彻和实施；建立、健全企业计量技术档案和计量工作记录。

4. 质量信息工作

信息是一种重要资源，质量信息能为企业带来效益或避免损失，但如果质量信息被阻塞、流失或失真，将导致质量管理工作的失误，给企业带来重大损失。为此，质量信息管理是企业质量管理必不可少的基础工作，直接影响到企业的经营效果。企业质量信息工作的主要任务是支持企业开展有效的质量管理活动，其工作内容包括建立和完善质量信息系统，并通过该系统的运行对企业的信息进行收集、整理、分析、反馈、建档等。

5. 质量责任制

管理的基本原则之一是明确各工作岗位的责任和权限。企业的质量管理涉及产品质量的全过程，涉及各部门、各岗位，只有做到人人各尽其责，才有可能保证质量。因此，企业的质量管理活动要通过有效的质量体系和工作程序，对每个部门、质量工作上的任务、责任和权力做出明确规定，即建立"质量责任制"，并通过进行内部审核、考评和奖惩等活动保证质量责任制的实行和不断完善。

第二节　企业质量保证体系

一、质量保证体系的概念

质量保证体系又称全面质量管理体系。它是指企业以保证和提高产品质量，向用户提供满意产品为目标、运用系统的原理和方法，把各部门、各环节的质量管理活动严密地组织起来，形成一个责权分明、相互协作、相互促进的有机整体。建立质量保证体系是实现全面质量管理目标的一种手段和方法。

二、质量保证体系的基本内容

建立健全质量保证体系的主要内容包括设计试制过程的质量管理、生产过程的质量管理、辅助生产过程的质量管理和销售使用过程的质量管理。

1. 设计试制过程的质量管理

设计试制过程的质量管理是全面质量管理体系中的首要环节，对产品质量有决定性的影响。其主要任务是要按照政府有关技术经济政策，在调查研究的基础上，从用户的需要和企业的实际出发，使用设计试制出样板产品或改进后的产品能够满足用户的需求，并在生产过程和使用过程中取得良好的经济效益。

设计过程的质量管理主要有下列任务：根据市场调查和用户需要，设计新产品和改造老产品，使之实现技术先进可行和经济合理有效；根据需要和可能条件，采用先进工艺，以取得良好的经济效果。设计过程质量管理工作的内容有：制定产品质量目标；参加审查设计和工艺；参加新产品试制、鉴定；标准化审查；技术文件的质量保证；产品设计的经济分析及其设计程序的审查等。

2. 生产制造过程的质量管理

生产制造过程中质量管理的工作重点和活动场所都在生产车间，它是全面管理体系的中心环节。其主要任务是建立能够稳定生产合格品和优质品的生产系统，严格把好质量关，抓好每个生产环节，防止废品或其他质量事故的发生，保证最经济地生产出合格产品。生产制造过程中的质量管理工作应抓好以下几个方面的工作。

① 加强工艺管理，严守工艺规程。

② 加强工艺控制，预防不合格品的发生。

③ 严格质量检验，把好质量关。

④ 加强质量分析，掌握质量动态。

⑤ 加强对不合格品的管理。

3. 辅助生产过程的质量管理

辅助生产过程指企业的后方生产和服务过程，包括设备维修、工具、动力、运转、保管等活动。产品制造过程中的很多质量问题，都同辅助过程中的质量管理工作有关。为此，要求辅助生产部门一方面搞好本身的质量，保证设备经常处于良好状态，提供符合质量标准要求的原材料、燃料、动力和工具等；另一方面要提高工作质量，及时保证生产过程的需要。

4. 销售使用过程的质量管理

通过销售把产品送到用户手里，并使其充分发挥作用，才能保证产品价值和使用价值的实现。同时，只有通过销售和使用过程，才能更好地了解产品存在的质量问题和用户对产品质量的要求，为进一步改进和提高产品质量提供依据，因此，销售使用过程的质量管理是企业全面质量管理的必然延续，是全面质量上一循环的始点。

销售使用过程的质量管理的主要任务有三个方面：一是要保证产品以完好状态到达用户手中；二是要保证产品在使用过程中正常发挥作用；三是要收集有关的质量信息，为改进和提高产品质量依据。从全面质量管理的观点出发，产品质量的好坏、优劣，主要看用户的评价。所以产品使用过程的质量管理，主要包括技术服务和用户访问两方面的工作。

为确保全面质量管理的实施，在质量保证体系方面我们还要抓好以下几个方面。

① 制定质量方针、目标和计划并实行层层分解。

② 建立严密的组织机构，实行责任制。

③ 通过"计划-实施-检查-处理"质量管理循环，推动质量工作系统运转。

④ 建立管理信息反馈系统。

⑤ 推行质量管理业务标准化和管理流程的程序化。

⑥ 积极开展质量管理小组活动。

⑦ 完善质量管理的基础工作。

⑧ 广泛深入开展质量教育工作。

三、质量保证体系的运转方式

质量保证体系作为全面质量管理的工作体系，是一个动态循环系统。通过"计划-实施-检查-处理"质量管理循环（即 PDCA 循环），推动整个质量工作系统的运转。

PDCA 循环既适用于整个企业的质量保证体系，也适用于有关部门、各个生产环节的质量工作。从整个企业系统的大循环引申到各部门、各环节的小循环。这些小循环是大循环顺利运行的保证。它是有机的系统质量管理工程。PDCA 循环周转一次，就意味着质量水平的提升。

PDCA 循环是质量保证体系运转的基本方式。它是英语 Plan、Do、Check、Action 四个单词的字头缩写，意为计划、执行、检查、处理。包括四阶段，每个阶段又可具体分为若干步骤。

第一阶段是计划。这一阶段包括分析现状，找出问题，分析影响质量的原因，找出主要原因和拟定措施计划四个步骤。

第二阶段是实施。即执行技术组织措施计划实施的一个步骤。

第三阶段是检查。即检查工作，调查效果的一个步骤。

第四阶段是处理。进行标准化，包括把成功经验和失败教训都纳入标准和总结遗留问题两个步骤。遗留的问题可为下一次的计划提供资料依据，转到下一循环去解决。

PDCA 循环管理的特点：PDCA 循环工作程序的四个阶段，按顺序进行，组成一个大圈；大循环套小循环，互相促进，整体提高，每个部门、小组都有自己的 PDCA 循环，并都成为企业大循环中的小循环；阶梯式上升，循环前进，企业管理循环是连续进行的，但每个 PDCA 循环都不是在原地简单重复，而是每次都有新的提高。

案例

有关部门应如何处理

某年 10 月 16 日，某晚报登出一则报道，题目是"用户：凭啥收我滞纳金——收费最后一天，银行联不上网"。具体内容如下：

本报 10 月 16 日讯，拿着多出 1.2 元滞纳金的话费单，省城韩大爷今天非常气愤。他说，每月的 15 日是当月交电话费的最后一天，但由于银行线路的问题，使不少像他一样想交电话费的人，先吃闭门羹，再交滞纳金。韩大爷去了周围的多家银行，银行大都未及时明示消费者如何处理，只是冷冰冰地单纯扣掉滞纳金，记者又从电信部门了解到他们今天已经收到多起投诉，有关部门已引起重视，正在交涉处理。而执著的韩大爷则表示讨回 1.2 元滞纳金，为包括自己在内的消费者讨个说法。

问题：

1. 问题发生的原因是什么？韩大爷为什么多交 1.2 元滞纳金而气恼，而且要讨个说法？

2. 代收话费服务等类似业务设计是否有缺陷？对已提供的服务如何不断改善？

3. 有关部门应如何处理这件事？应该如何避免或减少该类事情的发生？

第三节　质　量　认　证

一、质量认证的含义

质量认证又称合格评审，是可以充分信任的第三方证实某一经鉴定的产品或服务符合特定标准或技术规范的活动。从质量认证的概念中可以看出，质量认证这一概念包括以下几个要点：认证的依据是特定的标准或技术规范。认证是由第三方进行的；认证是通过颁发认证资格证明书文件加以确认的。

质量认证是国际上通行的制度。产品质量认证是商品经济发展的产物。对制造企业来说，如果申请权威机构对其质量管理体系认证，使用国际公认的合格标志，那么其产品就可以得到世界各国的普遍承认，并在国内外市场上获得用户的信任，这样就有利于扩大产品市场，参与国际竞争。第三方认证已发展成为一种世界性趋势，初步形成世界范围内广泛的国际认证。它不受产、销双方经济利益支配。

质量认证制度是指为了进行质量认证工作而建立的一套程序管理和管理制度的总称。它包括产品质量认证和企业质量体系认证制度。

（1）产品质量认证制度　即由公正的第三方依据产品标准和相应的技术要求，对产品质量进行检验、测试、确认并通过颁发认证证书和准许使用认证标志的方式来证明某产品符合要求的制度规定。例如，按照我国法律规定，产品质量认证分为安全认证和合格认证。

（2）质量体系认证制度　即依靠一定的标准和要求，由认证机构结合企业质量体系进行审核和评定，确定企业是否符合标准和要求，如果符合则予以颁发认证书加以确认。

二、质量认证的类型

按照质量认证的要素不同，大致可以将质量认证分为以下八个类型。

1. 型式试验

按照规定的试验方法对产品样品进行试验，从而判定样品是否符合标准或技术规范。这种认证只要求认证机构证明所提交实验品符合标准要求，并不表明其他未经检验产品也能像样品一样符合标准。这种认证只发证书，不允许使用合格标志。

2. 型式试验加认证后监督——市场抽样检验

这是一种带有监督的型式检查。监督的办法是从市场上购买样品或从批发商、零售商的仓库中随机抽检进行检验，以证明认证产品的质量特性持续符合标准或技术规范要求。

3. 型式试验方法

与第二种认证方法相似，但这种认证方法要求从工厂发货前的产品中进行随机抽样检查，而没抽中的产品进入市场后再进行抽样检查。

4. 型式试验加认证后监督——市场和工厂抽样检验

这种认证方法综合了第二、三种方法，体现了更强的监督力度。

5. 型式试验加工厂质量体系评定再加认证后监督

即质量体系复查加市场和工厂抽样检验。这种认证方法要求对申请认证的产品生产企业进行质量体系的检查和评定；在获准认证后的监督中也相应增加了对生产厂商质量体系进行复查的要求，这种认证方式是相当完善和严密的，因而能为顾客提供更高的质量保证。

6. 只进行工厂质量体系检查、评定和复查

这种认证方法实质上就是质量体系认证的方法。它通过对产品的生产厂按照规定的技术标准生产产品的质量体系进行检查和评定的方法，最终证实生产厂具有按既定的标准或

规范的要求提供产品的质量保证能力。但由于这种认证评价的是企业的质量体系,并不涉及生产出来的产品,因此按这种形式认证批准的企业,不能在其出厂的产品上使用产品质量认证标志,而是由质量体系进行注册登记,发给注册证书,表明该体系通过了评定并取得了注册资格。

7. 批量试验

这是依据规定的抽样检查方案对企业生产的一批产品进行抽检试验的认证。这种认证方法,只有在供需双方协商一致后才能有效地执行。这种认证,一般只对通过认证的那批产品发给认证证书,而一般不授予认证合格标志。

8. 全数检验

这是经过认可的检验机构对认证产品做100％的检验后发给认证证书的一种方法。这种认证方法费用较高,一般适用于一些法律法规专门规定的产品。

三、质量认证制度的意义、特点

我国在1992年8月正式建立了统一的认证管理机构——国家认证办公室。统一管理我国的质量管理体系的认证注册和产品认证工作,并把 ISO 9000 族标准作为认证标准。质量认证制度之所以在全世界各国的普遍重视,关键在于它是由一个公正的机构对产品或质量管理体系作出的正确、可靠的评价,从而使用人们对产品质量建立了信心,这对供方、需方、社会及国家利益都具有重大意义。

第一,有利于提高警惕产品供应方的信誉。

第二,有利于促进企业完善质量体系。

第三,有利于企业降低成本,提高经济效益。

第四,有利于增强全球经济一体化的发展。

我国认证体系的组织机构有四级:授权机构、认可机构、认证机构、企业。授权机构是国家权力机构,授权认可机构对认证的认可。目前我国的认证制度中的授权机构是中国国家认证认可监督管理委员会,隶属国家质量监督检验检疫总局。认可机构是对认证机构认证资格进行认可的组织机构。目前我国的认可机构有:中国认证机构国家认可的委员会(CNAB)、中国实验室国家认可委员会(CNAL)、中国认证人员与培训机构国家认可委员会(CNAT)。认证机构是负责对企业产品质量和质量体系进行认证的机构。目前我国的认证机构有很多,如中国质量认证中心等。

质量认证有以下几个方面的特点。

① 标准和技术规范是认证的基础。产品认证的基础是产品技术规范或确定的标准;质量管理体系认证的基础是 ISO 9000 族标准。

② 产品包括硬件、软件、流程性材料和服务是认证的对象。

③ 认证由第三方进行。所谓第三方是指和第一方(供方)、第二方(需方)无行政隶属关系,在经济上无利害关系的认证机构或认证公司。第三方认证可以体现公正性和权威性。

④ 鉴定是证实的方法,证实书表示是证书和认证标志。质量管理体系认证获准的表示是认证机构给予注册,并以企业名录形式公布。

四、质量认证的程序

(1) 准备 由企业准备资料,并对照有关标准(ISO 9000 等)进行自我检查,发现质量体系文件不合格后,要补充质量体系文件。

(2) 申请 由企业自愿提出申请,根据认证机构的要求,填写认证申请(申请书由认证机构统一印制)并提供所需附件等。

（3）受理　认证机构收到申请书之日起，应在规定的期限内作出是否受理申请的决定。经审查若符合规定要求，则向申请方发出"接受申请通知书"并通知申请方作好认证安排，预交认证费用。若不接受申请，需在"不接受申请书"中说明理由。

（4）文件审查　文件审查主要是审查申请方提供的质量手册及其他有关文件资料。审查的内容一是了解申请方的基本情况；二是判定质量手册所描述的质量管理体系上符合标准的要求。

（5）现场审查前的准备　文件审查如合格，即进入现场审查前的准备阶段。从审核组织来说，应进行人员分工，制定审核计划，安排审核日程，准备审核文件；从受审方来说，应当做好各方面的准备工作。

（6）现场审核　现场审核的目的是通过查证质量手册的实际执行情况，对申请方质量管理体系运行的有效性作出评价。

（7）审核与注册发证　认证机构对审核级提出来的审核报告进行全面审查。经审核后，一般有以下三种决定：批准通过认证，由认证机构予以注册，并颁发注册证书；改进后批准发证；不予通过认证，应书面通知申请方，并说明理由。

（8）认证后的监督管理　认证机构对获准认证（有效期限一般为三年）的供方质量管理休系实施监督管理，主要包括：换证；监督管理；认证暂停；认证撤销等。

第四节　ISO 9000 族标准

一、国际标准化组织（ISO）简介

ISO 9000 是国际标准化组织所制定的质量管理和质量保证的一系列国际标准的简称。现在通行的一种说法是：取得 ISO 9000 系列标准的认证是取得进入国际市场的通行证。这从一个侧面反映了获得 ISO 9000 对企业的重大意义。

国际标准化组织（ISO）于 1987 年发表了 ISO 9000《质量管理和质量保证》系列标准，从而使世界质量管理和质量保证活动统一在 ISO 系列标准基础上。

ISO 9000 系列标准是指导企业建立质量体系的标准，是有关质量标准体系的核心内容。如

① ISO 9000-1《质量管理和质量保证——选择和使用指南》；

② ISO 9001《质量体系——设计/开发、生产、安装和服务的质量保证模式》；

③ ISO 9002《质量体系——生产和安装的质量保证模式》；

④ ISO 9003《质量体系——最终检验和试验的质量保证模式》；

⑤ ISO 9004《质量管理和质量体系要素指南》。

二、ISO 9000 族的基础原则

ISO 9000 族标准基础是在八项质量管理原则的指导下，建立、实施和改进 ISO 9000 族标准的原理。八项质量管理原则成为最高管理者以系统和透明的方式以组织进行管理和指导业绩的框架，是 ISO 9000：2000 族标准的指导思想和理论基础。八项原则不仅是制定质量方针、质量目标和编制 ISO 9000 族标准文件时应贯彻的精神，而且是组织制定质量战略规划的依据。

1. 以顾客为关注焦点

组织依存于其顾客。因此，组织应理解顾客当前和未来的需求，满足顾客的需求并争取超越期望。

2. 领导作用

领导者将本组织的宗旨、方向和内部环境统一起来，并创造使员工能够充分参与实现组织目标的环境。

3. 全员参与

各级人员是组织之本，只有他们的充分参与，才能使他们的才干为组织带来最大的收益。

4. 过程方法

将相关的资源和活动作为过程进行管理，可以更高效地得到期望的结果。

5. 管理的系统的方法

针对设定的目标，识别、理解并管理一个由相互关联的过程所组成的体系，有助于提高组织的有效性和效率。

6. 持续改进

持续改进总体业绩是组织的一个永恒的目标。

7. 基于事实的决策方法

对数据和信息的逻辑分析或直觉判断是有效决策的基础。

8. 互利的供方关系

组织与供方是相互依存的，互利关系可以增加双方创造价值的能力。

ISO 9001 和 ISO 9002 标准的许多条款，均是这些原则的具体体现。可以预见，有正确的质量管理理念指导新标准的实施，其意义是非常深远的。

三、ISO 9000 族标准的主要内容

1. ISO 9000—1《质量管理和质量保证——选择和使用指南》

阐明基本质量概念之间的差别及其相互关系，并为质量体系系列标准的选择和使用提供指导。包括了用于内部质量管理目的的标准 ISO 9004 和用于外部质量保证目的的标准 ISO 9001～ISO 9003。

2. ISO 9001《质量体系——设计/开发、生产、安装和服务的质量保证模式》

规定了对质量体系的要求，用于双方所订合同中需方要求供方证实其从设计到提供产品全过程的保证能力。该标准阐述从产品设计/开发开始，直至售后服务的全过程的质量保证要求，以保证在包括设计/开发、生产、安装和服务各个阶段符合规定要求。ISO 9001 特别强调对设计质量的控制。

3. ISO 9002《质量体系——生产和安装的质量保证模式》

是用于外部质量保证的三个涉及质量保证体系要求的标准中要求程度居中的一个标准。阐述了从采购开始，直到产品交付使用的生产过程的质量保证要求，防止及发现生产和安装过程中的任何不合格，并采取措施以避免不合格重复出现。适用于需方要求供方企业提供质量保证体系具有对生产过程进行严格控制能力的足够证据的情况。

4. ISO 9003《质量体系——最终检验和试验的质量保证模式》

是用于外部保证的三个系列标准中要求最低的一个标准。阐述了从产品最终检验至成品交付的成品检验和试验的质量保证要求，以保证在最终检验和试验阶段符合规定要求，控制及查出产品不合格项目并加以处理。它适用于用户要求供方企业提供质量体系具有对产品最终检验和试验进行严格控制能力的足够证据的情况。

5. ISO 9004《质量管理和质量体系要素指南》

是指导企业建立质量管理体系的基础性标准。就质量体系的组织结构、程序、过程和资源方面的内容，对产品质量形成各阶段影响质量的技术、管理、个人等因素的控制提供了全面的指导。

四、2000 版 ISO 9000 族标准的构成

1. 核心标准

ISO 9000：2000《质量管理体系——基础和术语》

ISO 9001：2000《质量管理体系——要求》

ISO 9004：2000《质量管理体系——业绩改进指南》

ISO 19011：2002《质量和环境管理体系审核指南》

2. 其他标准

ISO 10012：2000《测量和控制系统》

3. 技术报告和小册

技术报告和小册子是 ISO 9000 族标准的组成部分，属于对质量管理体系的指导性标准，也是 ISO 9001 和 ISO 9004 质量管理体系标准的支持性标准。

ISO /TR 10006《质量管理项目管理指南》

ISO /TR 1007《质量管理技术状态管理指南》

ISO /TR 10013《质量管理体系文件指南》

ISO /TR 10014《质量经济性管理指南》

ISO /TR 10015《质量管理培训指南》

ISO /TR 10017《统计技术应用指南》

4. 技术规范

ISO /TR 16949：2002 ，质量管理体系——汽车生产件及相关维修零件组织应用 ISO 9001；2000 的特别要求。

案例

某化妆品公司 ISO 9000 质量管理咨询

1. 客户背景

某化妆品公司位于高新技术产业开发区内，是一家集科研、开发、生产为一体的高档化妆品生产企业，注册资金 800 万元，下设七个部门，现有员工 60 多名，其中专业技术人员和高级技术人才 20 多人，于 2001 年获取护肤类、发用类、美容修饰类、香水类化妆品的生产许可证及卫生许可证。目前，主要生产法国某化妆品集团（香港）有限公司开发的系列化妆品。

2. 客户的问题所在

ISO 9000：2000 质量管理体系认证是目前世界上使用最广的质量管理标准，企业一旦取得这种认证证书，就可以证明自身质量管理体系达到了国际标准，并能够提高消费者对其产品和服务的信任度。"质量是企业生命，创新是企业灵魂"，"质量"和"创新"永远是某公司追求的两大目标。为此，进行 ISO 9000：2000 质量管理体系认证是提高公司现代化管理水平的有力保证。

3. 解决方案的主要思路

针对根据该公司管理与运作现状及行业特点，结合 ISO 9000：2000 标准要求进行质量管理体系策划，制定计划，同时进行培训，保证今后体系文件编写和管理体系运行的质量和效率。

4. 实施与推进

首先制定企业的现状诊断和体系诊断，策划和制定咨询工作计划，在对企业的资源进行具体的落实和整合之后对项目完成启动。第二阶段在完成对公司员工的培训的基础上结合企业现

状，完成质量管理体系文件的编写阶段。第三阶段是质量体系运行阶段。第四阶段是符合性审核阶段。主要是使企业熟悉国家及认证机构有关要求及认证气氛。审核组对质量体系符合审核结束后，对企业质量体系的复合性和有效性做出公正的评价；对体系运行评价基本符合认证要求的，在纠正措施经过验证后，建议申请正式认证。

5. 实施效果

该化妆品公司强调以人为本，以科技为本，注重规范化管理。通过实施 ISO 9000：2000 质量管理体系的管理咨询，公司已通过英国皇家认可委员会认可的 ISO 9001 质量管理体系认证，严格做到下道工序是上道工序的检验员，全员都是质量管理员，为实现"产品出厂合格率100％，顾客满意度98％"的质量目标提供了有力保证。

（资料来源：http://www.51report.com/）

本 章 小 结

本章论述了质量管理和全面质量管理的基本概念和特点，质量管理的基础工作，质量保证体系，质量管理的 PDCA 循环，质量认证等内容。本章的重点是质量管理的保证体系和认证体系，本章的难点是 PDCA 的运用。

习　题

一、简答题

1. 什么是质量管理？
2. 全面质量管理的广泛开展，对市场经济和企业的发展有哪些重要的意义？
3. 企业质量管理的基础工作主要包括哪些？
4. 生产制造过程中的质量管理工作应抓好哪几个方面的工作？
5. 什么叫质量认证？
6. 质量认证制度的意义有哪些？
7. ISO 9000 系列标准的核心内容有哪些？

二、案例分析题

F公司的质量管理之路

F 公司是一家生产制冷设备的大型制造企业，主导产品为空调器。公司拥有一流的产品成本研发中心和空调器检测中心，并引进具有国际先进水平的氦检漏设备、挥发工艺、全自动高速冲床，建成了全能空调检测、装配生产线，具备年产各类空调器 150 万台的规模化生产能力，产品远销欧美等地。

1. F公司质量管理的产生背景和发展之路

在空调行业生产能力急速提升、市场竞争日益激烈的今天，生产空调似乎并不很难，但是要在这个比较成熟的市场找到出路，领先于竞争对手，就必须在品质上不断追求精益求精。F公司领导层从企业建立时就清醒地认识到"质量是企业的生命"，将产品质量的"高标准、零缺陷"作为企业孜孜以求的目标。公司的质量管理之路可以分为两个阶段：一是建立规范完善的质量系统；二是使用更精确的 6σ 管理方法。在 20 世纪 90 年代初期，F 公司就开始着手建立企业的质量体系与制度，导入高标准、严要求、全过程、全员参与的质量管理理念，做到"一切为用户服务，一切以预防为主，一切用数据说话，一切按 PDCA 循环办事"，努力提高产品质量，满足用户要求。近年来，在建立规范质量系统的基础上，F 公司又引入更精确的质量管理方法——6σ，它把原来认为已经精确的管理再放大，再考量。6σ代表的 3.4ppm 的质量水平，是一个卓越、完美的境界。如果企业能够达到这个境界，那么，企业的市场占有率、顾客满意度和盈利能力，都将会是一流的。

2. 建立严格规范的质量体系

"没有规矩，不成方圆"，一流的产品质量必须要有完善的组织体制和管理制度作为保证。F 公司拥有《技术管理条例》、《质量手册》等系列完整的质量标准与管理制度，从产品开发、生产制造到人员素质等都有严格的标准，还建立了完善的质量管理软件平台，无论是设计、生产，还是测试、实验，均在严格的质量管理体系下规范运作，充分保证了产品质量。20 世纪 90 年代前期，F 公司在业内率先推行和通过了 ISO 9001 质量认证体系，并在此基础上不断提高技术管理水平，在设计、生产和检测空调产品的整个过程中，F 公司都以世界范围内的行业最高水平为参照系，并挑战空调质量标准极限为目标。

F 公司质量管理体系的一大特色是高标准、严要求。国家标准中对空调的试验项目是 42 项，而 F 公司制定的这 42 项试验指标全高于国家标准。例如，国家标准规定空调室外机温度达到 43℃就可以停机保护，而 F 公司在 53℃的情况下仍可以正常运行；在电压方面，国家标准是＋10%，而 F 公司要求空调在±（15%～20%）的电压波动范围内都不受影响，以适应中国电网的特点；在设计、制造工艺方面，F 公司对一些同行厂家不注意的"小节"，也以同样的苛刻的标准明文规定在技术质量管理细则中，如国家标准对空调的噪声、制冷量等指标的考核，只取上下限两个参数点检测，一般厂家仅围绕这两点做工作，而 F 公司则采用"三全性能曲线"法设计，取 6 个参数点做试验，当 6 条曲线都达到最优化时才确定设计方案。质量意识贯穿设计、供应、生产和服务的始终是 F 公司质量管理体系的另一大特色，F 公司称之为"四个零"，即设计零缺陷、供应零缺陷、生产零缺陷、服务零缺陷。

由于产品的质量水平和成本有 60%～70%是在设计阶段形成的，因此对设计质量的控制十分重要。F 公司从设计阶段开始就考虑到质量问题，公司投资兴建了自己的科研机构，专门从事技术研究、产品开发、工艺设计与改造、产品改进与提升等研究工作。强大的技术力量为达到设计零缺陷打下了坚实的基础，然而真正做到无缺陷，关键还要靠规范化的管理。F 公司为设计流程制定了严格的管理规范，从市场获得信息反馈开始设计立项，再由设计到正式投产，总共要历经 60 道环节的评审。此外，公司所有的设计人员都要轮流下车间熟悉不同的生产设备和工艺过程，在设计时充分考虑生产工艺，如制造的可行性、规范性，做到便于制造、便于实验。

在售后服务上，F 公司力求从两个方面做到零缺陷：一方面是在客户需要时随时提供必需的服务，为此公司加强了客户服务部门的人员培训和管理，提高其服务意识和业务水平，努力为消费者提供最及时、最优质的服务；另一方面，由于产品质量高，纯粹维修的比例很低，因此公司把售后服务的重点放在增值服务上，定期为顾客免费咨询、免费清洗、免费检查、免费移机。

科学、严格的质量管理体系，孕育了高质量的产品。F 公司已连续 10 余次通过国际权威机构的质量体系审核，并且十多年来始终保持着 99.95%的开箱合格率，其空调在可靠性、安全性和实用性上名列行业前茅。公司还多次获得质量管理先进企业称号，被评为全国市场行业"产品质量、服务质量无投诉用户满意品牌"，产销量连续十年名列行业三甲，成为消费者信赖的首选品牌。

3. 引入精确的质量管理——6σ 法

尽管 F 公司已经严格执行 ISO 9001 质量标准体系，产品质量水平也一直保持行业领先地位，但 F 公司并没有就此止步，而是积极探索更加卓越的质量管理方法——6σ。为什么有了

ISO 9001 还要 6σ? 是因为 F 公司认识到, ISO 9001 只为企业提供了相对稳定的程序和规范, 而企业的质量管理是一个动态过程, 企业内部要素、外部环境都在不断变化, 所以管理体系也应该适时而变。而 6σ, 强调通过过程重组及过程再设计掉不合理的过程, 以适应变化的环境, 增强企业的核心竞争力。因此, 公司领导层果断决定, 在已有的良好基础上进一步实施 6σ, 使企业做到持续改进。

6σ 管理源于美国的 Motorola, 首席执行官 Bob Calvin 于 1987 年开始推行 6σ 管理计划, 到 1996 年这 10 年中获得了巨大成功, 质量缺陷减少了 99.7%, 节约了 110 亿美元, 并于 1988 年获美国国家质量奖。

讨论问题:

1. F 公司质量管理成功经验表现在哪些方面? 请对其进行总结。

2. F 公司质量管理成功的经验对其他企业有什么启示和借鉴?

(资料来源: 陈荣秋. 生产运作管理习题及案例. 北京: 机械工业出版社, 2005)

三、实训题

1. 实训题目: 对比分析质量管理的新七种工具和老七种工具。

2. 实训目的: 使学生了解质量管理的常用工具及其用途。

3. 实训组织: 将全班学生分为 AB 两大组, 分别到图书馆查找资料。

A 组查找质量管理的老七种工具,

B 组查找质量管理的新七种工具。

4. 实训考核

(1) 每个学生写一个报告, 介绍质量管理老七种工具或新七种工具各自的用途。

(2) 每组选一个学生在全班进行汇报。

提示: 质量管理的老七种工具: 分类法、调查分析表法、排列图法、因果分析法、相关图法、控制图法、直方图法。质量管理的老七种工具: 关联图法、KJ 法、系统图法、矩阵图法、矩阵数据分析法、PDPC 法、箭条图法。

第十二章　企业财务管理

A公司如何决策

A公司是一家新成立的公司。该公司曾以厂房作抵押向银行借款100万元，由于投资初始未对公司未来作长期性发展的考虑，公司成立后，发现最初的投资规模太小了，公司要发展，必须追加投资。此外，公司去年的销售额虽达到了1000万元，但从流动资金的供应情况来看，流动资金十分紧缺，从而制约了公司的生产经营活动。现在，摆在公司面前的问题是：公司如何确定长期投资策略？如何为长期投资策略筹资？公司如何解决短期投资不足的问题？它可以通过发行股票和债券从金融市场筹资，也可以向银行或其他金融机构借款。那么，哪一种筹资方式成本更低、更有利于公司的长期发展呢？

分析：A公司所面临的一系列的问题，包括投资和筹资的决策，是公司财务工作的中心。实际上，公司整个的生产经营过程也就是资金的运动过程。

【学习目标】
1. 掌握财务管理的概念，了解财务管理的内容和影响财务管理的基本因素。
2. 了解企业筹资管理的主要内容，掌握资金成本的含义与计算。

【案例分析】
财务管理为管理活动中重要的一环，与各部门的营运作业息息相关。要想学好企业管理的知识就必须了解行销决策，其中包括产品定价、销货组合、促销方法与支出预算等项目，这对企业资金流量、销售利润及产销计划均有重要影响。

第一节　企业财务管理概述

一、财务管理的概念

1. 财务管理的含义

财务管理是企业管理活动中的重要内容，在企业生产经营过程中，伴随着物资不断运动的是物资的价值运动过程。由于这种价值运动过程可以用货币形式表现出来，而通常又将经营过程中的物资价值的货币表现成为资金，所以物资的价值运动过程成为资金运动。资金运动是企业再生产的价值方面，它以价值形式综合地反映企业的再生产过程。企业的资金运动，构成企业经济活动的一个现对独立方面，具有自己的运动规律，这就是企业的财务活动。

（1）企业财务活动　所谓财务活动，是指资金的筹集、投放、使用、收回和分配等一系列活动。从整体上讲，财务活动包括以下四个方面。

① 筹资活动。筹资是指企业为了满足投资和用资的需要，筹措和集中所需资金的过程，是资金运动的起点。

② 投资活动。企业取得资金后，必须将资金投入使用，以谋求最大的经济效益，否则，筹资就失去了目的和效用。企业投资可以分为广义的投资和狭义的投资两种。广义的投资是指企业将筹集的资金投入使用的过程，包括企业内部使用资金的过程（如购置流动资产、固定资产、无形资产等）以及对外投放资金的过程（如投资购买证券或与其他企业联营等）。狭义的投资仅指对外投资。

③ 资金营运活动。企业在日常生产经营过程中，会发生一系列的资金收付。首先，企业要采购材料或商品，以便从事生产和销售活动，同时，还要支付工资和其他营业费用；其次，当企业把产品或商品售出后，便可取得收入，收回资金；第三，如果企业现有资金不能满足企业经营的需要，还要采取短期借款方式来筹集所需资金。上述各方面都会产生资金的收付。这就是因企业经营而引起的财务活动，也称为资金营运活动。

④ 分配活动。企业通过投资或资金营运活动应当取得收入，并相应实现资金的增值。投资成果表现为取得各种收入，并在扣除各种成本费用后取得利润。所以，从广义上说，分配是指对投资收入和利润进行分割和分派的过程；而狭义的分配仅指对利润的分配。

上述财务活动的四个方面，是相互联系、相互依存的，但又有一定的区别。正是上述互相联系又有一定区别的四个方面，构成了完整的企业财务活动。

（2）企业财务关系　所谓财务关系是指企业在组织财务活动过程中与有关各方面发生的经济利益关系。企业资金的筹集、投放、使用、收入和分配与企业上下左右各方面有着广泛的联系，企业财务关系可概括为以下几个方面。

① 企业与政府之间的财务关系。这主要是指国家以政府管理者的身份参与企业资金分配的关系是通过税收体现的。

② 企业与投资者之间的财务关系。这主要是指企业的投资者向企业投入资金，企业向投资者支付投资报酬所形成的经济关系。

③ 企业与债权人之间的财务关系。这主要是指企业向债权人借入资金，并按借款合同的规定按时支付利息和归还本金所形成的经济关系。

④ 企业与受资者之间的财务关系。这主要是指企业以购买股票或直接投资的形式向其他企业投资所形成的经济关系。

⑤ 企业与债务人之间的财务关系。这主要是指企业将其资金以购买债券、提供借款或商业信用等形式出借给其他单位所形成的经济关系。

⑥ 企业内部各单位之间的财务关系。这主要是指企业内部各单位之间在生产经营各环节中相互提供产品或劳务所形成的经济关系。

⑦ 企业与职工之间的财务关系。这主要是指企业向职工支付劳动报酬过程中所形成的经济关系。

由此可见，企业财务是指企业在再生产过程中客观存在的资金运动及其所体现的经济利益关系。财务管理是基于企业再生产过程中客观存在的财务活动和财务关系而产生的，是企业组织财务活动、处理与各方面财务关系的一项经济管理工作。

2. 财务管理的目标

任何管理都是有目的的行为，企业理财也不例外。确定和选择正确的企业财务管理目标，是做好企业理财工作的前提和基础。财务管理目标是在特定的理财环境中，通过组织财务活动，处理财务关系所要达到的目的。从根本上说，财务目标取决于企业目标，取决于特定的社会经济模式。

在市场经济条件下，有代表性的财务管理目标主要有以下几种基本观点。

（1）利润最大化　追求利润最大化是企业理财的一个最初目标。从根本上讲，它是微观经济模式中的主要目标，以它作为企业理财的目标有其科学的成分。因为盈利是企业生存发展的必要条件，利润的多少直接代表了企业新创造财富的多少。但是，利润最大化这一目标存在三大缺陷。

① 利润最大化目标容易导致企业经营者短期行为。

② 利润最大化一般是指会计利润，它不考虑资金的时间价值。

③ 利润最大化忽视风险因素。

综上所述，利润最大化并不是企业理财的最优目标，甚至已不适用于现代企业理财。

（2）资本利润率最大化或每股利润最大化　资本利润率是利润额与资本额的比率。每股利润是利润额与普通股股数的比值。这里利润额是税后净利润。这个目标的优点是把企业实现的利润额同投入的资本或股本数进行对比，能够说明企业的盈利水平，可以在不同资本规模的企业或同一企业的不同时期进行比较，揭示其盈利水平的差异。但该目标仍然没有考虑资金时间价值和风险因素，也不能避免企业的短期行为。

（3）企业价值最大化　是指通过企业的合理经营，采用最优的财务决策，在考虑资金的时间价值与风险价值的情况下不断增加企业财富，使企业总价值达到最大。这是现代企业理财普遍追求的财务目标，是衡量企业成就的最好量度。

在股份有限公司中，企业的总价值通常可用股票市场价值总额来代表。因此，企业价值最大化也可直接表述为股票市场价格的最大化。

以企业价值最大化作为企业财务管理目标具有以下优点。

① 这一目标考虑了资金的时间价值和投资的风险价值，有利于统筹安排长短期规划、合理选择投资方案、有效筹措资金、合理制定股利政策等。

② 这一目标反映了对企业资产保值增值的要求，从某种意义上说，股东财富越多，企业市场价值就越大，追求股东财富最大化的结果可以促使企业资产保值或增值。

③ 这一目标有利于克服管理上的片面性和短期行为。

④ 这一目标有利于社会资源合理配置。社会资金通常流向企业价值最大化或股东财富最大化的企业或行业，有利于实现社会效益最大化。

企业价值最大化有利于体现企业管理的目标，更能揭示市场认可企业的价值，而且它也考虑了资金的时间价值和风险价值，所以，通常被认为是一个比较合理的财务管理目标。

二、财务管理的内容

1. 资金筹集管理

资金筹集管理就是要分析研究如何用较少的代价筹集到足够的资金，以满足生产经营需要，是企业财务管理中一项最基本的内容。由于资金筹集方式的多样性，不同渠道的资金来源，其筹资成本、风险程度都不同。企业应根据资金的需要量、使用期限，分析不同来源和不同筹集方式对企业未来可能产生的潜在影响，选择最经济的筹资渠道，决定企业筹资的最佳组合。

2. 投资管理

投资管理就是要在若干个备选方案中，选择投资少、收益大的方案。由于投资规模、投资方向和投资方式的多样性，这就要求投资管理必须建立严密的投资管理程序，充分论证投资在技术上的可能性和经济上的合理性，在收益和风险同时存在的条件下，做好投资预测和决策，以提高投资效益、降低投资风险。

3. 营运资金管理

营运资金是指企业对全部流动资产的投资。营运资金在公司资金中占很大比例，具有周转快和容易变现的特点。营运资金管理主要包括对现金、应收账款及各种存货的管理，在管理中力求做到节约使用资金、加速流动资金周转和合理配置资源。

4. 成本费用管理

成本费用管理就是对制造成本和期间费用的管理，是企业财务管理的核心内容。合理降低成本，对节约资金使用，提高经济效益，扩大利润具有决定性的意义。成本费用管理包括成本费用目标管理、成本费用的计划管理和成本费用的控制。

5. 利润及分配管理

利润及分配管理就是企业分配政策的选择，包括销售收入管理、所得税管理、利润管理和利润分配管理。在具体进行利润分配决策时，即要维护投资者的利益，又要考虑企业发展。

三、影响财务管理的基本因素

(一) 资金时间价值

资金时间价值，又称货币时间价值，是指一定量资金在不同时点上的价值量的差额。在市场经济条件下，即使不存在通货膨胀，等量资金在不同时点上的价值量也不相等，现在一元钱比未来的一元钱具有更高的价值。比如，若银行的存款年利率为 5%，将今天的 1 元钱存入银行，一年后就会是 1.05 元。可见，经过一年时间，这 1 元钱发生了 0.05 元的增值，今天的 1 元钱和一年后的 1.05 元钱等值。

资金的时间价值是资金在周转使用中产生的，是资金所有者让渡资金使用权而参与社会财富分配的一种形式。通常情况下，资金的时间价值相当于没有风险和没有通货膨胀率条件下的社会平均资金利润率。资金时间价值以商品经济的高度发展和借贷关系的普遍存在为前提条件或存在基础，它是一个客观存在的经济范畴，是财务管理中必须考虑的重要因素。把资金时间价值引入财务管理，在资金筹集、运用、分配等各方面考虑这一因素，是提高财务管理水平，搞好筹资、投资、分配决策的有效保证。

(二) 风险报酬

1. 风险的概念

风险是指某一行动的结果具有多种可能和不确定。在采取某种方案时，可以事先确定其可能形成的结果以及结果出现的可能性的程度，而行动的最终结果却不得而知。风险是事件本身的不确定性，具有客观性。例如，无论企业还是个人，投资于国库券，其收益的不确定性较小；如果是投资于股票，则收益的不确定性就大得多。风险是"一定条件下"的风险，你在什么时间买哪一种或哪几种股票？各买多少？风险是不一样的。这些问题一旦决定下来风险大小就无法改变了。风险的大小随时间延续而变化，是"一定时间内"的风险。对一个投资项目成本，事先的预计可能不很准确，越接近完工则预计越准确。随时间的延续，事件的不确定性在缩小，事件完成，其结果也就完全肯定了。

风险广泛存在于企业的财务活动当中，并且对企业实现其财务目标有重要的影响。企业理财时，必须研究风险、计量风险，并设法控制风险。以求最大限度地扩大企业财富。从理财的角度来说，风险主要指无法达到预期报酬的可能性。

2. 风险的类别

(1) 从个别投资主体的角度分类　风险分为市场风险和公司特有风险两类。

① 市场风险是指那些对所有的公司产生影响的因素引起的风险，如战争、经济衰退、通货膨胀等。这类风险涉及所有的投资对象，不能通过多角化投资来分散，因此又称不可分散风险或系统风险。

② 公司特有风险是指发生于个别公司的特有事件造成的风险，如罢工、新产品开发失败、没有争取到重要合同等。这类事件是随机发生的，因而可以通过多角化投资来分散，即发生一家公司的不利事件可以被其他公司的有利事件所抵消。这类风险称为可分散风险或非系统风险。

（2）从公司角度划分风险分为经营风险和财务风险两类。

① 经营风险是指生产经营的原因给企业盈利带来的不确定性。它是任何商业活动都有的，也叫商业风险。例如，由于原材料供应地的政治经济情况变动、运输路线变动、原材料价格变动等因素带来的供应方面的风险；由于产品质量问题、新产品开发不成功、生产组织不合理等因素带来的生产方面的风险；由于出现新竞争对手、消费者需求发生变化、销售决策失误等因素带来的销售方面的风险；此外，劳动力市场供求关系变化、通货膨胀、税收调整以及其他宏观经济政策的变化等因素，都会引起企业的利润或利润率的高低变化，从而给企业带来风险。

② 财务风险是指因借债而给企业财务成果带来不确定性，是筹资决策带来的风险，也叫筹资风险。企业举债经营，全部资金中除自有资金还有部分借入资金，这会对自有资金的盈利能力造成影响；同时，借入资金需还本付息，一旦无力偿付到期债务，企业就会陷入财务困境甚至破产。因此，对财务风险的管理，关键要确定一个合理的资金结构，维持适当的负债水平，既要充分利用负债经营获取财务杠杆收益，提高自有资金盈利能力，又要防止过度举债而引起的财务风险。

3. 风险的衡量

风险客观存在，广泛影响企业的财务活动和经营活动，因此，正视风险并将风险程度予以量化，进行较为准确的衡量，是财务管理中的一项重要工作。风险与概率直接相关，并由此而同期望值、标准差、标准差系数发生联系。对风险进行衡量时应着重考虑这几个因素。

4. 风险和报酬的基本关系

风险和报酬的基本关系是风险越大要求的报酬率越高。一般来说，每个投资项目的风险大小是不同的。在投资报酬率相同的情况下，人们都会选择风险小的投资，结果竞争使其风险增加，报酬率下降。最终，高风险的项目必须有高报酬，否则就没有人投资，低报酬的项目必须风险很低，否则也没有人投资。风险和报酬的这种联系是市场竞争的必然结果。

（三）利息率

1. 利息率的概念与种类

利息率简称利率，是衡量资金增值量的基本单位，即资金的增值同投入资金的价值之比。从资金流通的借贷关系来看，利率是一个特定时期运用资金这一资源的交易价格。资金融通实质上是资源通过利率这个价格体系在市场机制作用下实行的再分配。利率在资金的分配及个人和企业做出财务决策的过程中起重要作用。

利率按不同的标准可划分为不同的类别。

（1）按利率之间的变动关系　可分为基准利率和套算利率。

（2）按债权人取得的报酬情况　可分为实际利率和名义利率。

（3）按在借款期内是否调整　可分为固定利率与浮动利率。

（4）按利率变动与市场的关系　可分为市场利率和官定利率。

2. 决定利息率高低的基本因素

同任何商品的价格由供给和需求两方面决定一样，资金这种特殊商品的价格——利率，也是由供给与需求来决定的。除这两个基本因素之外，经济周期、通货膨胀、货币政策和财政政策、国际经济政治关系、国家利率管理制度等，对利率的变动也有不同程度的影响。

第二节　企业筹资管理

企业筹资是指企业根据生产经营、对外投资及调整资金结构的需要，通过一定的渠道，采取适当的方法，获取所需资金的一种行为。筹资管理是企业财务管理的一项基本内容。

企业资金可以从多种渠道用多种方式来筹集，不同来源的资金，其使用时间的长短、附加条款的限制、财务风险的大小、资金成本的高低都不一样。企业在筹集资金时，要充分考虑各种筹资方式给企业带来的资金成本的高低和财务风险的大小，以便选择最佳筹资方式，实现财务管理的总体目标。

一、企业筹资渠道与筹资方式

1. 筹资渠道

筹资渠道是指筹措资金来源的方向与通道，体现资金的来源与供应量。我国目前筹资渠道主要有以下几个。

（1）国家财政资金　国家财政资金进入企业有两种方式：一是国家以所有者的身份向企业投入资金，形成企业中国家所拥有的所有者权益；二是通过银行以贷款的方式向企业投资，形成企业的负债。

（2）银行信贷资金　银行贷款是银行以贷款形式向企业投入资金，形成企业的负债。银行贷款是我国目前各类企业最主要的资金来源。

（3）非银行金融机构资金　非银行金融机构资金主要是指信托投资公司、保险公司、证券公司、租赁公司、企业集团、财务公司提供的信贷资金及物资融通等。

（4）其他企业资金　其他企业资金主要是指企业间的相互投资以及在企业间的购销业务中通过商业信用方式取得的短期信用资金占用。

（5）居民个人资金　居民个人资金指在银行及非银行金融机构之外的居民个人闲散资金。

（6）企业自留资金　主要是计提折旧、提取公积金和未分配利润而形成的资金，是由企业内部自动生成的，无需通过一定的方式去筹集，是所有者对企业追加投资的一种形式。

（7）外商资金　外商资金是外国投资者以及我国香港、澳门特别行政区和台湾地区投资者投入的资金，是外商投资企业的重要资金来源。

2. 筹资方式

筹资方式指企业筹集资金所采用的具体形式。简要说来主要有以下六种。

（1）吸收直接投资　吸收直接投资是指企业按照"共同投资、共同经营、共担风险、共享利润"的原则直接吸收国家、其他企业、个人和外商投资的一种筹资方式，是非股份制企业筹集权益资金的主要方式。用这一方式筹集资金时，投资者可以现金、实物、工业产权和土地使用权等作价出资。

（2）发行股票　股票是股份制企业为筹集自有资金而发行的有价证券，是股东按其所持股份享有权利和承担义务的书面凭证，代表持股人对股份公司的所有权。

发行股票属于股权性筹资，是股份制企业筹集权益资金的最主要方式。与吸收直接投资相比，其筹资面广，能在短期内筹集大量资金，并且有利于企业经营机制的转换，有利于促使资源合理流动。

（3）银行借款　银行借款指企业根据借款合同从有关银行或非银行金融机构借入的需还本付息的款项。借款融资是企业最基本的融资方式，小到日常生产经营，大到投资、基建、科研开发所需的资金，都可以通过银行借款方式获得。

（4）发行债券　债券是企业按照法定程序发行，约定在一定期限内还本付息的债券凭证。

代表持有人与企业的一种债务关系。发行债券属于债权性筹资，一般不涉及企业资产所有权、经营权，是一种自主高效的筹资方式。

（5）商业信用　商业信用是商品交易中以延期付款或预收货款方式进行购销活动而形成的企业之间的直接信用关系，是一种债权性的短期筹资方式。该方式既可以缓解企业短期资金周转困难，又有助于加速商品交易的流通，一举多得。

（6）融资租赁　融资租赁是指出租人按合同规定将固定资产租给承租人使用，并向承租人收取一定租金，在租赁期满付清租金后将固定资产的所有权转给承租方的交易行为。融资租赁实质上相当于企业从租赁公司分期付款购买固定资产，是一种债权性的长期筹资方式。

3. 筹资方式与筹资渠道的对应关系

企业的筹资方式与筹资渠道有着密切的关系。一定的筹资方式可能只适用于某一特定的筹资渠道，但是同一渠道的资金往往可以采取不同的方式取得，而同一筹资方式又往往适用于不同的筹资渠道。因此，企业筹集资金时，必须实现两者的合理配合。筹资方式与筹资渠道的对应关系如表 12-1 所示。

表 12-1　筹资方式与筹资渠道的对应关系

筹资渠道 ＼ 筹资方式	吸收直接投资	发行股票	银行借款	发行债券	商业信用	融资租赁
国家财政资金	√	√				
银行信贷资金			√			
非银行信贷资金	√	√	√	√		√
其他企业资金	√	√		√	√	√
居民个人资金	√	√		√		
企业自留资金	√					

二、筹资原则

企业筹资是一项重要而复杂的工作，为了有效筹集企业所需资金，必须遵循以下基本原则。

1. 规模适当原则

企业的资金需求量往往是不断变动的，企业财务人员要认真分析科研、生产、经营状况，采用一定的方法，预测资金的需用数量、确定合理筹资规模，既要避免因筹资不足而影响生产经营的正常进行，又要防止资金筹集过多而造成资金浪费。

2. 筹措及时原则

企业财务人员在筹集资金时必须考虑资金的时间价值。根据资金需求的具体情况，合理安排资金的筹集时间，适时获取所需资金。既要避免过早筹集资金形成资金投放前的闲置，又要防止取得资金的时间滞后，错过资金投放的最佳时间。

3. 来源合理原则

资金的来源渠道和资金市场为企业提供了资金源泉和筹资场所，它反映资金的分布状况和供求关系，决定着筹资的难易程度。不同来源的资金，对企业的收益和成本有不同的影响，企业应认真研究资金来源渠道和资金市场，合理选择资金来源。

4. 方式经济原则

企业筹集资金必然要付出一定的代价，不同的渠道、不同的方式下筹集到的资金其资金成本不同，因此，企业在筹资时应对各种筹资方式进行分析、对比，选择经济、可行的筹资方式，确定合理的资金结构，以便降低成本、较少风险。

5. 风险原则

采取任何方式筹资都会有一定的风险，企业要筹资，就要冒风险，但这种冒风险不是盲目的，必须建立在科学分析、严密论证的基础上，根据具体情况做具体分析。在实际工作中，并不一定风险越小越好，但风险太大也不好。

6. 信用原则

企业在筹集资金时，不论何种渠道、何种方式，都必须恪守信用，这也是财务管理原则在筹资工作中的具体化。

三、影响企业筹资的因素

1. 资金时间价值

搞好资金的筹集工作，首要的问题是以较少的筹资耗费取得较多的资金量，实现理想的筹资效益，这就必然要与资金时间价值和资金成本联系起来。在我国，随着改革开放的深化，资金市场的不断发展和完善，在资金融通方面，逐步形成了以银行信用为主的国家信用、商业信用、消费信用等多种信用方式并存的局面，运用了商业票据、银行本票、股票和债券等多种信用工具，开展了抵押贷款、租赁、信托等多种金融业务，这些都给资金时间价值的存在提供了客观经济基础。资金时间价值地概念在前面已做过介绍，这里不再重复。例如，假设进入资金1000 万元，年利率为 5％，则每年要支付 50 万元的利息，每月要支付 4.17 万元，每天要支付1389 元。如果这 1000 万元资金耽误使用时间，就要付出巨大代价。由此可见，充分认识和利用资金时间价值，对于增强企业活力，提高经济效益有着实实在在的重要意义。

2. 资金成本

（1）资金成本的概念 资金成本是企业筹集和使用资金必须支付的各种费用。资金成本包括用资费用和筹资费用两部分。用资费用是指企业筹集和使用资金必须支付的各种费用，如向股东支付的股利、向债权人支付的利息等；筹资费用是指企业在筹措资金过程中为获取资金而付出的费用，如向银行支付的借款手续费、为发行股票或债券而支付的发行费等。筹资费用与用资费用不同，它通常是在筹措资金时一次支付的，在用资过程中不再发生。

资金成本可以用绝对数表示，也可以用相对数表示，在财务管理中一般用相对数即资金成本率表示，其通用计算公式为

$$资金成本 = \frac{每年的筹资费用}{筹资数额 - 筹资费用}$$

资金成本同资金时间价值既有联系，又有区别。资金成本的基础是货币时间价值，但两者在数量上是不一致的。资金成本既包括资金时间价值，又包括投资的风险价值和筹资费用。而资金时间价值除了用以确定资金成本的基本内容之外，还广泛地适用于其他方面。

（2）资金成本的作用 资金成本是选择资金来源、确定筹资方案的首要依据；资金成本是投资项目可行性研究的主要评价指标，是评价企业生产经营成果的依据之一。

（3）金融环境 金融环境是企业筹资的最直接的外部环境。目前，国家主要通过利率、证券价格等经济手段影响市场资金供求和资金价格，进而影响企业生产经营和物质利益。企业筹集资金、投放资金、运用资金都必须借助金融市场来进行。金融市场的形成，使货币商品化，给企业理财形成一定的压力并促使企业注重资金效益，承担资金筹措和运用的风险。同时，金融环境的变化也给企业筹资和运用资金提供机会和可能，企业可以选择有利的筹资方式和投资机会，提高资金使用效益。因此，企业必须善于利用金融环境，挖掘资金潜力，搞活资金，搞活企业。

四、资金需求量预测

企业在筹资之前，应当合理预测资金需要量，只有这样，才能使筹集来的资金既能保证生产经营的需要，又不会发生闲置。现介绍预测资金需要量常用的方法。

1. 定性预测法

定性预测法主要是利用有关材料，依靠个人经验、主观分析和判断能力，对企业未来的财务状况和资金需要量进行预测。这种方法是在企业缺乏完备、准确的历史资料的情况下采用的。预测过程：首先，有熟悉财务情况和生产经营情况的专家，根据过去所积累的经验进行分析判断，提出预测的初步意见；然后，通过召开座谈会或发出各种表格调查等，对初步预测意见进行修正补充。这样，经过一次或数次，得出最终的预测结果。

2. 趋势预测法

趋势预测法是根据事物发展变化的趋势和有关资料预测未来的方法，这种方法通常适用于事物发展变化呈长期稳定的上升或下降趋势的情况。例如，某企业1998～2002年平均每年资金需求量以10％的速度增长，2002年占用资金的数量为2000万元，若运用趋势预测法，则2003年的资金需用量预测为

$$2000 \times (1+10\%) = 2200（万元）$$

3. 比率预测法

比率预测法是指根据销售与选定的资产负债表和损益表项目之间的固定关系进行预测的方法。能用于预测的比率很多，如存货周转率、应收账款周转率等。

4. 预计资产负债表法

预计资产负债表可以反映企业预计的资产和负债以及外部筹资需要量。预计资产负债表法是通过预计资产和负债以及留用利润，从而预测外部资金需要量的方法。

5. 资金习性法

资金习性法是在资金习性分析的基础上，将企业的总资金划分为不变资金和变动资金，然后再进行资金需求量预测的一种方法。

五、筹资方案的选择——最佳资本结构

1. 资本结构的概念

资本结构是指企业各种资金的构成及其比例关系，通常是指长期债务资本和权益资本的比例。资本结构是企业筹资决策的核心问题。

在企业资本结构中，合理地安排负债资金，对企业有重要影响：一定程度的负债有利于降低资金成本；负债筹资具有财务杠杆作用；负债资金会加大企业的财务风险。

由于利用负债资金具有双重作用，即适当利用负债，可以降低企业资金成本，但当企业负债比率太高时，会带来较大的财务风险，为此，企业必须权衡财务风险和资金成本的关系，确定最佳资本结构。

2. 最佳资本结构

所谓最佳资本结构是指在一定条件下使企业加权平均资金成本最低、企业价值最大的资金结构。

寻求最佳资本结构就是研究不同资金结构的筹资方案，选择综合资金成本最低与筹资风险尽可能小的方案。常用的确定资本结构的方法有以下几个。

（1）EBIT-ESP分析法　其核心是根据不同的税息前利润（EBIT）对每股利润（ESP）的不同影响，找出负债和不负债的平衡点，以便判断什么情况下有债好，什么情况下无债好。

（2）比较资金成本法　企业在做出筹资决策之前，先拟定若干个备选方案，分别计算各方

案加权平均的资金成本，并根据加权平均资金成本的高低来确定资金结构的方法，称作比较资金成本法。这种方法通俗易懂，计算过程也不复杂，是确定资金结构的一种常用方法，但因所拟订的方案数量有限，所以有可能把最优的方案漏掉。

（3）因素分析法 从理论上讲，最佳资本结构是存在的，但由于企业内部条件和外部环境经常发生变化，寻找最优资本结构十分困难，所以，财务管理人员在进行定量分析的同时要进行定性分析，认真考虑影响资本结构的各种因素，并根据这些因素来确定企业合理的资本结构。因为采用这种方式的关键是要科学的分析影响资本结构的各种因素，所以把这种方法叫因素分析法。

影响资本结构的因素主要有：企业销售的增长情况、企业所有者和管理人员的态度、贷款人和信用评级机构的影响、行业因素、企业规模、企业的财务状况、资产结构、所得税税率的高低、利率水平的变动趋势。

确定资本结构的定量分析方法和定性分析方法各有优缺点，在实际工作中应结合起来加以运用，以便合理确定资金结构。

六、筹资风险的预测和控制

1. 筹资风险的概念

企业在筹集资金的过程中，会经常遇到难以预料的情况，使企业的实际收益与预计收益发生背离。对由于筹集资金而给企业财务成果带来的不确定性，称为筹资风险，也叫财务风险。企业在进行筹资决策时，要充分权衡筹集风险，合理筹集资金。

例如，A公司股本10万元，好年景每年盈利2万元，股东资本报酬率为20%；坏年景每年亏损1万元，股东资本报酬率为-10%。假设公司预期今年是好年景，借入资本10万元，利息率10%，预期盈利4万元，付息后的盈利为3万元，股东资本报酬率上升为30%（3/10×100%），这就是负债经营的好处。但是，如果借款后碰上的是坏年景，企业付息前亏损为2万元，付息1万元后亏损3万元，股东资本报酬率为-30%，这就是负债经营的风险。

那么，应不应该借钱经营呢？应当借多少呢？要看风险有多大、冒风险预期得到的报酬有多少，以及企业愿意还是不愿意冒风险。

2. 筹资风险的预测

在一般情况下，筹资风险的预测可通过计算期望自有资金收益率和财务杠杆系数进行。

（1）期望自有资金收益率 期望资本金收益率是期望值，也是筹资风险值，该值越高，筹资风险越大。其计算公式为

$$\text{期望自有资金收益率} = \text{期望全部资金收益率} + \frac{\text{借入资金}}{\text{自由资金}} \times \left(\text{期望全部资金收益率} - \text{借入资金利息率} \right)$$

（2）财务杠杆系数 财务杠杆系数是普通股每股利润的变动率相当于息税前利润变动率的倍数。就未发行优先股的企业而言，其计算公式为

$$\text{财务杠杆系数} = \frac{\text{息税前利润}}{\text{息税前利润} - \text{利息}}$$

在运用财务杠杆系数时，应注意适度。财务杠杆系数过低，表明企业没有充分利用财务杠杆提高企业效益；财务杠杆系数过高，表明企业借入资金过多，企业筹资风险大。企业利用财务杠杆，可能会产生好的效果，也可能会产生坏的效果，要根据企业的具体情况来确定。

3. 筹资风险的控制

企业在筹集资金的过程中，除了要充分考虑筹资风险的大小，还应采取一些具体的措施和方法来控制和降低风险。一般可以采用的方法有以下几个。

① 有意回避法就是有意回避风险大的筹资活动。

② 多角化风险控制法即在筹集时多角度考虑，选用不同的渠道和方式，使各种方案优势互补，成本互相抵消。

③ 风险转移法就是采用保险、担保、联合、附加条件等将有关风险转移与他人共同负担。

④ 自我保险法就是企业自己将风险接受下来，如建立"坏账准备"等方式。

第三节　企业投资与用资管理

一、流动资产管理

1. 流动资产的概念和特点

流动资产是指在一年或者超过一年的一个营业周期内变现或者耗用的资产，包括货币资产、短期投资、结算资产、存货等。

流动资产具有以下特点。

(1) 流动性　即随着生产过程的进行；流动资金不断改变其形态，由货币形态依次转化为原材料、在制品、产成品后又回到货币形态，相应的资金形式为货币资金→储备资金→生产资金→成品资金→货币资金，周而复始，形成流动资金的周转。流动性使流动资产的变现能力较强，如遇意外情况，可迅速变卖流动资产，获取现金，这对财务上满足临时性资金需求具有重要意义。

(2) 投资回收期短　在一年或一个营业周期内，流动资产一次性被消耗，其价值全部转移到产品之中，并通过产品的销售获得补偿。因此，流动资产所需要的资金一般可通过商业信用、短期银行借款等加以解决。

(3) 波动性　随着供、产、销的变化，资金占用数量时高时低，起伏不定。

(4) 并存性和继起性　从整体上看，流动资金在同一时点上，各种形态并存；从局部上看，则以一个一个形态顺次地运动依次继起。

流动资产管理的基本任务，是运用最低限度的流动资产，保证生产经营活动的不断进行。具体要求有：保证生产经营活动对流动资金的需用量；控制流动资金的占用量，降低资金成本；加速流动资金周转，提高资金使用效果。

2. 流动资产管理的内容

(1) 货币资产管理　货币资产是指在生产过程中暂时停留在货币形态的资金，包括库存现金、银行存款、银行本票、银行汇票等。

货币资产是变现能力最强的资产，可以用来满足生产经营开支的各种需要，也是还本付息和履行纳税义务的保证。拥有足够数量的货币资产对于降低企业财务风险，增强企业资产的流动性和债务的可清偿性具有重要的意义。

① 货币资产管理的目的。是在保证企业生产经营所需现金的同时，节约使用资金，并从暂时闲置的现金中获得最多的利息收入。现金属于非盈利资产，即使是银行存款，其利息也非常低。现金结余过多，会降低企业的收益；现金太少，又可能出现现金短缺，影响生产经营活动。因此，必须合理确定现金持有量，在保证生产经营所需资金的同时，尽量减少企业闲置的现金数量，以增加收益。

② 货币资产管理的内容。包括编制现金计划，以便合理地估计未来的现金需求；对日常的现金收支进行控制，力求加速收款，延缓付款；确定最佳的现金持有量，当企业实际的现金持有量与理想的现金持有量不一致时，采用短期融资策略、归还借款和投资于有价证券等策略来达到理想状况。

(2) 短期对外投资　短期对外投资是指企业将暂时不用的货币资金投资于短期证券，以增加企业收益，减少企业风险。

① 短期对外投资的特点。

第一，转让灵活。短期投资既可以转让，又可以出售，还可以抵押，能按照投资企业的生产经营需要，随时变现，以满足投资企业对货币资金的需要。

第二，变现周期短。

第三，收益快。企业在投放资金后，资金周转快，能在较短的时间内得到投资收益。

② 几种主要的可进行对外投资的证券有国库券、短期融资券、可转让存单、银行承兑汇票、企业股票和债券。

（3）应收账款　应收账款是企业因对外赊销产品、材料、供应劳务等而应向购货或接受劳务的单位收取的款项，包括应收销售款、其他应收款、应收票据等。

① 应收账款的成本。包括：机会成本，是指资金投放在应收账款上所丧失的其他收入；管理成本，是指企业对应收账款进行管理而耗费的开支，主要包括对客户的资信调查费用、应收账款账簿记录费用、收账费用以及其他费用；坏账成本，指应收账款因无法收回而给企业带来的损失。

② 应收账款的日常管理。企业为了扩大销售，提高市场竞争能力，往往会放宽信用条件，从而使应收账款增加，这不仅会造成企业管理成本的增加，还会增加坏账成本提高的可能性。因此，企业应采取制定合理的信用标准；规定适当的信用条件；做出合理的信用决策；加速收回账款等措施来加强应收账款的日常管理；对于已经发生的应收账款，企业应进一步强化日常管理工作，采取有力的措施进行分析、控制，及时发现问题，提前采取对策。这些措施主要包括应收账款追踪分析、应收账款账龄分析、应收账款收现率分析和应收账款坏账准备制度。

（4）存货　存货是指企业在生产经营过程中为生产或销售而储备的物资。存货控制或管理效率的高低，直接反映并决定企业收益、风险、流动性的综合水平。

① 存货功能。防止停工待料，适应市场变化、降低进货成本、维持均衡生产。

② 存货成本。包括进货成本，指存货的取得成本，由存货的进价成本和进货费用组成；储存成本，指持有存货而发生的费用，包括存货资金占用费、仓储费用、保险费用、存货残损霉变损失等；缺货成本，指因存货不足而给企业造成的损失。

③ 存货规划与存货控制。存货规划是指在确定企业存货占用资金数额的基础上编制存货资金计划，以便合理确定存货资金的占用数量，节约资金使用。存货控制是指在日常生产经营过程中，按照存货计划的要求，对存货的使用和周转情况进行组织、调节和监督。常用的控制方法有经济批量模型、存货储存期控制、存货 ABC 分类控制等。

二、固定资产管理

1. 固定资产的内涵

固定资产是指使用期限超过 1 年，单位价值在规定标准以上，并且在使用过程中保持原有实物形态的资产，包括房屋及建筑物、机器设备、运输设备、工具器具等。现行会计制度规定，不属于生产经营主要设备的物品，单位价值在 2000 元以上，并且使用期限超过 2 年的，也应当作为固定资产。

2. 固定资产的分类

在实际工作中，通常将固定资产分为以下六类。

① 经营用固定资产。指直接服务于本企业生产、经营过程的各种固定资产。如生产经营用的房屋、建筑物、机器、设备、器具、工具等。

② 非经营用固定资产。指不参加或不直接服务于本企业生产、经营过程的各种固定资产，如用于集体福利、公用事业、文化生活、科学研究等方面的房屋、建筑物、设备和器具。

③ 租出固定资产。指出租给其他单位使用的多余或闲置的固定资产。

④ 未使用固定资产。指尚未使用的新增固定资产，购入尚待安装的固定资产，进行改建、扩建的固定资产，以及长期停用的固定资产。

⑤ 不需用固定资产。指本企业目前和今后都不需用，准备处理的固定资产。

⑥ 融资租入固定资产。

3. 固定资产的管理要求

固定资产管理的要求，主要是正确核定固定资产的需要量；正确计提固定资产的折旧。并管好、用好折旧费；正确合理地处理好当期发生的固定资产修理费用；管好、用好固定资产，使其充分发挥效益。

4. 固定资产折旧

（1）固定资产折旧的概念　固定资产在使用过程中随着损耗而逐步转移到产品中去的那一部分价值，称为折旧费，简称折旧。当产品出售以后，企业就从销售收入中把这一部分货币资金回收。折旧费就其性质而言，是一种补偿基金，可以用来维持固定资产的简单再生产，也可以结合采用新技术、新工艺进行内涵上的扩大再生产。因此，正确计提折旧是保证固定资产再生产的物质条件之一，对企业的生产发展乃至整个国民经济的发展来说，都是十分必要的。

（2）固定资产折旧的计算方法　计提固定资产折旧的方法有平均年限法、工作量法、双倍余额递减法、年数总和法和加速折旧法。

三、无形资产管理

1. 无形资产的概念

无形资产是指企业有偿取得，长期使用，但没有实物形态的资产。它们通常代表企业所拥有的一种法定权或优先权，或者是有助于企业获得高于一般水平收益的权利、技术等特殊性资产。无形资产包括专利权、商标权、著作权、土地使用权、非专利技术、商誉等。

2. 无形资产分类

无形资产按其为管理、计价和核算的便利，通常有以下几种分类方法。

① 按能否可确指划分。分为可确指无形资产，包括专利权、非专利技术、商标权、著作权、土地使用权等；不可确指的无形资产，指商誉。

② 按存续期限划分。分为有期限无形资产，如专利权、商标权、著作权等；无期限无形资产，如商誉、非专利技术等。

③ 按取得形式划分。分为自创无形资产、购入无形资产。

3. 无形资产的特点

① 无实体性。不具有物质实体，表现为有偿或无偿获取的某种权利或特权。

② 专有性。在占用和使用方面具有排他性或垄断性。

③ 不确定性。指无形资产的价值、使用期限及其在使用期内所能提供的经济效益具有不确定性。

无形资产的这些特点，使其在辨认与确定、估价与摊销、开发与利用等管理方面具有一定难度，因此，必须不断研究无形资产的特征，并在实践中加强管理，确保其经济效能得到充分发挥。

4. 无形资产的管理要求

① 正确评估无形资产的价值。

② 按规定分期摊销已使用的无形资产。无形资产不计提折旧，其价值从开始使用之日起，在有效使用期限内平均摊入管理费用。企业转让无形资产时，所取得的收入除国家另有规定外，计入其他销售收入。

③ 充分发挥无形资产的效能并不断提高其使用效益。

四、其他资产

其他资产指不能包括在流动资产、长期资产、固定资产、无形资产以外的资产，主要包括长期性质的待摊费用和其他长期资产。

1. 长期待摊费用

长期待摊费用是指企业已经支出，但摊销期限在 1 年以上（不含 1 年）的各项费用，包括固定资产大修理支出、租入固定资产改良支出、股票发行费用等。长期待摊费用应当单独核算，在该费用项目的受益期内分期平均摊销。但是，应当由本期负担的利息支出、租金等，不得作为长期待摊费用处理。

2. 其他长期资产

其他长期资产一般包括国家批准的特种物资、银行冻结存款以及临时设施和涉及诉讼中的财产。

五、对外长期投资

对外投资是企业主要经营活动之外的一项重要财务活动。在市场经济条件下，鼓励企业相互投资，对于充分发挥社会主义市场经济对资源配置的作用，促使企业之间的横向经济联合，充分利用闲置资金，提高资金利用效能，搞活金融和资金市场有着重要的作用。

企业按照国家法律、法规规定，可以采用现金、实物、无形资产或购买股票、债券等有价证券方式向其他单位投资，包括短期投资和长期投资。对外短期投资的内容在流动资产管理部分已作过介绍，这里重点介绍对外长期投资。

1. 对外长期投资的概念

企业对外长期投资，是指不准备随时变现、持有时间在 1 年以上的有价证券以及超过 1 年的其他投资，包括股票投资、债券投资和对外直接投资。

2. 对外长期投资的目的

① 充分利用闲置资金，增加企业收益。

② 分散资金投向，降低投资风险。

③ 稳定与客户的关系，保证企业正常的生产经营。

④ 获取企业长远经济利益。

⑤ 控制其他企业生产经营活动。

⑥ 提高资产的流动性，增强企业偿债能力。

3. 对外长期投资的管理

（1）长期证券投资　长期证券投资是企业对外投资的重要方式，具有投资方便、变现能力强的特点。企业进行证券投资必须进行认真分析和选择才能降低风险，增加收益。

（2）对外直接投资

① 联营投资。联营投资是企业根据联营章程或协议，向联营企业投入一定资金并期望在未来取得收益的经济行为。企业在联营投资中，可采用货币资产、实物或无形资产等多种形式出资。

② 兼并。兼并是指企业以现金、证券或其他形式（如承担债务、利润返还等）购买取得其他企业的产权，使其他企业丧失法人资格或改变法人实体，并取得对这些企业决策控制权的经济行为。它是市场经济条件下优胜劣汰，优势企业对外投资扩张经营的结果。

③ 收购。收购是指企业用现金、债券或股票购买另一家企业的部分或全部资产或股权，以获得该企业的控制权的经济行为。

对外直接投资能做到优势互补，发挥群体实力；可实现多角化经营，分散投资风险；可加强企业的协作关系，提高企业专业化生产水平，创造出规模经济效益。

六、企业清算

1. 企业清算的概念

企业清算，是指企业因某种原因而终止经营，结算一切财务事项。无论什么原因企业停止经营转入清算，都必须成立专门的清算机构，负责组织实施清算工作。清算期间任何人未经清算机构许可不得处置企业财产。

2. 企业清算的内容

企业清算的内容主要有：对企业的各项财产物资进行全面的清算盘点；核实企业的各项债权债务；妥善处理企业的各项遗留问题，如职工遣散安置、有争议的财产处理等；编制清算的资产负债表。

第四节　成本、费用、销售收入和利润管理

一、成本与费用管理

成本与费用是指企业在生产和销售产品、提供劳务等日常活动中所发生的各种耗费。现行会计制度把生产和销售产品所花费的全部费用分为制造成本和期间费用两部分。

成本与费用管理就是对企业生产经营过程中所有成本、费用的发生和形成进行决策、计划、控制、核算、分析和考核等工作的总称。其目的在于不断降低成本费用，提高企业经济效益。

1. 制造成本

制造成本是指企业为生产一定种类、一定数量的产品所发生的成本费用。由以下三个部分组成。

（1）直接材料　指直接用于产品生产、构成产品实体的原材料、外购半成品、燃料、动力和有助于产品形成的辅助材料以及其他直接材料。

（2）直接人工　指参加产品生产的工人工资以及按生产工人工资总额和规定比例提取的职工福利费。

（3）制造费用　是指企业各生产部门为组织和管理本部门的生产所发生的间接费用，包括工资和福利费、折旧费、办公费、水电费、劳动保护费以及其他制造费用，不包括企业行政管理部门为组织和管理生产经营活动而发生的管理费用。

2. 期间费用

期间费用是指本期发生的、不能直接或间接归入某种产品成本的、直接计入损益的各项费用。包括以下三个部分。

（1）管理费用　指企业行政管理部门为组织和管理生产经营活动而发生的各种费用。

（2）营业费用　指企业在销售产品、提供劳务过程中发生的各项费用。

（3）财务费用　指企业筹集生产经营所需资金而发生的费用。

3. 产品成本预测

产品成本预测是指根据过去的成本资料以及影响成本的各种技术经济因素，采用一定的科学方法，对未来一定时期的产品成本水平及其发展趋势进行估计和推断。成品成本预测是成本管理的重要环节，搞好成本预测，对于促进企业加强经济核算、改善经营管理、降低产品成本、提高经济效益具有重要意义。产品成本预测常用的方法有高低点法、回归分析法和加权分

析法。

4. 成本控制

成本控制是指在生产经营过程中，按照成本费用计划和管理要求，对发生的各项生产经营耗费和支出进行严格的监督，及时调整偏差，控制成本超支，将实际成本控制在计划目标范围的管理活动。成本控制按成本发生的时期不同分为以下几类：

（1）事前控制　是指在产品形成之前所进行的成本控制，包括两个方面：一是产品设计的成本控制；二是编制成本费用计划，包括制造成本和期间费用预算，是成本控制的重要依据，也是企业生产经营计划的重要组成部分。

案例

实施目标成本管理

日本公司成本体系的显著特征是在新产品设计之前就制定出目标成本，这一成本是以最可能吸引潜在消费者的水平为基础的，其他一切环节都以此为中心展开。从预测销售价格中扣除期望利润后，成本计划人员开始预测构成产品成本的每一因素，包括设计、工程、制造、销售环节的成本，然后将这些因素又进一步分解，以便估算每一部件的成本。通过成本计划人员、工程设计人员以及营销专家之间的利益权衡后，最终产生出与最初制定的目标成本最为接近的计划成本。

（2）事中控制　是指在产品生产过程中，根据成本计划，对企业各部门发生的各项费用支出进行严格的计量、监督，采取有效的措施，及时纠正偏差，保证成本目标的实现。事中控制可采用制度控制、定额控制、指标控制以及产量控制等方法进行。

（3）事后控制　是指产品成本形成之后，将实际发生的成本和计划成本进行对比分析，找出成本差异产生的原因，以便采取有效措施降低成本。

二、销售收入与利润管理

1. 销售收入的构成与确认

销售收入是指公司在生产经营活动中，由于销售产品或提供劳务等所取得的货币收入。企业的产品能否实现销售，直接影响到资金的周转和生产经营活动的继续，以及经济效益的实现。及时取得销售收入是保证企业再生产正常进行的主要条件，也是加速资金周转的重要环节。销售收入由产品销售收入（主营业务收入）和其他销售收入构成。

（1）产品销售收入　是指企业基本生产经营活动所取得的收入，包括销售产成品、自制半成品以及加工、修理等工业性劳务所取得的收入，也包括对本企业非生产部门销售产品所取得的收入。产品销售收入在企业销售收入中占较大比例，直接影响到企业的经济效益。

（2）其他销售收入　是指除销售产品以外的其他销售或其他业务收入，包括材料销售、固定资产出租、无形资产转让、包装物出租、外购商品销售以及提供运输、装卸等非工业性劳务取得的收入。其他销售收入在企业销售收入所占比例较小，且很不稳定，在销售收入管理中处于次要地位。

（3）销售收入的管理要求

① 科学合理地制定产品销售价格。

② 做好销售收入的预测分析。

③ 认真编制销售计划。

④ 做好销售收入的日常管理。

2. 利润的构成

利润是企业在一定的会计期间的经营成果，它集中反映了企业生产经营活动各方面的效益，表明企业盈亏状况，是衡量企业生产经营管理和各方面工作的重要经济指标。

企业的利润一般包括营业利润、投资净收益、营业外收支等部分，可用公式表示如下。

$$利润总额＝营业利润＋投资净收益＋营业外收入－营业外支出$$

（1）营业利润　是指企业销售收入扣除成本费用以及相应的流转税后的余额，是企业利润的主要来源。营业利润可用公式表示如下。

$$营业利润＝产品销售利润＋其他销售利润管理费用－财务费用$$

（2）投资净收益　是指企业对外投资取得的收益与投资损失的差额。可用公式表如下。

$$投资净收益＝投资收益＋投资损失$$

（3）营业外收入和营业外支出　是指与企业的生产经营活动无直接关系的各项收支。

3. 利润分配管理

企业利润分配主要是确定企业的净利润如何在分发给投资者和用于再投资这两个方面行分配。分配政策合理与否，不仅影响企业的筹资和投资决策，而且涉及国家、企业、投资者、职工等多方面的利益关系，涉及长远利益与近期利益、整体利益与局部利益等关系的处理与协调，是企业财务管理工作的一项重要职能。

（1）利润分配的原则

① 依法分配原则。企业必须遵守财经法规，认真执行利润分配的基本要求、一般程序和重大比例，这是正确处理各方面利益关系的关键。

② 兼顾备方面利益原则。企业进行利润分配时，应统筹兼顾，合理安排。既要满足国家集中财力的需要，又要考虑企业自身发展的要求；既要维护投资者的合法权益，又要保障职工的切身利益。

③ 分配与积累并重原则。企业进行利润分配，应正确处理长远利益与近期利益的辩证关系，既要考虑企业的自我发展能力和承受风险能力，优先考虑企业积累，同时也要兼顾投资者的利益。

④ 投资与收益对等原则。利润分配应体现"谁投资谁受益"，受益大小与投资比例相适应。

（2）利润分配的顺序　按照我国《企业财务通则》的要求，企业的利润首先应按照国家规定作相应的调整，增减有关收支项目，然后依法缴纳所得税。税后利润除国家另有规定外，应按下列顺序分配。

① 弥补以前年度亏损。指超过用所得税前的利润抵补亏损的法定期限后，仍未补足的亏损。

② 提取法定公积金。法定公积金按照净利润扣除弥补以前年度亏损后的10%提取，法定公积金达到注册资本的50%时，可不再提取。

③ 提取法定公益金。法定公益金按当年净利润的5%提取。主要用于职工住宅等集体福利设施支出。

④ 提取任意公积金。

⑤ 向投资者分配利润或股利。

第五节　财务分析与评价

一、财务分析的意义

财务分析是以企业财务报告反映的财务指标为主要依据，对企业的财务状况进行评价和剖析，以反映企业在运营过程中利弊得失、财务状况及发展趋势，为改进企业财务管理工作和优化经济决策提供重要的财务信息。

① 财务分析是评价财务状况、衡量经营业绩的重要依据。

② 财务分析是挖掘潜力、改进工作、实现财务目标的重要手段。

③ 财务分析是合理实施投资决策的重要依据。

二、财务分析的内容

财务分析的不同主体由于利益倾向的差异，决定了在对企业进行财务分析时，必然有着共同的要求和不同的侧重点。企业财务报表的主要使用人有以下七类，其分析内容不完全相同。

1. 企业所有者

作为投资人，为决定是否投资，分析企业的资产和盈利能力；为决定是否转让股份，分析盈利状况、股价的变动和发展前景；为考查经营业绩，分析资产盈利水平、破产风险和竞争能力；为决定股利分配政策，分析筹资状况。

2. 企业债权人

为决定是否给企业贷款，要分析贷款的报酬和风险；为了解债务人的短期偿债能力，分析资产流动状况；为了解债务人的长期偿债能力，分析其盈利状况；为决定是否出让债权，评价其价值。

3. 企业经营决策者

为满足不同利益主体的需要，协调各方面的利益关系，企业经营者必须对企业的各个方面，包括营运能力、偿债能力、盈利能力以及社会贡献能力的全部信息予以详尽的了解和掌握，以便及时发现问题，采取对策，规划和调整市场定位目标、策略，进一步挖掘潜力，为经济效益的持续稳定增长奠定基础。

4. 政府

政府通过分析企业的财务状况，可以了解企业资金占用的使用效率，预测财政收入的增长情况，有效地组织和调整社会资金资源的配置；可以检查企业是否存在违法违纪、浪费国家财产的问题；可以对企业的发展后劲以及对社会的贡献程度进行分析考察。

5. 供应商

通过分析，看企业是否能长期合作，了解销售信用水平如何，是否应对企业延长付款期。

6. 雇员和工会

通过分析，判断企业盈利与雇员收入、保险、福利之间是否相适应。

7. 中介机构（审计师、咨询人员等）

审计师通过财务分析可以确定审计的重点。尽管不同利益主体进行财务分析有各自的侧重点，但就企业总体来看，财务分析的内容可以归纳为四个方面：偿债能力分析、营运能力分析、盈利能力分析和发展能力分析。其中，偿债能力是财务目标实现的稳健保证；营运能力是财务目标实现的物质基础；盈利能力是两者共同作用的结果，同时也对两者的增强起着推动作用。四者相辅相成，共同构成企业财务分析的基本内容。

三、财务分析与评价的指标体系

(一) 偿债能力分析

1. 短期偿债能力分析

短期偿债能力是指企业流动资产对流动负债及时足额偿还的保证程度，是衡量企业当前财务能力，特别是流动资产变现能力的重要标志。衡量企业短期偿债能力的指标有以下几个。

(1) 流动比率　反映企业可在短期内转变为现金的流动资产偿还到期流动债务的能力。其

计算公式为

$$流动比率=\frac{流动资产}{流动负债}$$

　　一般情况下，流动比率越高，反映企业短期偿债能力越强，债权人的债权越有保障。比率过低，表明企业难以偿付到期短期债务；比率过高，则表明企业流动资产占用过多，会影响资金的使用效率和企业的筹资成本进而影响获利能力。一般认为 2：1 的比例比较适合，或视企业对待风险的态度与收益的态度予以确定。

　　（2）速动比率　速动比率是企业速动资产与流动负债的比率。所谓速动资产是指流动资产减去变现能力较差且不稳定的存货、待摊费用、待处理流动资产损失后的余额。其计算公式为

$$速动比率=\frac{速动资产}{流动负债}$$

　　一般情况，流动比率越高，企业短期偿债能力越高。根据经验认为，速动比率为 1：1 时水平比较适合。

　　2. 长期偿债能力分析

　　长期偿债能力是指企业偿还长期负债的能力，其分析指标主要有以下几个。

　　（1）资产负债率　又称负债比率，表明企业资产总额中，债权人提供资金所占的比例，以及企业资产对债权人权益的保障程度。其计算公式为

$$资产负债率=\frac{负债总额}{资产总额}$$

　　资产负债率越小，表明企业的长期偿债能力越强；资产负债率较大，从企业所有者来说，可利用较少量的自有资金投资，形成较多的生产经营用资产，而且在经营状况良好的情况下，还可利用财务杠杆作用，得到较多的投资利润；资产负债率过大，则表明企业的债务负担重，企业资金实力不强，不仅对债权人不利，企业自身也有较大财务风险。

　　（2）产权比率　也称资本负债率，是企业财务结构稳健与否的重要标志，它反映企业所有者权益对债权人权益的保证程度。其计算公式为

$$产权比率=\frac{负债总额}{所有者权益}$$

　　产权比率越小，表明企业长期偿债能力越强，债权人权益的保障程度越高，承担的风险越小，但企业不能充分发挥负债的财务杠杆效应。企业在评价产权比率适度与否时，应从提高获利能力与增强偿债能力两方面综合进行，在保障债务偿还安全的前提下，尽可能提高产权比率。

　　（3）已获利息保障倍数　它可以反映获利能力对债务偿付的保证程度。其计算公式为

$$已获利息保障倍数=\frac{息税前利润}{利息支出}$$

　　若要维持正常偿债能力，从长期看，已获利息保障倍数至少应当大于 1，且比值越高，企业长期偿债能力越强。如果已获利息保障倍数过小，企业将面临亏损、偿债的安全性与稳定性下降的风险。

　　（4）长期资产适合率　它是从企业资源配置结构方面反映企业的偿债能力。其计算公式为

$$长期资产适合率=\frac{所有者权益+长期负债}{固定资产+长期投资}\times100\%$$

　　该指标从企业长期资产与长期资本的平衡性与协调性的角度出发，反映了企业财务结构的稳定程度和财务风险的大小，在充分反映企业偿债能力的同时，也反映了企业资金使用的合理性，可分析企业是否存在盲目投资、长期资产挤占流动资金或负债使用不充分等问题，有利于

加强企业的内部管理和外部监督。从维护企业财务结构稳定和长期安全性角出发，该指标数值较高比较好，但过高也会带来融资成本增加的问题。理论上认为指标数值大于100%较好。

（二）营运能力分析

营运能力是指企业基于外部市场环境的约束，通过内部人力资源和生产资料的配置组合而对财务目标所产生作用的大小。营运能力分析包括以下几点。

1. 人力资源营运能力分析

评价人力资源营运能力的着眼点在于如何充分调动劳动者的积极性、能动性，从而提高其经营效率。通常采用劳动效率指标进行分析，其计算公式为

$$劳动效率 = \frac{主营业务收入净额或净产值}{平均职工人数}$$

2. 生产资料营运能力分析

生产资料营运能力实际上就是企业的总资产及其各个组成要素的营运能力。可从以下几方面进行

（1）流动资产周转情况分析　反映流动资产周转情况的指标主要有

① 应收账款周转率。是反映应收账款周转速度的指标，其计算公式为

$$应收账款周转率（次）= \frac{主营业务收入净额}{平均应收账款余额} = \frac{主营业务收入-销售折扣与折让}{（期初应收账款-期末应收账款）/2}$$

应收账款周转率反映了企业应收账款变现速度快慢和管理水平的高低。应收账款周转率越高，表明应收账款收账越迅速，流动性越强，收账费用和坏账损失越少，反之亦然。

② 存活周转率。是反映企业采购、储存、生产、销售各环节管理工作状况的综合性指标，并且对企业的偿债能力和获利能力产生决定性影响。其计算公式为

$$存货周转率（次）= \frac{主营业务成本}{平均存货}$$

存活周转率越快，表明存货变现速度越快，周转额越大，存货资金占用水平越低。但存货周转率过高，如果是存货占用过少形成的，就有可能在成生产中断货，销售紧张。

③ 流动资产周转率：是反映企业流动资产周转速度的指标。其计算公式为

$$流动资产周转率（次）= \frac{主营业务收入净额}{平均流动资产总额}$$

流动资产周转率是分析流动资产周转情况的一个综合性指标，该指标越高越好，说明流动资金的利用效果越好。

（2）固定资产周转率　其计算公式为

$$固定资产周转率（次）= \frac{主营业务收入净额}{固定资产平均净值}$$

固定资产周转率高，表明企业固定资产利用充分，同时也表明企业固定资产投资得当，固定资产结构合理，能充分发挥效率；反之，则表明固定资产使用效率不高，提供的生产成果不多，企业的营运能力不强。

（3）总资产周转率　其计算公式为

$$总资产周转率（次）= \frac{主营业务收入净额}{平均资产总额}$$

总资产周转率才高，表明企业全部资产的使用率高；反之，则说明使用效率差。

（三）盈利能力分析

盈利能力是指企业利用现有资源或资产获取利润的能力。它表明企业获利水平的高低，以及活力稳定性和持久性。企业盈利能力的分析可从一般分析和社会贡献能力分析两个方面

研究。

1. 企业盈利能力的一般分析

（1）主营业务利润率　其计算公式为

$$主营业务利润率=\frac{主营业务利润}{主营业务收入净额}\times100\%$$

（2）成本费用利润率　揭示了企业为取得利润而付出的代价，是反映投入产出水平的重要指标。其计算公式为

$$成本费用利润率=\frac{利润总额}{成本费用总额}\times100\%$$

（3）总资产报酬率　是反映企业资产综合利用效果的指标。其计算公式为

$$总资产报酬率=\frac{（利润总额＋利息支出）}{平均资产总额}\times100\%$$

（4）净资产收益率　反映投资者投入企业的自有资本获取净收益的能力，是评价企业资本经营效益的核心指标。其计算公式为

$$净资产报酬率=\frac{净利润}{平均净资产}\times100\%$$

（5）资本保值增值率　表明企业当年资本在企业自身努力下的实际增减变动情况，是评价企业财务效益状况的辅助指标。其计算公式为

$$资本保值增值率=\frac{期末所有者权益总额}{期初所有者权益总额}\times100\%$$

2. 社会贡献能力分析

（1）社会贡献率　它反映了企业占用社会资源所产生的社会经济效益的大小，是社会进行资源有效配置的基本依据。其计算公式为

$$社会贡献率=\frac{企业社会贡献总额}{平均资产总额}\times100\%$$

社会贡献总额包括：工资（奖金、津贴等工资性收入）、劳保退休统筹及其他社会福利支出、利息支出净额、应交或已交的各项税款、附加及福利等。

（2）社会积累率。其计算公式为

$$社会积累率=\frac{上缴国家财政总额}{企业社会贡献总额}\times100\%$$

上缴国家财政总额包括企业依法向财政缴纳的各项税款，如增值税、所得税、产品销售税金及附加、其他税款等。

（四）发展能力分析

发展能力是企业在生存的基础上，扩大规模，壮大实力的潜在能力。其主要考核指标有

1. 销售（营业）增长率

是评价企业成长状况和发展能力的重要指标。其计算公式为

$$销售（营业）增长率=\frac{本年销售（营业）增长额}{上年销售（营业）收入总额}\times100\%$$

2. 资本积累率

表示企业当年资本的积累能力，是评价企业发展能力潜力的重要指标。其计算公式为

$$资本积累率=\frac{本年所有者权益增长额}{年初所有者权益}\times100\%$$

3. 总资产增长率

可以衡量企业本期资产规模的增长情况，评价企业经营规模总量上的扩张程度。其计算公

式为

$$总资产增长率=\frac{本年总资产增长额}{年初资产总额}\times100\%$$

4. 固定资产成新率

可以反映企业所拥有的固定资产的新旧程度，体现了企业固定资产更新的快慢和持续发展的能力。其计算公式为

$$固定资产成新率=\frac{平均固定资产净值}{平均固定资产原值}\times100\%$$

5. 三年利润平均增长率

表明企业利润的连续三年增长情况，体现企业的发展潜力。其计算公式为

$$三年利润平均增长率=\left(\sqrt[3]{\frac{年末利润总额}{三年前年末利润总额}}-1\right)\times100\%$$

6. 三年资本平均增长率

表示企业资本连续三年的积累情况，体现企业的发展水平和发展趋势。其计算公式为

$$三年资本平均增长率=\left(\sqrt[3]{\frac{年末所有者权益}{三年前年末所有者权益}}-1\right)\times100\%$$

本 章 小 结

本章论述了企业财务管理的基本概念与内容；企业筹资；企业投资与用资；企业的成本、费用、销售收入、利润的管理；企业财务分析与评价。这些内容构成了的企业资金从筹集、使用、增殖到效果分析的一个完整的过程。

习 题

一、简答题

1. 财务活动包括哪些内容？
2. 以企业价值最大化作为企业财务管理目标具有哪些优点？
3. 利润最大化这一目标存在的三大缺陷是什么？
4. 筹资渠道有哪些？
5. 什么叫固定资产？
6. 筹资的原则有哪些？
7. 财务分析的内容有哪些？

二、案例分析题

利润、现金，孰轻、孰重？

一年前，做了多年销售科长的李利在国企改革中，受益于国家抓大放小的企业政策，出资购买了文教厂的一部分股权并担任该厂厂长。李利当了厂长，还真起到了立竿见影的效果，由于对市场比较了解，他增加了一些适销对路的产品，一笔笔生意接二连三地做成了。由于客户中很多都是他老朋友，他在销售中采用了赊销的办法，并不要求客户立马把钱打到公司的账户上。当时他是这样想的：这些生意中的利润都不薄，收钱的事就不用那么急了。眼看着公司损益表上月月上升的净利润额，李利心中充满着成功的喜悦。没多久，销售部又传来佳音，老客

户又带来新客户，订单在不断地增加着。于是李利决定扩大厂房，增添一些新的机器设备，虽然这使公司的应付账款有了较大的增加，但李利心中并不慌，他在公司里经常这样说："办公司搞企业，只要把利润搞上去了，不愁啥!"

时间过得真快，转眼到了年底，提供设备的供货方要求李利结清所有的欠款，而提供原材料的那家公司也恰在此时来收账。李利不慌不忙地指示出纳开具支票，这时会计跑过来告诉他公司账上的现金已差不多用尽了。李利想了想，拿出了公司的财务报表，对那几位供货商说："你们看，我们公司的利润每月都在上升，不可能没钱的，只不过现在的现金周转不灵罢了，还款的时间能不能再拖一拖?"但那几位供货商的话一下子使李利傻眼了，"纸上的利润能起什么作用? 你能拿出现金才是最关键的，还款的时间绝不能拖，我们怎么能知道你们公司的利润能不能兑现?"

如梦初醒的李利这才想起赶快向那些客户催要账款，但迟迟得不到肯定答复，最后还是一个老朋友出资帮助了他。受此影响，公司的发展不免蒙上了一层阴影，而对李利来说教训也是深刻的，他终于明白一个道理：对于公司来说，有时候现金比利润更重要!

讨论：

(1) 企业的现金净流量对企业会产生怎样的影响?

(2) 对企业的应收账款应采取什么样的管理措施?

三、实训题

1. 实训项目：模拟投资。

2. 实训内容："购买"股票。

3. 实训目的：通过实训，让学生掌握投资的方法、技能、技巧。

4. 实训组织

(1) 将学生分成若干个小组，每个小组 2～5 人，到证券市场或者通过互联网进行调查、了解、分析，然后每个小组"投资"1～3 个上市公司股票，记录"购买"时该股票的价格及"购买"数量。

(2) 小组成员每天关注所"购买"股票的价位变化，并适时"抛出"。

5. 实训考核

(1) 每个小组写出"购买"该种股票的分析报告（从经济环境、公司经营项目、公司财务状况、公司经营业绩、股市状态等方面进行分析）。

(2) 每个小组在股票全部"售出"后，核算本小组各个股票收益及总的投资收益。

(3) 每位学生写出一份实训总结，谈谈实训体会。

附录1: 资金时间价值系数简表

1. 复利现值系数简表 $[S \to P]_n^i = (1+i)^{-n}$

n \ i	5%	8%	10%	12%	14%	15%	18%	20%	25%
1	0.952	0.926	0.909	0.893	0.877	0.870	0.847	0.833	0.800
2	0.907	0.857	0.826	0.797	0.769	0.756	0.718	0.694	0.640
3	0.864	0.794	0.751	0.712	0.675	0.658	0.609	0.579	0.512
4	0.823	0.735	0.683	0.636	0.592	0.572	0.516	0.482	0.410
5	0.784	0.681	0.621	0.567	0.519	0.497	0.437	0.402	0.328
6	0.746	0.630	0.564	0.507	0.456	0.432	0.370	0.335	0.262
7	0.711	0.583	0.513	0.452	0.400	0.376	0.314	0.279	0.210
8	0.677	0.540	0.467	0.404	0.351	0.327	0.266	0.233	0.168
9	0.645	0.500	0.424	0.361	0.308	0.284	0.225	0.194	0.134
10	0.614	0.463	0.386	0.322	0.270	0.247	0.191	0.162	0.107

2. 年金现值系数 $[A \to P]_n^i = \dfrac{(1+i)^n - 1}{i\,(1+i)^n}$

n \ i	5%	8%	10%	12%	14%	15%	18%	20%	25%
2	1.859	1.783	1.736	1.690	1.647	1.626	1.566	1.528	1.440
3	2.723	2.577	2.487	2.402	2.322	2.283	2.174	2.106	1.952
4	3.546	3.312	3.170	3.037	2.914	2.855	2.690	2.589	2.362
5	4.329	3.993	3.791	3.605	3.433	3.352	3.127	2.991	2.689
6	5.076	4.623	4.355	4.111	3.889	3.784	3.498	3.326	2.951
7	5.786	5.206	4.868	4.564	4.288	4.160	3.812	3.605	3.161
8	6.463	5.747	5.335	4.968	4.639	4.487	4.078	3.837	3.329
9	7.108	6.247	5.759	5.328	4.946	4.772	4.303	4.031	3.463
10	7.722	6.710	6.145	5.650	5.216	5.019	4.494	4.192	3.571
11	8.306	7.139	6.495	5.938	5.453	5.234	4.656	4.327	3.656

3. 资金储备系数（或终值年金系数） $[S \to A]_n^i = \dfrac{i}{(1+i)^n - 1}$

n\\i	5%	8%	10%	12%	14%	15%	18%	20%	25%
2	0.488	0.481	0.476	0.472	0.467	0.465	0.459	0.455	0.444
3	0.317	0.308	0.302	0.296	0.291	0.288	0.280	0.275	0.262
4	0.232	0.222	0.215	0.209	0.203	0.200	0.192	0.186	0.173
5	0.181	0.170	0.164	0.157	0.151	0.148	0.140	0.134	0.122
6	0.147	0.136	0.130	0.123	0.117	0.114	0.106	0.101	0.089
7	0.123	0.112	0.105	0.099	0.093	0.090	0.082	0.077	0.066
8	0.105	0.094	0.087	0.081	0.076	0.073	0.065	0.061	0.050
9	0.091	0.080	0.074	0.068	0.062	0.060	0.052	0.048	0.039
10	0.080	0.069	0.063	0.057	0.052	0.049	0.043	0.039	0.030
11	0.070	0.060	0.054	0.048	0.043	0.041	0.0350	0.031	0.023

4. 资金回收系数（现值年金系数）$[P \to A]_n^i = \dfrac{i(1+i)^n}{(1+i)^n-1}$

n\\i	5%	8%	10%	12%	14%	15%	18%	20%	25%
2	0.538	0.561	0.576	0.592	0.607	0.615	0.639	0.655	0.694
3	0.367	0.388	0.402	0.416	0.431	0.438	0.460	0.475	0.512
4	0.282	0.302	0.315	0.329	0.343	0.350	0.372	0.386	0.423
5	0.231	0.250	0.264	0.277	0.291	0.298	0.320	0.334	0.372
6	0.197	0.216	0.230	0.243	0.257	0.264	0.286	0.301	0.339
7	0.173	0.192	0.205	0.219	0.233	0.240	0.262	0.277	0.316
8	0.155	0.174	0.187	0.187	0.216	0.223	0.245	0.261	0.300
9	0.141	0.160	0.174	0.188	0.202	0.210	0.232	0.248	0.289
10	0.130	0.149	0.163	0.177	0.192	0.199	0.223	0.239	0.280
11	0.120	0.140	0.154	0.168	0.183	0.191	0.215	0.231	0.273

附录 2: 固定资产分类折旧年限表

工业企业固定资产分类折旧年限		
一、通用设备部分	折旧年限	
1. 机械设备	10～14 年	
2. 动力设备	11～18 年	
3. 传导设备	15～28 年	
4. 运输设备	8～14 年	
5. 自动化控制及仪器仪表		
自动化、半自动化控制设备	8～12 年	
电子计算机	4～10 年	
通用测试仪器设备	7～12 年	
6. 工业窑炉	7～13 年	
7. 工具及其他生产用具	9～14 年	
8. 非生产用设备及器具		
设备工具	18～22 年	
电视机、复印机、文字处理机	5～8 年	
二、专用设备部分	折旧年限	
9. 冶金工业专用设备	9～15 年	
10. 电力工业专用设备		
发电及供热设备	12～20 年	
输电线路	30～35 年	
配电线路	14～16 年	
变电配电设备	18～22 年	
核能发电设备	20～25 年	
11. 机械工业专用设备	8～12 年	
12. 石油工业专用设备	8～14 年	
13. 化工、医药工业专用设备	7～14 年	
14. 电子仪表电讯工业专用设备	5～10 年	
15. 建材工业专用设备	6～12 年	
16. 纺织、轻工专用设备	8～14 年	
17. 矿山、煤炭及森工专用设备	7～15 年	
18. 造船工业专用设备	15～22 年	
19. 核工业专用设备	20～25 年	
20. 公用事业企业专用设备		
自来水	15～25 年	
燃气	16～25 年	
三、房屋、建筑物部分	折旧年限	
21. 房屋		
生产用房	30～40 年	
受腐蚀生产用房	20～25 年	
受强腐蚀生产用房	10～15 年	
非生产用房	35～45 年	
简易房	8～10 年	
22. 建筑物		
水电站大坝	45～55 年	
其他建筑物	15～25 年	

商业流通企业固定资产分类折旧年限		
一、通用设备分类	折旧年限	
1. 机械设备	10～14 年	
2. 动力设备	11～18 年	
3. 传导设备	15～28 年	
4. 运输设备	8～14 年	
5. 自动化、半自动化控制设备	8～12 年	
电子计算机	4～10 年	
空调器、空气压缩机、电气设备	10～15 年	
通用测试仪器设备	7～12 年	
传真机、电传机、移动无线电话	5～10 年	
电视机、复印机、文字处理机	5～8 年	
音响、录（摄）像机	10～15 年	
二、专用设备分类	折旧年限	
1. 营业柜台、货架	3～6 年	
2. 加工设备	10～15 年	
3. 油池、油罐	4～14 年	
4. 制冷设备	10～15 年	
5. 粮油原料整理筛选设备	6～10 年	
6. 小火车	6～12 年	
7. 烘干设备	6～10 年	
8. 酱油、醋、酱、腌菜腐蚀性严重的设备和废旧物资加工设备	4～8 年	
9. 库（厂）内铁路专用线	10～14 年	
10. 地磅	7～12 年	
11. 吊动机械设备	8～14 年	
12. 消防安全设备	4～8 年	
13. 其他经营用设备及器具	15～20 年	
三、房屋、建筑物分类	折旧年限	
14. 经营用房、仓库		
钢结构	35～45 年	
钢筋混凝土结构	30～35 年	

钢筋混凝土砖结构	25～30 年	地坪、晒场、晒台、货场	5～10 年
砖木结构	20～30 年	16. 其他建筑物	10～20 年
危险物品专用仓库	20～25 年		
15. 简易房	8～10 年		
围墙	4～8 年		
烘干塔	12～17 年		

（资料来自江苏财经信息网：http：//www.jscj.com/jscjkjxx/jscjcpakj/kjdigest/zhejiu002.htm）

参 考 文 献

[1]　单凤儒. 企业管理. 北京：高等教育出版社，2004.

[2]　赵启兰. 生产运作管理. 北京：清华大学出版社，北京交通大学出版社，2008.

[3]　林宏. 现代企业管理. 杭州：浙江大学出版社，2008.

[4]　张亚. 企业管理. 北京：北京大学出版社，中国林业出版社，2007.

[5]　吕宏程. 中小企业管理. 北京：北京大学出版社，中国农业大学出版社，2008.

[6]　高海晨. 企业管理. 北京：高等教育出版社，2003.

[7]　尤建新. 企业管理概论. 第3版. 北京：高等教育出版社，2006.

[8]　俞明南，易学东. 现代企业管理. 第5版. 大连：大连理工大学出版社，2006.

[9]　王建民. 生产运作管理. 北京：清华大学出版社，北京交通大学出版社，2008.

[10]　汪永太. 企业经营与管理. 北京：电子工业出版社，2007.

[11]　赵有生. 现代企业管理. 第2版. 北京：清华大学出版社，2006.

[12]　张智利，潘福林. 企业管理学. 北京：机械工业出版社，2007.

[13]　付春雨. 现代企业管理. 北京：化学工业出版社，2007.

[14]　唐春林. 电子商务基础. 北京：科学出版社，2003.

[15]　赵林度. 实用电子商务概论. 北京：人民邮电出版社，2003.

[16]　杨湘洪. 现代企业管理. 北京：东南大学出版社，2008.